本书 获广州大学学术专著出版资助
获广州大学青年博士项目资助

# 国际货物所有权转移之法律冲突与法律适用

周后春◎著

中国检察出版社

# 序

当代国际社会的法律发展正呈现出强劲的趋同化走势，不仅各国的国内法相互借鉴，逐渐趋同，而且国际社会共同制定的国际条约也越来越多，但国际社会法律发展的趋同化走势并不意味着各国法律的完全一致，各国法律之间仍会存在一些冲突。买卖合同中的货物所有权转移即是各国法律中长期存在冲突的领域之一。基于货物所有权转移对当事人利益的重要性，国际社会曾试图对这一问题进行统一，但因各国的分歧太大，至今仍未有重要进展。那么，国际货物所有权的转移到底存在哪些冲突呢？这些冲突又应当如何解决呢？

周后春博士的《国际货物所有权转移之法律冲突与法律适用》一书对这一问题进行了探讨，该书是我国第一本专门就这一问题进行探讨的专著。该书分别就货物所有权转移在实体法上的法律冲突与法律适用、提单的交付与货物所有权转移的法律冲突与法律适用、货物所有权保留的法律冲突与法律适用等问题逐一进行了探讨。该书的特色在于作者在广泛收集资料的基础上，对国际货物所有权转移问题同时从实体法和冲突法的角度进行了全面分析，并提出了一些具有一定创新性的观点，如作者提出货物所有权转移法律适用规则之构建应与该国实体法相联系，根据该国有关货物所有权转移的规定具有强行法还是任意法性质而确定货物所有权转移的法律适用规则。本书中的有些章节，如提单的交付与货物所有权转移的法律适用、货物所有权保留的法律适用等国际私法问题在国内尚属首次探讨，相信本书对我国国际私法立法之完善有一定的借鉴意义。

1997年至2000年，后春在湖南师范大学攻读硕士学位期间，我曾担任他的导师，其后考入大连海事大学攻读博士学位。他学习十分刻苦，不断追求上进，民商法与国际私法功底扎实，近些年来一直致力于民法与国际私法结合方面的研究，本书是他这方面的重要成果，趁出版之际，我很高兴向读者推荐此书。

李双元

2010年5月于岳麓山下

# 目　录

# 绪　论

经济全球化是当今世界经济发展的基本走势，这一基本走势的主要表现之一即是国际货物贸易的蓬勃发展，而国际货物贸易的主要目标即是转移货物所有权，因此，货物所有权转移在经济上具有非常重要的意义。在法律上，货物所有权的转移对当事人的利益影响非常大。所有权是一种物权，物权是人对物进行管领、支配并排除他人干涉的权利。当货物所有权从出卖人转移至买受人后，货物即成为买受人财产的一部分，如果买受人因为破产而无力支付出卖人价款，则出卖人可能会面临钱货两空的风险。而如果货物所有权没有转移，出卖人仍保留有货物所有权，则出卖人可以行使取回权，货物所有权继续由出卖人行使，出卖人从而可以避免损失。基于国际贸易的蓬勃发展，为了给从事国际贸易的商人提供一种合理的预期，当代国际社会法律的统一化进程在不断加快，制定出了越来越多的国际公约与国际惯例，法律统一的范围在不断地扩大，当代国际社会法律发展的协调性和趋同化趋势也在不断加强。[①] 在买卖法领域，为了减少国际贸易中法律不统一的障碍，罗马国际统一私法协会曾分别在1930年和1936年开始草拟《国际货物买卖统一法公约》、《国际货物买卖合同成立统一法公约》，并于1958年和1963年完成，在1964年的海牙会议上获得通过。但这两个公约的缔约国不多，影响不大。1980年在联合国维也纳外交会议上通过的《联合国国际货物销售合同公约》在买卖法领域是最有影响的

① 参见李双元：《李双元法学文集》，中国法制出版社2009年版，第494页。

国际公约之一，目前已经有七十多个缔约国，但该公约明确规定不调整货物所有权转移问题，因此，当代国际社会对于货物所有权转移的法律冲突依然存在。在国际惯例中，也只有国际法协会制定的关于 CIF 合同的《华沙—牛津规则》对所有权转移的时间作了规定，该规则第 6 条规定，在 CIF 合同中当卖方将单据移交给买方时货物所有权发生移转。那么，当代国际社会关于货物所有权转移存在哪些冲突？这些冲突又应该如何解决呢？本书试图对这些问题进行粗浅的探讨。

# 第一章 货物的界定与货物所有权转移之法律意义

## 第一节 货物的界定

“货物”一词通常为英美法系所使用，大陆法系与之相类似的概念是动产。

对于具体什么是货物，即使是在英美法系各国的理论上、立法与司法实践中的认识也是不一致的，因此，对于“货物”的概念，在英美法系各国也是存在冲突的。在理论上，在英国，有的学者认为：“从古老的广义上说，货物包括一切准实产和属人财产。从现代和狭义上说，货物只限于属人动产或属人财产（chattels real and personal），排除了准实产。在许多具体的场合下，使用的是‘货物和动产’这个两重性词组。不同的制定法都以不同的术语对其下了专门定义。”① 准不动产（chattels real）是指从不动产遗产（土地和建筑物）中派生出来的权利，但是被归入动产范畴，因为在普通法中，这种权利属于已故所有人的遗产管理人，而不属于已故所有人的继承人。准不动产的典型例子是有期土地保有权。不动产遗产和准不动产的区别表现在它们转移遗产的方式上、在无遗嘱继承权的问题上以及在法律救济的方法上都有所不同；但是这些区别在1925年时不再存在，现在做这种区分仅对有历史研究兴趣者具有意义。严格地说，属人动产（chattels personal）这个术语是指可

---

① ［英］戴维·M. 沃克著，李双元等译：《牛津法律大辞典》，法律出版社2003年版，第479页。

以移动的东西或财产，但它常常用来泛指除不动产和准不动产以外的一切财产。因此，它是由有体动产和无体动产，或者说是由占有上的和诉讼上的物构成。有体动产或占有上的物包括动物、车辆、书籍和其他可以从实体上实施占有的物；无体动产则包括债权、公司股份、版权及其他一些只能以法律诉讼请求权形式存在的物。[①]还有的学者认为，货物是除金钱和无体动产之外的各种动产。此外，人工农作物在其预先出售时可以视为已经是动产，其出售不受出售土地规则的约束。实质上，在脱离土地之前，它们是土地的组成部分，而并非是货物。[②]

在立法及司法实践中，在《美国统一商法典》制定之前，判例法一般将每年定期耕种的农作物如小麦、玉米、西红柿和土豆等当做货物，但也有法院持相反的判例，把它们作为不动产看待。长年生长的野树、野草、未开采的矿物及建筑物等，虽然一般认为只要它们仍然附着于土地之上，这类物品就不是货物，当人们将它们与土地分开或移走，就是货物，但当买卖合同订立时这些物品还附着在土地之上的，有些法院认为只要是由卖方将这些物品与土地分开或移走，则这类合同就是货物买卖合同；而另有些法院认为即使不是由卖方而是由买方将这些物品与土地分开或者移走，只要这种行为非常迅速地发生，则这类合同也应当看做是货物买卖合同。[③]在立法上，《美国统一商法典》第2—105条明确规定："货物系指除用以支付价金之货币、投资证券及经由司法程序得到的金钱、个人财产权利以外的所有物品（这些物品包括特定制造物），在缔结买卖合同确定为买卖标的时是动产。货物也包括动物未产之幼畜，生长中之作物以及附属在不动产之上的其他已确定的特定物。"

---

① ［英］戴维·M. 沃克著，李双元等译：《牛津法律大辞典》，法律出版社2003年版，第193页。

② ［英］F. H. 劳森、B. 拉登著，施天涛等译：《财产法》，中国大百科全书出版社1998年版，第24页。

③ 吴志忠：《美国商事法研究》，武汉大学出版社1998年版，第22页。

《英国货物买卖法》第61条规定："货物包括除诉取财产权和货币之外的所有动产，在苏格兰包括除货币之外的所有动产。在特定情况下，货物也包括庄稼、工业化生产的作物以及构成土地的一部分或者附系于土地之上物品，双方同意在买卖前或者根据买卖合同将这些物品分开；而且，还包括货物的一个不可分割的份额。"《联合国国际货物销售合同公约》采用排除法对货物下了一个定义。该公约第2条规定："公约不适用于以下的销售：（1）供私人、家属或家庭使用而购买的货物的销售，除非卖方在订立合同前任何时候或订立合同时，不知道而且没有理由知道购买这些货物是做任何这种使用；（2）经由拍卖的货物；（3）根据法律执行令状或其他令状的销售；（4）公债、股票、投资证券、流通票据或货币的销售；（5）船舶、气垫船或飞机的销售；（6）电力的销售。"此外，该公约第3条规定："（1）供应尚待制造或生产的货物的合同应视为销售合同，除非订购货物的当事人保证供应这种制造或生产这种货物所需要的大部分重要原材料。（2）本公约不适用于供应货物的一方的绝大部分义务在于供应劳力或其他服务的合同。"

大陆法系与英美法系中的"货物"相类似的概念是"动产"。在大陆法系各国，动产与不动产的区分在法律上有着非常重要的意义。区分动产与不动产的意义在于：第一，物权变动的条件不同。动产物权的变动，一般仅依交付即可产生相应的法律效果；而不动产非经登记，不生物权变动的法律效力。第二，得以设定的他物权类型不同。第三，法律适用及诉讼管辖不同。[①] 我国有的学者认为，动产与不动产分类在物权法上具有十分重要的地位，其对物权法的技术影响，甚于自物权、他物权分类。[②] 在《德国民法典》中，动产和不动产的划分对整个《德国民法典》，尤其是对德国民

---

① 王利明主编：《民法》，中国人民大学出版社2008年版，第114～115页。

② 孟勤国：《物权二元结构论》，人民法院出版社2009年版，第129页。

法物权体系有着根本性的意义。①

大陆法系对动产与不动产的区分取决于物的物理性质，但在大陆法系各国，对于动产与不动产的区分标准也是存在冲突的。例如，《法国民法典》规定：地产及建筑物、固定于柱石并作为建筑物的一部分的风磨及水磨、尚未收割的收获物及尚未摘取的树上果实、房屋或其他不动产中的用以导水的水管为不动产；可以自一场所移至另一场所，或如动物可以自力移动，或无生命物仅能以他力变换位置，为动产。谷物一经收割、果实一经摘取，即为动产。定期采伐的大小树木，随着树木的伐倒而成为动产。我国有学者认为，在法国，是否能够移动及是否定着于土地，是确定不动产的主要标准。不动产指不能被移动的财产，动产指能够从一地移往另一地的一切财产。②《德国民法典》则直接将“不动产”称为“不可动之物”，将动产称之为“可动之物”。《日本民法典》、中国旧《民法典》、《瑞士民法典》均遵循此例，将不动产定义为不可动之物。③ 我国最高人民法院《关于贯彻执行〈中华人民共和国民法通则〉若干问题的意见》第 86 条规定：“土地、附着于土地上的建筑物及其他定着物、建筑物的固定附属设备为不动产。”我国《担保法》第 92 条规定：“本法所称不动产是指土地以及房屋、树木等地上定着物。”“本法所称动产指不动产以外的物。”普通法系中的动产与不动产来源于英国中世纪普通法诉讼程序之分。不动产来自对物诉讼，意及这种诉讼要求收回实体的、特定之物；动产来自对人诉讼，意及这种诉讼要求特定的人归还原物或赔偿损害。④

综上我们可以发现，对于货物所有权转移中有关“货物”的界定，各国之立法与司法实践之间是存在冲突的，这就会产生国际私法上有关的识别冲突，需要利用国际私法上有关解决识别冲突的

---

① 孙宪忠：《德国当代物权法》，法律出版社 1997 年版，第 9 页。

② 尹田：《法国物权法》，法律出版社 1998 年版，第 85 页、第 87 页。

③ 孙宪忠：《中国物权法总论》，法律出版社 2009 年版，第 211 页。

④ 沈宗灵：《比较法研究》，北京大学出版社 1998 年版，第 278 页。

规则界定货物所有权转移中“货物”的具体范围。

## 第二节　货物所有权转移的法律意义

在法律上，货物所有权的转移对当事人的利益影响非常大。我国有的学者认为，物权变动，尤其是所有权的转移，涉及民事主体的重大利益，向来为民法所重视。① 货物买卖从本质上说是货物所有权的买卖，因而货物所有权的移转问题也就成了货物买卖的核心问题，它不仅直接决定着所有权的归属，而且也关系到买卖双方的切身利益。② 货物所有权转移对当事人利益的影响主要表现在：

第一，所有权是一种物权，物权是人对物进行管领支配并排除他人干涉的权利。当货物所有权从出卖人转移至买受人后，货物即成为买受人财产的一部分，如果买受人因为破产而无力支付出卖人价款，则出卖人可能会面临钱货两空的风险。

第二，在有些国家，是由货物的所有权人承担货物因不可归责于双方当事人的原因而毁损灭失的损失。由货物的所有权人承担货物风险的原则，源于罗马法。在罗马法中有所谓“天灾归于所有人承担”的法律谚语。罗马法所确立的物主承担风险原则，在大陆法系，被法、意、荷、西班牙、瑞士、日本等国民法所继受。《法国民法典》第1138条规定：“自物件应交付之日起，即使尚未现实移交，债权人即成为所有人，并负担物件受损的风险，但是如果交付人迟延交付时，物件受损的风险由交付人承担。”根据这一规定，对于特定动产的买卖，只要双方意思表示一致，标的物的所有权即行转移，如果标的物在交付前意外灭失，作为标的物所有人的买受人仍应向出卖人支付价款。在异地买卖的情形，如果标的物

① 尹田：《物权法理论评析与思考》，中国人民大学出版社2008年版，第190页。

② 余延满：《货物所有权的移转与风险负担的比较法研究》，武汉大学出版社2002年版，第8页。

在运输途中灭失，其风险负担的原则是：当合同有特别规定时风险由出卖人负担；标的物不因合同的成立而转移时，应由债务人负担风险。在种类物的买卖合同中，标的物的所有权在合同成立之时并未转移，而是在该标的物“特定化”之时转移，只有在这时，风险才由买受人承担。即使是特定物的买卖，如果当事人在合同中约定将标的物的所有权的转移推迟到某一情况出现时为止（“所有权保留条款”），则在该情况出现之前，风险仍由出卖人负担。[①]《意大利民法典》第1376条和第1378条规定，在以特定物所有权转移为标的的契约中，所有权根据双方当事人合法意思表示的效力而发生转让和取得；在以确定了种类的物为转让标的的契约中，所有权根据当事人的协议或者以当事人确定的特定化形式进行转移。第1465条规定：“在转让特定物所有权或者设定或转让物权的契约中，因不可归责于转让人的原因致使货物毁损灭失，并不免除获得者要履行的相对应给付的义务，即使物并未交付于他。”“该规定适用于转让的效力或设定的效力被延迟至期间届满时的情况。”“当转让的标的物是仅仅确定了种类的物品时，如果转让人完成了给付或者物已被特定化，则获得者不被免除履行相应给付的义务。”《日本民法典》第534条规定：“以特定物物权的设定或转移为双务契约标的，其物因不可归责于债务人的事由而灭失或毁损时，其灭失或毁损，归债权人负担。”“（2）关于不特定物的契约，自其物依第401条第（2）款的规定确定时起，适用前款的规定。”在英美法系，英国法采取物主承担风险原则，如1979年的《英国货物买卖法》第20条第1款规定：“除非当事人另有协议，在货物上的财产所有权转移给买方之前，货物的风险一直由卖方承担。但是，一旦货物的财产所有权转移给买方，不论货物是否交付，货物的风险均由买方承担。”在早期的美国法中亦采取此原则。如1906年的《美国统一买卖法》第22条规定：“除有相反的约定外，

---

① 参见尹田：《法国现代合同法》，法律出版社1995年版，第358～359页。

货物灭失的危险，在所有权转移于买受人以前，由出卖人负担之，自所有权转移于买受人之时起，不问物品是否已经交付，由买受人负担之。”

第三，在货物出卖人不依合同约定交付标的物于买方时，货物所有权是否转移决定了当事人所承担的民事责任的性质。如果货物所有权已经转移于买方，出卖人将承担侵权民事责任；而如果货物所有权还没有转移于买方，则出卖人将承担违约责任。在法律上，侵权责任与违约责任有着很大的区别，具体来看，两类责任的区别主要体现在：归责原则的区别、举证责任不同、义务内容的区别、时效的区别、责任构成要件和免责条件不同、责任形式不同、责任范围不同、对第三人的责任不同、诉讼管辖不同。由于侵权责任和违约责任存在着重要的区别，因此，在责任竞合的情况下，不法行为人承担何种责任，将导致不同的法律后果，并严重影响到对受害人利益的保护和对不法行为人的制裁。①

第四，货物所有权的转移使得作为标的物所有者的社会责任和对所有权的限制也随之转移给买受人。② 标的物所有者的社会责任和对所有权的限制是现代物权法上的一个重要课题，我国有的学者认为，所有权需受限制为罗马法以来一项确定不移的原则。现代法律从私法上（主要通过权利滥用之禁止原则、诚实信用原则、自卫行为和其他制度）和公法上对所有权予以必要限制。③

---

① 王利明：《违约责任论》，中国政法大学出版社 2003 年版，第 335～338 页。

② 张新宝、龚赛红编著：《买卖合同 赠与合同》，法律出版社 1999 年版，第 73 页。

③ 参见陈华彬：《物权法原理》，国家行政学院出版社 1998 年版，第 219 页以下。

# 第二章　货物所有权转移之法律冲突

## 第一节　货物所有权转移法律冲突之实践考察

买卖合同中买受人的目的即是取得货物所有权，买卖合同制度有着悠久的历史，与买卖合同制度一样，货物所有权转移制度也有着悠久的历史，古罗马法和日耳曼法中都存在有关货物所有权转移的法律规定。现代大陆法系民法上的制度大多可以从罗马法中找到渊源，货物所有权转移也不例外。在罗马法上，货物所有权的转移遵循严格的形式主义，不论是动产还是不动产，仅有双方意思表示的合致无法完成所有权的转移。梅因在研究契约的早期历史中发现："古代法特别使我们看到了粗糙形式的契约与成熟时期的契约之间存在着一个遥远的距离。在开始时，法律对于强迫履行一个允诺，并不加以干预。使法律执有制裁武器的，不是一个纯粹的允诺，而是附着一种庄严仪式的允诺。仪式不仅与允诺本身有着同样的重要性，仪式并且还比允诺更为重要。"① 罗马市民法上的要式买卖和拟弃诉权（cessio in jure）即是这种形式主义的表现之一。要式买卖或称握取行为（mancipatio）是罗马市民法上移转所有权最古老的方式。"Mancipatio"一词是由 manu（手）和 capere（攫取）结合而成的，意思是用手攫取，反映了原始社会末期渔猎民族确定所有权的方式，即先用手拿到渔猎物，所有权便归属于谁。当时，权利和强力的界限并未划清，人们认为一切权利非有实力为

---

① 梅因著，沈景一译：《古代法》，商务印书馆 1959 年版，第 177 页。

后盾，就不足以证明其存在。尔后，随着法律思想的进步，要式买卖逐渐演变为移转所有权的要式行为。据盖尤斯和乌耳披亚努斯记载，采用要式买卖时，当事人必须亲自到场（但买受人可以由家子或奴隶代替，出卖人则不能如此），另有5个证人和1个司秤参加，这些人必须是罗马市民中已达适婚年龄的男子，而且未被剥夺作证的资格。5个证人以一人为首，称“首席证人”，负责召集其他证人和司秤。买卖时，由司秤持秤，买受人一手持标的物或其象征物，一手持铜块说：“按照罗马法律，此物为我所有，我以此铜块和秤买得之。”说完就以铜块击秤，将铜块交与出卖人，买卖便完成了。拟诉弃权（cessio in jure）又称法庭让与，即用模拟诉讼取得所有权。按照法庭让与，买卖双方假装对标的物的所有权发生争执，携带标的物或其标志到长官处争讼，长官发问时，受让人（原告）以手触该物，主张“依罗马法律，此物为我所有”，出让人（被告）则表示同意或默认，于是长官就把标的物判归原告，从而完成交易。要式买卖与拟诉弃权这两种严格的形式主义交易于帝政后期逐渐地引退，最终被traditio（占有移转或交付）所取代。在这种制度中，所有权的移转除了当事人意思表示的合致外，尚需伴随一定的物的形式，即物的现实交付。后来随着经济的进一步发展，产生了对交易便捷的要求，于是在物的现实交付之外，又认可了占有改定和简易交付等观念交付形式。按照这些交付形式，即使买卖标的物不发生实际的占有移转，物权变动的效力也依然得以发生。我国有的学者认为，德国的物权行为理论可以追溯到古罗马的要式买卖和交付制度，古罗马的曼兮帕蓄、拟弃诉权、耐克逊、交付等方式都在特定的公示形式中保护着当事人的让与意思。古罗马时代，市场交易尚不发达，交易观念尚未开化，财产秩序以归属秩序为主，注重保护财产静的安全。原始的契约与契约的履行紧密结合，并伴随着严格的程序要件，债和诺成契约并未独立、分化出来。在这基础上形成了古代要式买卖和交付制度。[①]

---

① 参见马特：《物权变动》，中国法制出版社2007年版，第117页。

日耳曼法为法律习惯的集合，一切法律观念恒基于具体的事实关系，并无抽象的统一的概念。① 故而无论动产物权还是不动产物权皆以占有（Gewere）为中心构造而成。在 Gewere 制度下，物上权利与占有之事实紧密相连，与现实占有相分离的本权并不存在。因而占有动产者，推定为该动产的权利人，占有乃权利的外衣，对动产享有权利的人，也必须通过占有标的物而加以表彰，离开了占有，权利人的权利即变得不完全。故而对受让动产者而言，要实实在在取得受让之权利，须接受动产的实际受让，在动产交易里，要完成所有权变动须有所有权让与的合意与现实占有的移转之结合即从手到手的交付，受让现实的占有乃支配标的物的表征，表明其业已取得了受让物的所有权。与罗马法不同，在日耳曼法上，对所有权转移的形式要求并非出于交易安全的考虑，而是基于其占有法的制度构造特色，当时的日耳曼法缺乏观念的所有权。

当代各国法律普遍规定了有关货物所有权转移的法律问题，随着国际贸易的发展，为了给国际社会的商人提供一种合理的预期，国际社会曾试图对国际货物所有权转移问题进行统一，但各国在这一领域的冲突很大，目前仍未统一。那么，国际社会在这一领域究竟存在哪些冲突呢？以下将对法国等国家有关货物所有权转移的法律冲突问题进行实践考察。

## 一、法国

依法国法，在交换承诺的时候，所有权即发生转移，且不管这种承诺采取书面形式还是口头形式。《法国民法典》第 1583 条规定，当事人双方就标的物及价金相互同意时，即使标的物尚未交付，价金尚未支付，买卖合同即告成立，而标的物的所有权即依法由出卖人移转于买受人。《法国民法典》还进一步对双方当事人交换承诺的时间作了规定，规定在交换承诺的时候，必须能够识别合同的标的物。由于所有权的转移以识别合同标的为前提，因此，如

① 李义琛：《日耳曼法概论》，商务印书馆 1943 年版，第 32 页。

果在交换承诺时不能识别货物，则货物所有权将不发生转移。法国法律对不动产买卖和动产买卖作了区分，不动产是指具有物理存在的物，其所有特征都能由买方识别，因此，在交换承诺时，不动产所有权即发生转移。动产是诸如小麦或者油之类的财产，买方能预订某些数量或某些质量的这类财产，但在发出预订的时候，这些财产的物理存在不能识别。这些财产只能依据后来订立的合同而识别，例如，当它们被装入袋中或桶中，并指定或者被识别为买方时（例如，被编号为或者被标识为买方的财产）。很明显，在这种情况下，买卖合同本身并不导致货物所有权的转移，只有对货物的识别才导致所有权的转移。在确定作为买卖合同标的的货物被识别的时间时，往往发生困难。对此，《法国民法典》已分两种类型的买卖。首先，《法国民法典》第 1586 条规定，如果货物是通过散装销售，则即使是货物尚未过秤、计算或者计量，则该买卖也被认为已经达成。据此，当整个货物位于一个指定的、确定的地方时，散装销售达成。合同基于提及散装而缔结后，所销售的货物即被识别，货物所有权随之转移给买方。其次，《法国民法典》第 1585 条规定，当动产货物不是通过散装，而是通过重量、数量或者尺寸销售时，只有当这些货物已被过秤、计算或者计量时，货物销售才完成，卖方才不承担风险。所谓的按量销售并不关联于整批货物，而是与该批货物中的一定量的货物有关。在这种情况下，当承诺被交换时，货物销售将被认为完成了，但只有当货物已被识别时，如被过秤、计算或者计量时，货物所有权才转移于买方。对于待生产货物的销售，由于在合同缔结的时候，货物还不存在，因此，所有权转移必然是发生于以后承诺的交换。如果合同没有对所有权发生转移的时间作特别约定，则所有权可以于两个不同的阶段发生转移，要么是货物被生产出来之时，要么是货物被实际交付之时。法国最高法院近些年采取的立场是：所有权转移不在货物交付时发生，而是在被承诺的货物于卖方能交付、买方能接受时发生。在国际货物买卖中，决定所有权转移的识别将发生于不同时期，这取决于货物是运给一个还是几个买方。如果整个货物是运给一个单独的买方，则货物装载的时间与货物的识别相符，这一时间即是货物所有权转移的时间。但另一方面，如果法国法得到专属适用，当货物是散装方式，不能识别，则只有当这些货物在卸载分配给不同的买方被识别时，才发生运往不同买方的识别。不过，判例法对这种案件已经固定不变的判决所有权转移发生于装载货物时，因此，与货物的识别不相符。①

为了克服债权意思主义模式难以解决一物数卖时交易安全的维护问题，法国民法创造了较为复杂的优先权和登记制度。学者将此种意思主义的物权变动模式称为登记对抗主义，即物权变动是债权合同的当然后果，但此种物权变动未经登记和交付不能对抗善意第三人。因此，法国民法有关物权变动的债权意思主义实际上是一种经过修正了的债权意思主义。

由上可见，在法国，货物所有权转移的一般特征在于，这种转让无论采用何种形式，其总是具有抽象性，即所有权转让与标的物转让不同，其无法“自我表现”：所有权转让本身在客观上无任何迹象，无任何特别形式的宣称，这种转让只能被当事人之间的协议所确认。法国民法上所有权转让的这种抽象性与罗马法的传统是相悖的，也有悖于某些现代外国法（如德国法）。但是，正如马洛里所指出，它符合法国民法中简化人与物之间的关系以及不讲行为形式、民事行为不需司法的或行政的事先授权的倾向。为此，所有权的让与常常被当事人的意志所左右，这表现为，当事人不仅可将标的物所有权的转让取决于合同的订立，还可将之取决于一方或另一方债务的实际履行（例如，通过所有权保留条款，将所有权的转让系于价金的支付，或约定所有权的转让系于交付的完成）。如果当事人的协议不违背公共秩序，则其有关所有权转让的条款都是有

① See *Transfer of ownership in international trade*, edited by Alexander von Ziegler, Jette Ronoe, Charles Debattista, Odile Plegat – Kerrault. Published by Kluwer Law International. pp. 161 ~ 162.

效的。①“对买卖契约物权效力的任意性一般”都予以承认，这只不过意味着“物权因素不属于买卖契约本质”，因此，对于所有权转移的时间，当事人可以约定迟于契约缔结时间。②

《法国民法典》之所以规定当事人可以通过合同约定确定所有权的转移，这与当时的时代精神有关，《法国民法典》是1789年法国资产阶级大革命精神的产物。该法典以自然法思想为基础，认为存在着独立于宗教信条的个人自治的自然法原则，主张个人意思以及自由的绝对权威，基于个人主义的价值观念，强调国家对个人的干预必须是最低限度的，从而实现了市民阶层追求自由、平等的要求。债权意思主义的物权变动模式得以确立的法律理念基础，就是自然法思想所派生的所有权的观念性。所有权的观念性将所有权归为一种纯粹的观念性构造，因而主张应当把占有与所有权严格区分开来。占有是一种事实，所以占有的转移必须以交付这一物质的形式来完成。至于所有权就无须如此，只要有单纯的观念形态的合意就可以发生转移。因为“根据自然法，只要经过原所有人的同意就足以取得所有权，原所有人应当明确地表示他转让所有权的意思，另一方应当把这个意思当做以确定取得的权利接受下来，随即不再需要更多的条件就能得到所有权”。此外，法国民法采取债权意思主义物权变动模式与法国民法典制定之时社会上仍以特定物为主要交易标的物的社会背景有关。

## 二、日本

《日本民法典》第176条规定，物权仅通过当事人意图的陈述即产生和转移。据此，依日本法，如仅仅是转移货物所有权，则没

---

① 尹田：《法国物权法》，法律出版社1998年版，第196～197页。

② ［法］穆拉德费利德、汉斯—于尔根松嫩见格尔著：《法国民法》（1986年版），第59页。转引自余延满：《货物所有权移转问题的比较法研究》，载李双元主编：《国际法与比较法论丛》第二辑，中国方正出版社2002年版，第59～60页。

必要完成一些特定的形式，如交付、登记。当合同当事人特别约定了货物所有权转移的时候，所有权依当事人的意图，如满足某些条件而转移。因此，在日本，货物所有权转移取决于对合同中所表现的当事人“意图”的解释。当当事人关于货物所有权转移的意图不是很明显，或者合同没有对这个问题作出规定时，要确定“当事人宣布的意图”往往不容易。对于这一问题，在过去，日本法院采取的立场是，当基础合同履行，或者合同中所附的条件完成时，所有权即发生转移。日本学界对这一问题的主导观点是除了存在有效合同外，还要求一些表明或暗示所有权转移的行为，例如交付、登记、支付。《日本民法典》第 178 条规定，交付是对动产取得对抗第三人所有权的要件，也就是说，买方不能对占有货物的卖方的债权人主张货物的所有权，除非他已收到了交付，因此完善了他的所有权。除了现实交付外，还可以采用下列交付方式：(1) 当受让人或者他的代理人已经实际掌握了货物时，仅通过当事人交付意图的宣布即可。(2) 卖方宣布他为买方持有货物的意图。(3) 当第三方持有货物时，通过卖方的指示和第三方的同意。由上可知，日本民法在物权变动的立法上，除规定动产以交付为对抗要件而区别于法国民法外，其他方面均与法国民法相同。即不承认物权行为的独立性与无因性，仅依债权契约的效力即可以发生物权变动。①

在日本，民法学说理论围绕《日本民法典》第 176 条展开了是否承认物权行为独立性的法解释论争。这一论争的实质乃是学者对于《日本民法典》第 176 条之“意思表示”的意义以及该条与民法典第 555 条及第 533 条之关系于解释和理解上所发生的分歧：以物权变动为目的的物权契约和以债权之发生为目的的债权契约是否可以截然区别以及物权行为是否具有独立性问题。民法制定当时，按照这些规定的母国法的法国法进行意思主义解释，即否认物

① See *Transfer of ownership in international trade*, edited by Alexander von Ziegler, Jette Ronoe, Charles Debattista, Odile Plegat - Kerrault. Published by Kluwer Law International. pp. 221 ~ 222.

权行为的独立性。其后，民法学中德国法学的潮流和倾向成为压倒性潮流，因此，依德国法所作的解释遂成为支配性见解。但从大正末年始，依法国法进行解释再一次成为有力见解。之后，折中的见解也产生出来，于是，学界出现了混沌现象。① 第一种观点为物权行为独立性否定说，也称意思主义说。该说从解释《日本民法典》第176条规定之“意思主义”的含义出发，认为日本民法对于物权行为与债权行为并未加以峻别，或者认为物权行为虽然在观念上应予承认，但在现实中则应使物权行为与买卖契约结为一体。买卖契约生效的同时，也就发生了物权的变动，故不存在所谓物权行为独立性问题，当然更无所谓物权行为有因或无因问题。② 此说从民法典制定当时迄至明治末年，于民法学界几乎处于独立占支配地位而成为有力学说，其后一度衰落。“二战”后，著名民法学者我妻荣教授继承和发扬了该说见解。该说关于物权变动的时期采所谓“债权契约”说，认为所有权移转只需依当事人的意思表示（债权契约）即可发生，而不需要特定形式或方式，因而物权行为与债权行为一样，都属于非要式行为，它们可以成为“合体行为”，在缔结特定物买卖的同时，标的物所有权也就由卖方转移至买方。概言之，基于债权契约的效力而发生了物权变动的效果。第二种观点为物权行为独立性肯定说。此说为少数说，该说仿效德国法，将《日本民法典》第176条的“意思表示”解为与“债权契约”有别的专以物权变动为目的的“物权的合意”，基此物权合意而发生物权的实际变动。此物权合意被进一步解为物权行为。基此立论，该学说进一步主张物权行为的无因性，认为债权行为因某些理由失去效力时，物权变动作为原则仍然有效。③ 第三种观点为折中说。该说诞生于“二战”后之初期，倡导者为川岛武宜，该说以物权行为独立性否认理论为立论前提，一方面认为以特定物为标的物的买

① ［日］铃木禄弥：《物权法讲义》，创文社1994年版，第96页。

② ［日］铃木禄弥：《物权法讲义》，创文社1994年版，第98页。

③ ［日］铃木禄弥：《物权法讲义》，创文社1994年版，第97页。

卖契约是债权行为，同时又从契约的有偿性原理出发，认为只要完成支付价金、特定物登记或特定物转让行为中的任何一种行为，即意味着同时履行抗辩权的消灭，因而在完成任何一种行为的同时，所有权也就从卖方转移至了买方。①

日本民法学界关于是否存在物权行为独立性及由此而引发的有关物权变动时期的诸学说的对立，其原因是多方面的。其中，最重要的理论原因是，由于日本民法典关于物权变动采用法国民法意思主义，但同时又仿效德意志体系，使整部民法由总则、物权、债权、亲属和继承五编构成，尤其严格区分物权行为与债权行为，从而导致学说之间在法解释上的冲突。多数学者认为，在德国民法对发生物权变动的法律行为的成立要求履行登记或交付这一必要形式的法制下，如果说存在必须承认物权行为独立性之必要的话，那么在日本民法关于发生物权变动的法律行为之成立并不要求任何形式的法制下，基于一个意思表示（债权契约）而同时发生债权关系与物权变动，乃是一点也无妨碍。因此，不仅未有承认物权行为独立性的必要，而且即使承认它的存在，也非但不会带来德国民法的那些实益，相反却还必须采取与当事人意思相悖的无因的理论构成。② 日本判例认为，经由买卖、赠与、交换等方式发生物权变动时，在当事人未有特别的意思表示情形下，物权变动仅以当事人之间有意思表示为必要，而不需要有某种特别的合意（物权的合意）。③

---

① 邓曾甲：《日本民法概论》，法律出版社 1995 年版，第 153 页以下。

② ［日］高岛平藏：《物权法制的理论基础》，敬文堂 1986 年版，第 69 页以下；［日］松坂佐一：《物权法》，有斐阁 1980 年版，第 27 页。转引自陈华彬：《论基于法律行为的物权变动——物权行为及无因性理论研究》，载梁慧星主编：《民商法论丛》第 6 卷，法律出版社 1997 年版，第 97 页。

③ ［日］松坂佐一：《物权法》，有斐阁 1980 年版，第 27 页。转引自陈华彬：《论基于法律行为的物权变动——物权行为及无因性理论研究》，载梁慧星主编：《民商法论丛》第 6 卷，法律出版社 1997 年版，第 97 页。

## 三、意大利

《意大利民法典》第 1376 条规定，合同行为本身即可以转移财产，而不再需要交付行为。据此，货物所有权的转移不是卖方的严格义务，而是当事人之间的协议在法律上产生的直接结果。不过，在意大利，这并不是一条绝对的原则。对于特定物，即在合同成立时识别和同意的货物的转移适用该规则是没有问题的，特定物所有权于合同签订时转移给买方。当合同只是指明了特定类型的货物，而没有其他的特别约定时，该合同被认为是销售种类物。在这种情况下，买卖合同本身不能导致货物所有权的转移。《意大利民法典》第 1378 条规定，所有权和风险于货物被识别时转移给买方。通常，识别即是交付货物，但这也并不是一条绝对规则。《意大利民法典》第 1377 条规定，如果已经被识别的货物是成批销售，那么，合同本身可同时转移财产和风险。《意大利民法典》第 1510 条第 2 款载有关于当货物被期待运往不同的地方以最终交付给买方的情况下，卖方履行交货义务的特别规定。依该规定，如果当事人没有其他约定，当被销售的货物必须从一个地方运往另一个地方时，卖方的交货义务于他将货物交给承运人或者承运人的代理人时完成，买方必须支付运费。该原则提到的卖方的交货义务与《意大利民法典》第 1378 条第 2 款关于转移必须运输的货物所有权的规定相符，该规定的内容是，当已销售的货物需要从一个地方运到另一个地方时，识别也于将货物交给承运人或者承运人代理人时发生。对于待生产的货物，《意大利民法典》第 1472 条规定，如果货物在合同缔结时并不存在，则财产所有权于货物的生产完成时转移。如果货物在合同缔结时由第三人拥有，则货物所有权于其从第三人处转移给卖方时转移给买方。另外，在意大利，还有一条“善意取得得到绝对的所有权”规则，该规则是合意原则的例外，依《意大利民法典》第 1153 条的规定，当事实上的动产所有人的财产转移并交付给第三人后，他没有权利从第三人处索回其已经占有的财产，但后者必须是亲自取得所有权，并且必须是基于善意占有，也就是说，他必须是没有理由怀疑与其交易当事人不是真正的所有人。“善意占有得到绝对所有权”规则的适用发生于一物二卖的案件中，在这种案件中，第一个占有货物的人，而不是第一个购买者是货物的所有人。依这一规则，财产所有权通过占有，也就是通过交付，而不是同意而转让。①

## 四、澳大利亚

澳大利亚是一个联邦制国家，由6个州和2个准州组成。其中的6个州是新南威尔士（New South Wales）、昆士兰（Queensland）、南澳大利亚（South Australia）、塔斯马尼亚（Tasmania）、维多利亚（Victoria）、西澳大利亚（West Australia），两个准州是澳大利亚首都地区（Australian Capital Territory）和北部地区（Northern Territory）。每一个州和准州都有自己的议会，同时整个联邦还有一个被称为共同体议会的联邦议会。由于历史的原因，调整货物所有权由卖方转移给买方的法律是州法和准州法，而不是联邦法。因此，事实上有8个不同的澳大利亚法。澳大利亚调整货物所有权转移的州法和准州法主要是移植英国1893年《货物买卖法》。英国于1995年修改了1893年《货物买卖法》，但澳大利亚各州和准州并没有作出相应的修改。与英国一样，澳大利亚各州和准州的货物买卖法不仅适用于国际货物买卖，也适于国内货物买卖。②

《澳大利亚货物买卖法》区分不确定的货物和确定的货物，只有当不确定的货物被确定的时候，所有权才发生转移。与英国法一

---

① See *Transfer of ownership in international trade*, edited by Alexander von Ziegler, Jette Ronoe, Charles Debattista, Odile Plegat - Kerrault. Published by Kluwer Law International. pp. 205 ~ 207.

② See *Transfer of ownership in international trade*, edited by Alexander von Ziegler, Jette Ronoe, Charles Debattista, Odile Plegat - Kerrault. Published by Kluwer Law International. p. 7.

样，在确定已确定货物的所有权于何时转移时，澳大利亚法注重当事人的意图。关于已确定的货物的所有权转移的基本规定是：当存在特定或者确定货物买卖合同时，货物所有权于合同当事人意欲使其发生转移时发生转移。据此，如果合同当事人在合同中明确约定了货物所有权转移的时间，则他们的意图具有法律效力。在确定当事人的意图时，法院考虑“合同条款、当事人的行为及案件的具体情况”。例如，如果合同当事人以 CIF 价格订立合同，以跟单信用证作为支付手段，则从当事人行为和案件的具体情况可以推断，他们想于支付购买价款，以取得提单的转让时，货物所有权发生转移。

对于合同当事人转移货物所有权的意图不能从“合同条款、当事人的行为及案件的具体情况”中明显看出的情形，澳大利亚法有五条确定当事人意图的规则。这五条规则位于：澳大利亚首都地区（ACT－S23）；新南威尔士（NSW－S23）；北部地区（NT－S23）；昆士兰（QLD－S21）；南澳大利亚（SA－S18）；塔斯马尼亚（TAS－S23）；维多利亚（VIC－S23）；西澳大利亚（WA－S18）。其中有三条确定当事人意图的规则适用于“特定货物”，特定货物“是指买卖合同缔结时能识别，且双方当事人达成一致的货物”。[①] 第 4 条规则适用于基于同意或者载有买回条款或者类似条款而交付给买方的货物。第 5 条规则适用于通过描述销售不确定货物或者将来货物的情形。国际货物销售通常是不确定货物的销售，因为被销售的货物通常在销售合同中有所描述，而没有特定化，例如，1000 台“电视机”或者“20000 吨铁矿石”，而不是“我们工厂生产的符合你们的特别要求的蛋类机器”。以下对这些规则进行阐述：

（一）不确定的和将来生产的货物——货物被描述但没有特定化

在前面的例子中，“1000 台电视机”或者“20000 吨铁矿

---

① 见 ACT－S5（1）；NSW－S5（1）；NT－S5（1）；QLD－S3（1）；SA－S60（1）；TAS－S3（1）；VIC－S3（1）；WA－S60（1）。

石”——如果这些货物是储存或者装船货物的一部分，则它们没有被确定化。例如，如果卖方的仓库存有数千台计算机，则这1000台出售给买方的计算机仍然是不确定的，除非它们与仓库里的其他计算机分开，这一过程通常通过对这些货物准备好运往买方而完成。如果20000吨铁矿石是一船运往几个不同买方的40000吨铁矿石的一部分，则只有当它们与其他的铁矿石分离时，才被认为是确定化的货物。如果运往不同买方的货物没有与船上的其他货物分离，则只有当铁矿石在目的矿卸下，买方的20000吨铁矿石与其他铁矿石分离时，买方的20000吨铁矿石才被确定化。很明显，将来货物目前尚不存在，例如，如果1000台电视机目前尚未生产，则只有当它们被生产，并与其他同时生产的电视机分离时，这些电视机才确定化。在考虑第5条有关不确定和将来货物的规则的效果前，值得注意的是，澳大利亚法的首要规则是当事人关于货物所有权转移的意图是最重要的。如果当事人已经就货物所有权转移的时间达成一致意见，则没有理由再考虑第三规则，因为该规则是当不能从合同条款、当事人行为及案件的具体情况确定当事人的意图时发现当事人意图的一种规则。

当不能从“合同条款、当事人行为及案件的具体情况”确定当事人的意图时，则适用规则5（1），该规则规定：当存在通过描述的不确定或者未来货物的销售合同，卖方在征得买方的同意，或者买方在征得卖方的同意，经描述的合同及处于可交付状态的合同无条件地划拨给合同时，货物所有权转移给买方。这种同意可以是明示，也可以是默示，可以在划拨前作出，也可以在划拨后作出。规则5（1）使用了“划拨”的概念，这一概念与确定化有所不同。如前所述，确定化是货物从它们所属的一大堆物中分离，而划拨需要更多的程序。划拨是买方和卖方都同意某些特定的货物被指定为合同所指的货物，这些货物必须由一方当事人运输，通常是买方，这种选择必须获得另一方当事人的同意。仅仅是某些货物被选择或者被分离是不够的——例如，从更大量的铁中分离出20000吨铁，或者从卖方的仓库中包装1000台电视机供运输。这些都是确定化，但不构成划拨，因为卖方通常可以改变他或者她关于分配特定货物于合同的思想。在这种情形中，如果要达到划拨（财产所有权因此转移），则必须有一项约束卖方交付特定 20000 吨铁矿石给买方的不可撤销的行为，而且买方必须同意该项行为。只有当分配的行为不可撤销时，才存在规则 5（1）所要求的无条件划拨。买方对划拨的同意可以是明示的，但通常能从合同条款或者交易惯例中推断出来，也可以通过协议或者当事人的行为事前同意。在典型的通过描述销售货物的案件中，同意通常不是默示的，直到买方实际收到货物时才达成，但最后诉诸的同意取决于案件的具体情况。只有当货物有与合同相符的描述，并处于可交付状态时，才有规则 5（1）意义上的划拨。为了达到可交付状态，货物必须达到买方依合同有义务收到这些货物。[①] 据此，如果还必须对货物为某些行为才使买方有义务收到货物，则货物不能被称之为已被划拨。

规则 5（2）载有一个特别与国际销售有关的无条件划拨的具体例子。规则 5（2）规定：当卖方依合同约定将货物交给买方或承运人或其他受托保管人（不管是否由买方指定），以将货物转移给买方，且没有保留时货物的处置权时，则卖方被认为已无条件地将货物划拨于合同项下。规则 5（2）意味着，如果当事人没有表现出其他的意图，则货物所有权将于货物交付给承运人时由卖方转移给买方。不过，法律也规定，卖方可以保留处置货物的权利，直到某些条件得到满足，在这种情形中，尽管货物已交付给承运人，但货物所有权并不转移，直至承运人规定的某些条件得到满足。[②] 当销售合同约定交付航运单据以付款为条件时，则卖方保留有处置货物的权利，直至买方付款。在这种情况下，合同当事人表明了转移货物所有权的意图（也即支付货款以取得航运单据时，货物所

---

① 见 ACT－S5（2）d；NSW－S5（4）；NT－S5（4）；QLD－S3（4）；SA－S60（4）；TAS－S3（4）；VIC－S3（4）；WA－S60（4）。

② 见 ACT－S24；NSW－S24；NT－S24；QLD－S22；SA－S19；TAS－S24；VIC－S24；WA－S19。

有权转移），这一意图是以确保规则 5 不再适用。

值得注意的是，不管当事人有何意图，不确定货物的所有权只有当货物被确定化时才发生转移。即使货物被认为依规则 5（2）交付给承运人而无条件划拨。如果这些货物没有确定化的话，则这些货物的所有权仍不能转移。因为只有当货物被确定化的时候，作为一大堆货物中一部分货物的所有权才发生转移，如果货物在到达买方之前卖方确定的话，买方将处于很不安全的地位。

（二）确定的货物

确定的货物是“能识别及在合同签订的时候达成一致的货物”。[①] 当合同当事人意图使确定的货物的所有权发生转移时，货物所有权发生转移，当事人的意图可以从“合同条款，当事人的行为及案件的具体情况”中看出。不过，当意图不是很明显时，确定有关确定货物所有权转移的当事人意图适用不同的规则。

规则 1 至规则 3 适用于确定货物。这些规则体现在以下法律中：ACT - S23（2）-（4）；NSW - S23，RR1 - 3；NT - S23，RR1 - 3；QLD - S21，RR1 - 3；SA - S18，RR1 - 3；TAS - S23，RR1 - 3；VIC - S23，RR1 - 3；WA - S18，RR1 - 3。

规则 1 规定，当不附条件的销售确定货物合同中的确定货物处于可交付状态时，则货物所有权于合同达成时转移给买方，而付款时间及实际交付货物的时间是否推迟都不重要。适用规则 1 的条件是货物必须处于可交付状态。这就意味着，如果在买方能够要求交付货物前，还必须对货物进行一些工作，则货物将不被认为是已经处于可交付状态，除非销售合同中表达有相反的意愿。规则 2 继续强调了这一结论，依该规则规定，在销售确定货物的合同中，如果卖方为使货物处于可交付状态而有义务对货物为某些行为，则货物所有权不发生转移，直至这些条件得到满足且买方得到了条件得到满足的通知。与之类似，规则 3 规定，在销售处于可交付状态的确

① 见 ACT - S5（1）；NSW - S5（1）；NT - S5（1）；QLD - S3（1）；SA - S60（1）；TAS - S3（1）；VDC - S3（1）；WA - S60（1）。

定货物的合同中，如果卖方为确定货物的价格，而须对货物进行称、量、检验或其他行为时，则只有当这些行为完成，买方得到相应的通知时，货物所有权才发生转移。该规则仅适用于卖方为确定货物的价格而必须为某些行为时。①

## 五、奥地利

依奥地利法，货物所有权的转移区分权源和取得的方法的转移。依《奥地利民法典》第 320 条的规定，有效的权源仅仅给予占有财产的权利，而并不能取得财产的所有权。《奥地利民法典》第 424 条规定，间接取得的权源产生于合同、遗嘱、司法命令，或者法律规定。《奥地利民法典》第 425 条规定，单纯的权源并不转移货物所有权，所有权和所有的真实权利原则上都只能通过交付和接受的法定形式完成，除非法律另有规定。

奥地利法严格区分取得财产的权源和转让财产的形式。动产的所有权原则上可以通过“实际交付”（《奥地利民法典》第 426 条）、“象征性交付”（《奥地利民法典》第 427 条）、“或者通过宣告”（《奥地利民法典》第 428 条）转让给另一方当事人。“不动产或者建筑物的所有权……只有当取得行为记载入指定的公共登记簿中时才发生转移”（《奥地利民法典》第 431 条）。原则上，远期货物只有当接受人收到的时候才视为交付，“除非接受人决定或者同意远期方式”（《奥地利民法典》第 429 条）。奥地利最高法院的判例推定买方同意由卖方选择的惯常运输方式，据此，当货物交付给运输商时，货物所有权发生转移。当货物交付给得到授权的买方代理人时，实际交付的条件也得到满足。如果相同的动产被卖给几个人，但仅交付给一个人，“则其属于该动产被交付的购买者，所有人对受损方当事人承担责任”（《奥地利民法典》第 420 条）。

---

① See *Transfer of ownership in international trade*, edited by Alexander von Ziegler, Jette Ronoe, Charles Debattista, Odile Plegat - Kerrault. Published by Kluwer Law International. pp. 12 ~ 16.

依《奥地利民法典》第427条的规定，对于依其性质不能实际交付的动产，如对债务、船货、货物销售清单或者其他集体财产的请求，法律允许通过象征性交付转移财产所有权。当财产所有人交给接受人证明财产所有权的单据或者意味着通过交付，接受人能拥有财产所有权，或者使得在一个人能明确地承认财产已转移给另一方当事人时，则象征性交付完成。这种单据包括官方文件、航运单据、提单、仓单及抵押单据。这些单据的转移必须依《奥地利民法典》第426条、第428条、第429条的规定，即通过实际交付，通过宣告，或者通过交运。象征性交付可以通过转移交付占有货物的工具或器具完成，例如打开仓库或者工厂的钥匙，或者开动机器的器具。象征性交付也可以表明买方名字及其财产权利的货物标签来完成。

财产所有权也可以通过宣告而转移，通过宣告，财产所有人以一种能证明他是将来将以接受人的名义拥有财产的方式表达，或者，在接受人占有财产，但对财产没有物权的情形中，以接受人在将来将对该财产拥有物权的方式表达（《奥地利民法典》第428条）。以上条款包含三种情形：（1）买方基于不同的法律关系，例如，销售和租回协议被交付的财产置于卖方手中；（2）买方已经占有财产，例如，租赁合同被转化为销售合同；（3）财产的占有人被通知不是为卖方，而是为买方行使占有功能。①

## 六、比利时

在比利时，适用于销售的法律条款是《比利时民法典》。《比利时民法典》第1583条至第1586条调整作为销售效果的取得财产所有权的方式，它们是销售的效果，据此，严格地讲，卖方没有将所有权转移给买方的单独义务。《比利时民法典》第1604条至第

① See *Transfer of ownership in international trade*, edited by Alexander von Ziegler, Jette Ronoe, Charles Debattista, Odile Plegat - Kerrault. Published by Kluwer Law International. pp. 42 ~ 44.

1624条规定卖方有义务将所销售的货物交付给买方，这也是《比利时民法典》第1582条所定义的销售所产生的结果。据此，“交付”成为《比利时民法典》第1604条所规定的卖方的第一位的和首要的义务，这被定义为“将所销售的货物转移至买方的权利范围内”（《比利时民法典》第1604条）。当然，交付也将产生转移所有权的效果，因此，这两种行为是重叠的，不过，这两个概念仍然必须是单独考虑。

对于单个货物或者一揽子销售的货物，《比利时民法典》采纳了所有权思维转移的原则，也就是当事人仅对销售的标的物及价格同意即可。对于种类物，所谓的可替代物，所有权通过具体说明而转移，也就是通过单独识别货物及不可撤销地将货物分给某个合同而转移。《比利时民法典》所规定的规则只有当合同当事人没有其他的约定时才适用。当事人可以通过合同而排除法律的规定，例如，合同当事人可以延迟货物所有权转移的时间或者风险转移的时间。《比利时民法典》规定的货物所有权转移的具体规则是：（1）《比利时民法典》第1582条规定，销售是一方当事人承诺交付货物，另一方当事人承诺支付价款的协议。依这一定义，所有权的转移是销售的本质，而交付货物的义务则仅是销售的效果之一。（2）《比利时民法典》第1583条规定，在当事人就标的及价格达成协议后，销售在当事人间即完成，权利自动地从卖方转移至买方。依该条规定，合同的缔结和标的物的变现是混合在一起的，仅仅有意思表示的一致即可以实现权利的转移。（3）《比利时民法典》第1585条规定，当货物不是整体销售，而是通过称、计算或者计量而销售时，只有当货物被称、计算或计量时，销售才完成，否则，风险仍将由卖方负担。依这一条适用于种类物的规定，权利的转移也是自动的，但其时间推至被销售的标的物被单独识别时。（4）货物所有权的转移导致风险的转移。因此，有必要知道所有权转移给买方的确切时间。（5）总而言之，交付与所有权和风险的转移是分离的，即使在种类物销售中也是如此。（6）依《比利时民法典》，协议对第三方当事人有约束力。这既适用于它们的内容，也适用于它们的真实性。不过，也采纳相反的证据，并能用任何法律方式实施。《比利时民法典》第 1165 条规定，协议仅在合同当事人间生效，它们不影响第三方当事人。但该规定决不意味着第三方当事人不应该承认协议的存在，其内容或者其真实性，而仅仅是指协议不能对第三人产生义务。协议仅在双方当事人间有效的原则仅能以这种方式理解。（7）所有权的转移在双方当事人间构成销售合同的内部效力之一。另一方面，财产权构成对其所附的标的物的权利，据此，它对所有的当事人都有约束力，与仅仅是对一个人主张权利不同。因此，将权利转让给买方并不限于合同的内部效力。第三方当事人，特别是卖方的债权人必须接受它。对于不动产，权利的转移从产权转移记载入抵押登记簿中时才对第三方当事人有约束力。《比利时民法典》第 2279 条规定，对于动产，占有即是权利，据此，在有关动产的销售中，第三人能将实际占有动产的人视为该动产的所有人。（8）《比利时民法典》第 1604 条所定义的交付与所有权的转移确定会发生重叠，这对于种类物而言是如此，因为对销售标的物的个别识别通常发生在交付标的物之时。不过，依比利时民法典，个别化和交付仍然是两个分离的概念。（9）允许通过合同推迟权利转移的时间，在合同载有所有权保留条款时即是如此，同时，也可以通过协议确定风险转移给买方的时间。①

## 七、加拿大

在加拿大，货物销售属于各省管辖，由各省的法律支配。其中除了魁北克省的私法源于拿破仑法典，属于民法法系外，加拿大其余各省都属于以英国法律为基础的普通法法系。本书主要考察魁北克省的法律和安大略省的法律。魁北克货物销售法主要规定在魁北克民法典中。在安大略省，《货物销售法》于 1920 年通过，主要

① See *Transfer of ownership in international trade*, edited by Alexander von Ziegler, Jette Ronoe, Charles Debattista, Odile Plegat - Kerrault. Published by Kluwer Law International. pp. 55 ~ 57.

以1893年《英国货物买卖法》为基础。大多数安大略省《货物销售法》有关所有权转移的规定都仅仅只是一种推定，这些都可以通过明示合同而改变。①

在魁北克，货物所有权于合同当事人在合同中约定的时间转移，如果当事人没有约定，则于合同成立时转移。《魁北克民法典》第1385条规定，合同于有缔约能力的当事人交换同意时成立。据此，如果财产是明确的、确定的，或者如果财产由几部分财产组成，看做整个财产（例如“卖方所有的财产”）时，货物所有权于交换同意时依销售合同转移。当财产仅仅是确定为某一种类时（例如一吨谷），则买方于被通知财产明确、确定化时成为财产的所有人。这意味着财产所有权转移给买方前卖方必须履行两项义务：称、量，或者清除财产以使其单独化或者使其明确和确定，并通知买方财产已被单独化。在安大略省，有关货物所有权从卖方转移给买方的实体法规则位于货物销售法的第二部分。依安大略省《货物销售法》的规定，只有当货物被确定化时，货物所有权才发生转移。该基本规则位于《货物销售法》第17条，该条规定，对于未确定货物的销售合同，只有当货物确定化时，货物所有权才发生转移。《货物销售法》没有对未确定货物下定义。这种货物的所有权只有当其同整批货物分离，并可识别时才发生转移。对于特定货物或者确定化货物，货物所有权于当事人意图使其从卖方转移给买方时转移给买方（《货物销售法》第19条）。

《魁北克民法典》第1453条规定，当属于几个买方的同样的货物仅仅被确定为种类而在一起运输，一个买方的相应部分没有明确和确定，则只有当每个买方或者他的代理人收到货物，或者当货物已经明确或者确定化，买方通知他们拥有的相关部分已经被分离以交付或者得到时，货物所有权才发生转移。在安大略省，只有当

---

① See *Transfer of ownership in international trade*, edited by Alexander von Ziegler, Jette Ronoe, Charles Debattista, Odile Plegat – Kerrault. Published by Kluwer Law International. p. 79.

货物被确定或者划拨时，货物所有权才发生转移。如果没有这些措施，这会给散装运输货物中的买方带来困难，只有当货物被确定化或者划拨时，已对散装运输的货物支付价款的买方才对货物享有所有权。只有当货物到达买方时，货物所有权才能转移给买方。如果在货物到达买方之前卖方破产，那么，货物将成为卖方财产的一部分，买方对其所支付的价款仅对卖方享有无担保的债权。

《魁北克民法典》第1453条、第1708条规定，由于货物所有权转移的时间不是一条有关公共秩序的规则，因此，即使是货物已经确定化了，双方当事人也可以协议及约定货物所有权转移的具体时间，他们可以通过一个所有权中止条件或者所有权保留条款等推迟货物所有权的转移。在安大略省，卖方可以保留处置货物的权利，直至某些条件得到满足。《安大略省货物销售法》第20（1）条允许卖方通过明示条款保留货物所有权，即使是货物已被确定或者划拨于合同项下，据此，卖方可以确定一个货物所有权转移的具体时间。

在魁北克，调整货物所有权转移和物权公示的一般规则可以通过所有权转移的具体环境而改变。例如，当债务人通过签订合同而欺骗债权人的权利（特别是通过这种行为债务人使得或试图使得其破产，或者通过这种行为已经破产，债务人授予另一个债权人优先权），则受到损害的债权人可以宣告所有权转移对其不生效力（《魁北克民法典》第1631条）。当一方当事人连续将同一动产转让给不同的当事人时，善意的概念和权利公示规则导致谁将被确认为货物的所有权人。《魁北克民法典》第1454条规定，首先善意占有动产的人取得货物的所有权，即使他的权利的取得在时间上居后。《魁北克民法典》第6条、第7条、第1375条规定，任何权利都不能以损害他人的意图或者以一种有悖善意要求的过分及不合理的方式行使。这一规则可能影响货物所有权的转移。虽然所有权是一种全面、自由的使用，享用及处置财产的绝对权，但这一权利仍要受到某些法律限制（《魁北克民法典》第947条）。例如，某些非市场化财产的权利，如公共工程，可以完全有效地转移，但也可能要经过特别许可才能转移。在安大略省，与魁北克省一样，也有类似的规则阻止债务人解除其财产以欺骗其债权人。依《安大略省欺骗转移法》，具有阻止、妨碍、迟延或者欺骗债权人或者其他人意图的财产转移对这些人无效。对于卖方旨在将同一货物的所有权转移给两个不同当事人的情形，基本规则是受让人不能取得比货物的转让人更优的权利。据此，如果货物的卖方已成功地将货物所有权转移给买方，则卖方不能再将货物所有权转移给另一买方。不过，这一基本规则也有例外，其中一个重要的例外是《安大略省货物销售法》第25（1）条，依该条规定，已经销售了货物，并继续占有货物或者货物的权利凭证的一方当事人可以给予货物的所有权，条件是该当事人依销售合同交付或者转移货物或者权利凭证是基于善意及不知道前一销售而收到货物或货物权利凭证的当事人。①

## 八、丹麦

丹麦与其他斯堪的纳维亚国家一样，货物所有权并不在某一时刻转移，而是取决于问题所产生的不同的环境。在卖方和买方的合同关系里，协议对货物转移的不同的法律效果，例如买方的处置权，卖方的停运权，风险的转移，发生于不同的时刻。这些规则与适用于第三方当事人的规则不同，在适用于第三方当事人的规则中，也必须区分问题所产生的不同的法律关系。调整卖方与买方债权人关系的规则与调整买方和卖方债权人关系的规则不同。另外，必须区分对当事人的债权人和当事人的买方适用不同的规则的价值。在丹麦法中，没有关于货物所有权转移及其效果的实际制定法条文，据此，这些规则首先且主要是源自法理和判例法。因此，有关销售的法律规则，例如《丹麦货物销售法》，对货物所有权的转移有影响，除了有关所有权转移的各种区分外，丹麦法对货物所有

---

① See *Transfer of ownership in international trade*, edited by Alexander von Ziegler, Jette Ronoe, Charles Debattista, Odile Plegat - Kerrault. Published by Kluwer Law International. pp. 83 ~ 86.

权和货物风险的转移作了区分。《丹麦信用消费者保护法》载有关于所有权保留条款有效性的规定，但该法和《丹麦货物销售法》都没有关于所有权转移的规定。不过，《丹麦货物销售法》、《丹麦消费者信用保护法》及《丹麦破产法》对有关货物所有权转移的规则有间接影响。①

在丹麦，当涉及当事人之间的关系时，必须区分有关特定货物的协议和种类物的协议。在有关特定货物的销售中，协议签订时，买方即成为货物的所有权人。在有关种类物的销售中，在交易过程中通常发生识别，不过，《丹麦货物销售法》中没有关于卖方的义务将于何时限制于交付发运的规定，然而，该法载有关于转移风险的集中规定，从这些规定可以推断，卖方的义务将在此时限制于交付托运，买方将因此而得到货物的所有权。不过，具体的环境，也就是当事人的协议，可以使货物所有权的转移发生于更早的时间。依《丹麦货物销售法》第39条，卖方有停运权，即如果情况明显表明买方不能付款，则卖方有权保留他的货物，阻止其转移给买方。

依丹麦法，特定货物的买方在协议缔结时即能对抗卖方的债权人及其他买方再对货物主张权利，不过，适用这一规则的前提是交易于正常商业过程中发生，卖方的意图不在于使资产脱离他的债权人，或者以牺牲其他债权人为代价而有利于个别债权人。在这种情形中，法院将撤销交易，在卖方破产时，交易将依《丹麦破产法》中的无效条款而被宣告为无效。对于种类物，为防止卖方的债权人主张权利，有必要将货物识别于买方。《丹麦货物销售法》第3条对“种类物”下了定义，即，在本法意义上，购买种类物不仅意味着购买特定性质的一定量的货物，而且意味着购买一定量的既定交运的货物。这一关于种类物的定义也用于物权法中，但在涉及第三方当事人时，则视特定需要而修改。如果销售合同是有关种类物

---

① See *Transfer of ownership in international trade*, edited by Alexander von Ziegler, Jette Ronoe, Charles Debattista, Odile Plegat - Kerrault. Published by Kluwer Law International. p. 103.

的买卖，则只有当货物已被分离，并且遵守有关货物识别的特别要求，从而对卖方的债权人有效时，买方才能对抗卖方的债权人主张权利。首先和最重要的是，必须已经依照购买协议分离货物，例如，依照双方当事人之间的协议，标上买方的特别标识，将货物交给承运人并表明买方的地址，或者将货物以约定的数量、体积、形式存放。此外，还要求卖方有将货物分配给买方的权利，这一权利可以依双方当事人之间的分配协议、法律的特别规则或者惯例行使。通常的商业惯例是，为了能交付，并避免在交付上违约，卖方能与交付结合在一起分配某些货物。通常要求买方必须已被通知货物分配已经发生。不过，在有关运输的销售情形中，于发送时发生的分配常常能使分配对卖方的债权人有效，即使是买方没有被通知。依丹麦法，最后的一个要求是分配是正常的，也就是依当事人之间的正常商业惯例而发生，或者依正在进行的买卖类型的通常惯例而发生。在这一领域的一个主导的判决是丹麦最高法院的一个判决（U 1954 673 HD）。该案的事实是这样的，一个自行车商从一家公司购买了 100 台自行车。由于买方没有必要的储存设施，因此，自行车仍然放在卖方处。当买方已经收到了 8 台自行车时，卖方中止支付。与预订的形式不符，但与尚未支付的数目相对应的自行车都被驶往了卖方的一个仓库中，并且标上了买方的名字。不久后，卖方破产。法院判决认为，自行车的移动没有事先的协议，且没有通知买方，因此，对于买方而言，不产生对抗卖方的债权人主张权利的法律效力，据此，所有的自行车都被判决为破产财产。丹麦最高法院在其所作的判决中认为，卖方除了像自行车被安装一样识别自行车外，没有其他义务，放在仓库中的货物包括与订单不相符的货物，将自行车分配给买方既没有协议也没有通知买方，分配于董事会主席向公司发布中止支付的指示及不交付任何货物的指示后发生。基于以上的情形及与协议有关的情形，买方没有被判处对抗卖方的债权人主张权利的权利。最近丹麦的一些判例法也与这一判决相一致。

如果卖方已经失去了处置货物的权利，一般说来，如果特定物或种类物所有权转移的条件得到满足，则货物所有权转移于买方，但货物发运之类的行为并不意味着失去货物控制权，分配货物的条件并不必然得到满足。

在国际运输中，货物（如油、小麦等）常常在运输中混合在一起。依丹麦判例法，作为上面提到的第一个条件的分离通常在相当狭窄的意义上解释。即使是两个或者更多的买方已经购买了整批货物及阐明了许多货物，也并不必须意味着接受共同所有权的思想。然而，结果将取决于具体评估所有相关因素及欺骗其他债权人的可能性的程度。

如果卖方将同一货物出卖给两个不同的买方，第二个买方对货物取得所有权的必要条件是，卖方和第二个买方之间存在有效的协议，第二个买方对于卖方与第一个买方之间的协议是基于善意，货物已经交付给第二个买方。有时会发生这样的情形，即买方将货物再销售，即使是买方与卖方的协议无效，或者协议中存在所有权保留条款，第三方当事人原则上取得货物的所有权。对于这种情形，丹麦法的一般规则是，第一个卖方有权要求返还货物。不过，作为对基本规则的背离，在许多情况下，当法律制度认为保护将货物销售给善意的买方比保护卖方更重要时，将发生丹麦法律习惯上的所有权灭失。第一个卖方的不谨慎或者消极也能像这种方式一样导致所有权的灭失。如果所有权的灭失是为第二个买方的利益而发生，则其必要条件是，第一个买方（中间人）与第二个买方之间的协议是有效的协议，第二个买方占有货物，第二个买方是基于善意而为买卖或者对第一个买方（中间人）是否对货物有处置权方面不存在过失。当中间人经特别授权代理卖方为法律行为，但超出了其权限范围时，则即使是货物没有交付给买方，也发生货物所有权的灭失。①

---

① See *Transfer of ownership in international trade*, edited by Alexander von Ziegler, Jette Ronoe, Charles Debattista, Odile Plegat - Kerrault. Published by Kluwer Law International. pp. 107 ~ 110.

## 九、英国

英国法律关于货物所有权从卖方转移给买方的主要规则位于1979年《货物销售法》的第三部分，该法的最初版本于1893年发布，并于1995年作了重大修改，特别是关于被识别散装货物混合部分所有权转移的背景。1979年法律的相关规则既适用于国内市场销售合同，也适用于出口销售合同。

在英国，货物所有权依当事人的意图而从卖方转移至买方。1979年《英国货物销售法》第17条规定：（1）在特定或者确定化货物销售合同中，货物所有权于合同当事人意图使其发生转移时转移。（2）为确定当事人的意图，必须考虑合同条款，当事人的行为及案件的具体情况。如果当事人已经在合同中明确约定他们意图使货物所有权于何时发生转移，则《英国货物销售法》所规定的识别当事人意图的推定将变得无关紧要。《英国货物销售法》规定了五项推定，其中第五项是与大多数国际贸易最相关的。这些规则中的前三项调整特定货物所有权的转移。第四项是有关载有卖不掉可以返还批发商条款的货物销售。《英国货物销售法》第61（1）条对特定货物所下的定义是：销售合同缔结时即被识别并协商一致的货物。据此，与《英国货物销售法》第18条中的前三项规则有关的合同标的是，例如，“该特定的一船小车，通过下面的车架识别”。在国际货物销售中，通常涉及某一特定类型的货物，而不是某一具体货物，据此，当事人更可能是同意卖和买“某一类型的小车”。以这种类型的方式描述货物将使它们位于《货物销售法》所定义的特定物之外，因此，这种销售不受《货物销售法》第18条规则1至规则3调整的范围。规则4也不可能与国际销售有关，因为这种合同不可能是载有卖不掉可以返还批发商条款的合同。与载有装船条款的销售合同有关的法律是《货物销售法》第16条、第18条规则5、第19条、第20条、第20A条、第20B条。其中有两个概念对运用这些条款非常重要，即确定和划拨。

《货物销售法》第16条规定，依该法第20A条的规定，只有当货物被确定的时候，货物所有权才能移给买方。如果货物储藏或者与其他同一类型的货物装运在一起，则货物未确定化，在这种情形下，依第 20A 条所表明的案例，在以数量销售的货物与整批货物分离前，货物所有权不能转移给买方。据此，例如，如果 500 吨糖装运在一艘特色的船中，卖方同意卖其中的 250 吨给买方，则在糖被分离成不同的部分，其中一部分达 250 吨之前，卖给买方的 250 吨糖的货物所有权不转移，除非买方已经支付了购买价格，并且受《货物销售法》新的 20A 条调整。此外，250 吨糖从更多的大批货物中分离虽然是必要的，但并不足以使货物所有权发生转移，为使货物所有权转移，这些糖必须进一步被划拨给买方。确定仅仅是使 250 吨糖与剩下的 250 吨糖相分离，为使所有权转移，卖方必须将两包被分离的糖中的一包分配给买方。这一分配过程即《货物销售法》第 18 条规则 5 所指的“划拨”，货物所有权于无条件划拨时转移给买方，即货物被分配给买方，且没有证据表明卖方试图保留货物的所有权。

只有当货物已被确定，并且划拨给买方时，整批装运的货物的所有权才转移的规定对于已经支付了货款，而卖方在货物到达买方之前已破产情形中的买方会产生一些损失。例如，在上面的例子中，如果买方已支付货款给卖方，而卖方在糖到达买方之前破产，则买方将对糖不享有所有权，这些糖仍将是破产卖方的资产的一部分，买方将作为一个未受担保的债权人与其他债权人一道竞相对货款提出请求。如今，这种地位中的买方得到了新《货物销售法》的一条全新规定的保护，即第 20A 条，该条规定的主要目的是将被识别整批货物中，混合货物中的共同所有权概念引入《英国货物销售法》。该条新规定规定 1995 年修改的《货物销售法》适用于所有在 1995 年 9 月 19 日及之后所订立的所有合同，依该新规定，如果买方已经支付了全面或部分合同中所包含的，构成整批货物的一部分的货物的货款，则已被识别的整批货物中特定量货物的所有权转移将不再要求对货物确定化。如今，不要等到货物从整批货物分离时所有权才发生转移，当两个条件得到满足，即整批货物已被识别，价款已经支付时，则买方将对货物享有共同所有权。当这些条件得到满足时，买方可以得到其所支付货款部分的货物的所有权。据此，在上面的例子中，如果卖方在已被识别的500吨整批糖卸下前破产，则已经支付了250吨糖的价款的买方在整批糖被识别或者支付货款时将成为已被识别的整批糖的一半的所有权人。不过，如果整批糖在卸下时减少，那么，买方将仍然拥有被卸下的整批货物的一半，并且依《货物销售法》第20B条，被认为同意其他共有人依同样的计算方式拥有整批货物中相应份额财产的所有权。这些新的规则要受合同中相反约定的制约。在这种情形下，《货物销售法》第16条将通过货物确定而得到满足，《货物销售法》第18条关于划拨的规则也需要得到遵守，这样，货物所有权才转移给买方。

如前所述，确定化是货物所有权转移的必要条件，也就是说，对于第20A条以外的条件，其本身并不足以导致货物所有权的转移，在合同中没有明示的条款表明货物所有权于何时转移时，划拨将最终确定货物所有权从卖方转移给买方的时间。这一思想被引入英国1979年《货物销售法》第18条规则5（1），该法第18条规定，除非表现出有其他的意图，依以下规则确定当事人关于货物所有权转移给买方的意图。规则5（1）规定，当存在通过描述销售不确定货物或者未来货物的合同，且这种经过描述并处于可交付状态的货物要么由卖方在经得买方的同意，要么由买方在经得卖方的同意无条件地划拨至合同项下时，则货物所有权转移给买方，其中的同意可以是明示的，也可以是默示的，可以在划拨之前作出，也可以在划拨之后作出。前面我们已经将无条件划拨描述为卖方将特定的一袋货物分配至特定的合同，使得在种类上被描述为，例如，"这种类型的车"的货物被特别附属于诸如"这些车"的销售合同。据此，划拨行为通常是由卖方不可撤销地作出将货物识别为卖给特定买方的那些货物的行为。《货物销售法》非常明确地表明了这种行为中的一种，即将货物交给承运人的行为，该法第18条规则5（2）规定：当卖方依据合同为将货物转移给买方而将货物交付给买方或者承运人或者其他的受托保管人或者保管人（不管他们是否由买方指定），且没有保留处置货物的权利，则卖方被认为无条件地将货物划拨给买方。如果不是由于货物销售合同条款的突出地位，不是由于运输单证在海运货物所有权转移中的重要性，则这一分规则的实际结果是货物所有权将于货物装船时正式转移。然而，销售合同，或者航运单据通常都将表现出与这一表面推定相反的意图。

对于通过划拨转移被销售货物的所有权于买方的情形，其中的划拨必须是无条件的。虽然《货物销售法》第18条规则5（2）表面推定被确定货物的装船将导致货物的划拨，但这一推定只有在划拨没有保留对货物的处置权的条件时才成立。1979年《货物销售法》第19条规定法院在确定卖方转移货物所有权的意图时应考虑两个重要因素：一是销售合同本身的明示条款或者货物被划拨给买方的方式；二是签发提单的方式及提单转让给买方的方式。《货物销售法》第19（1）条规定：在销售特色货物或者货物随后划拨的合同中，卖方可以通过合同条款或者划拨，保留处置货物的权利，直至某些条件得到满足，在这种情形中，虽然出于将货物转移给买方的目的，它将货物交付给买方，或者承运人，或者其他的受托保管人或者保管人，但货物所有权只有在卖方所规定的条件得到满足时才转移给买方。这一条款的效果是卖方能明示保留货物所有权，即使是货物已依第16条被确定，已依第18条规则5被划拨。①

## 十、德国

依德国法，动产所有权的转移受四条重要原则的调整：（1）分离原则：德国法严格区分产生合同当事人债权和债务的法律行为（债权行为）和据以将物权转移给另一方当事人的法律行为（物权

① See *Transfer of ownership in international trade*, edited by Alexander von Ziegler, Jette Ronoe, Charles Debattista, Odile Plegat - Kerrault. Published by Kluwer Law International. pp. 135 ~ 138.

行为）。债权行为有，例如销售合同、易货协议或者赠与合同。据此，销售合同仅使卖方负有将销售货物所有权转移给买方的义务，也仅使买方负有支付货款的义务（《德国民法典》第433条），为了完成卖方的义务，需要进一步作出法律行为，也就是，处置行为，据此，销售标的物的所有权才能转移给买方（《德国民法典》第929条）。销售本身并不对物权，特别是货物所有权产生影响。（2）抽象原则：物权据以转让的处置行为的生效与作为其基础的债权行为的存在或者有效无关，据此，货物所有权的转移并不取决于销售合同的存在或者有效性，即使是合同由于当事人之间缺乏合意而不存在，或者是后来由于错误而被一方当事人撤销，货物所有权的转移仍然有效，所有权取得者的所有权不受损害。卖方可以依不当得利原则要求买方返还财产（《德国民法典》第812条），但同时，所有权取得人仍然是法律意义上的财产所有人。（3）特定原则：每一所有权的转移都与特定物有关，而与复合物或非特定物无关。虽然有可能销售非确定化货物，但那些货物只有在划拨后才发生所有权转移。（4）交付原则：原则上，货物所有权的转移要求转让人将货物交付给所有权取得人（《德国民法典》第929条第1款）。《德国民法典》还规定了几种替代交付方式，据此，在许多情形中，实际交付变得不必要。在以上四项原则中，虽然分离原则、特定原则、交付原则被欧洲内外的其他几个国家的法律制度所采纳，但抽象原则则是经萨维尼发展的德国民法的特征。

依德国法，货物所有权的转移需要两个基本要素：首先，转让人和所有权取得人彼此同意动产所有权将从转让人转移至财产所有权取得人；其次，交付动产。作为要素之一的合意行为是一种物权行为，因此，所有关于意图的表述及关于合同的基本规定都适用于该行为。例如，关于代理或者关于基于错误而无效的规定。合意必须在交付货物的时候存在。合意通过解释当事人的陈述及行为而确定。如前所述，《德国民法典》第929条第1款要求转让人实际交付动产于所有权取得人，这同时也包括代表转让人或者所有权取得人或者二者的占有代理人。不过，并不总是要求实际交付，《德国民法典》还规定了几种替代交付方式：(1)《德国民法典》第929条第2款规定，如果所有权取得人已经占有了动产，例如基于租赁协议，那么，仅有当事人关于转移货物所有权的合意即够了。(2)《德国民法典》第930条规定，虽然财产所有权已经转让给所有权取得人，但如果转让人想继续在物理上占有动产，则实际交付可以被当事人之间关于寄托关系的约定所取代，据此，授予转让人代表所有权取得人占有财产的权利，允许后者间接占有。这种寄托关系的例子有租赁或者寄存协议。(3)《德国民法典》第931条规定，如果第三方当事人实际占有动产，则动产所有权可以通过转让人转让占有权给所有权取得人而转移，这一转让依《德国民法典》第398条而发生。其法律后果是，间接占有转移给所有权取得人(《德国民法典》第870条)，所有权也同时转移。在国际贸易中，如果货物由第三方当事人储存或者运输，则可以适用这种类型的所有权转移方式。

如前所述，《德国民法典》严格区分对当事人产生债权债务的销售合同和使卖方转移货物所有权的义务得以履行的处分行为，因此，动产所有人可以依其所欲就同一动产签订许多合同，所有这些合同都是有效的。基于分离原则，在这些合同签订后，卖方仍然是动产的所有人，不过，如果卖方通过转移动产的货物所有权而履行其中一个销售合同，从而使其他销售合同的履行成为不可能，则卖方应对其他买方所受的损失负责任(《德国民法典》第325条)，卖方履行哪一个合同并不重要。

虽然货物转让人既不是动产的所有人，也没有取得货物所有人委托其对动产进行处分的授权，但善意取得人在某些条件下可以取得受让动产的所有权。其中第一个条件是转让人和取得人同意动产所有权转移给后者。另外，在这种情形中，交付原则比从对动产所有权的当事方中取得所有权的情形更重要，据此，占有改定这种交付方式不可行(《德国民法典》第933条)。如果取得人知道或者由于重大过失而不知道转让人不是动产的所有人，则取得人具有恶意(《德国民法典》第932条)。善意取得对于遗失物或偷盗物不适用（《德国民法典》第935条），但这一规则不适用于金钱、无记名证券及通过公开拍卖销售的商品（《德国民法典》第935条第2款）。基于同样的条件，善意取得也可以不受以前存在的负担的影响（《德国民法典》第936条）。①

德国民法有关动产所有权转移的立法模式被称为物权形式主义模式。我国有的学者认为，德国民法的这种模式具有历史性，其一，德国民法物权形式主义，系谱上乃来源于“形式的支配的物权”（与其相对的为“观念的支配的物权”）的日耳曼法制度。无论动产所有权移转须以交付为要件，还是不动产所有权移转须有移转的合意（Auflassung）与登记，其都与日耳曼法存在着密切的历史关联性。但在日耳曼法时代，十分清楚的是：“Auflassung”并不是一个单独而独立的物权契约，而仅仅是作为债权契约的方式而加以考量和意识。即近代以前，德国系被如下的法的社会意识所支配：如果权利主体不对权利客体予以“形式上的支配”，那么其对客体即未有权利。德国民法物权形式主义的最初来源和起点正在于此。其二，于物权变动上，德国民法使旧有制度转换为近代制度的另一要点是，物权行为（尤其是Auflassung）“无因性”（或“抽象性”）制度之确立。不动产所有权是否有效移转，仅判定“Auflassung”是否有效即可。即使作为“Auflassung”的“实质原因”的债权契约无效、撤销，不动产所有权之移转效力也不受任何影响。“Auflassung”与债权契约完全绝缘了！于日耳曼法上，“Auflassung”与债权契约并未发生分裂而成为一个独立的行为。而在历史上，真正使“Auflassung”成为一个独立的行为并与原因行为（债权契约）相隔断，使仅有“Auflassung”的意思表示即可发生所有权转移的民事立法是1872年的《普鲁士所有权取得法》。这个立法开了德国民法承认和确立物权行为无因性之先河。1896年

---

① See *Transfer of ownership in international trade*, edited by Alexander von Ziegler, Jette Ronoe, Charles Debattista, Odile Plegat - Kerrault. Published by Kluwer Law International. pp. 183 ~ 186.

《德国民法典》原原本本地承袭了该法关于物权行为及其无因性构成的基本规定与规范意旨。可见，德国民法之规定物权行为无因性制度，这全然不是民法典起草者与立法者的独创，而是德国民法传统和民法史发展的自然结果与归结。从日耳曼法到《普鲁士所有权取得法》（1872年），再到《德国民法典》（1896年），其间关于物权变动规则的历史变迁及运行轨迹，正表明了包括法制史在内的人类全部历史发展的不可分割性、继承性和连续性。可见，物权行为无因性完全是德国法学史与民法物权制度（当然主要是不动产交易制度）长期发展的产物，是一个历史范畴。①

我国还有的学者认为，关于萨维尼的物权合意主义理论为何成为通说并为德国民法典采为基本原则，必须用一种历史的眼光，从德意志的历史及当时的整个社会背景中去寻找答案。有以下几个原因：一是德意志民族所谓的体系性的抽象思考。18、19世纪对德意志来说是一个观念论的体系化时代，抽象化与体系化是其特征。观念论与体系性构成了德意志民族的内在本质性。可以说没有思想精神领域的这一特征，德意志就不再是德意志。由此可见，观念论与体系性对德意志民族的规定性意义。而物权行为及其无因性理论正适应了德意志民族的这种需要，它从一个侧面回应了观念化运动，因此欲了解物权行为在德国法上的意义，我们必须回到德意志民族成长的历史过程中去找寻答案。二是历史继承性和连续性。物权合意主义是建筑在德国普通法时代固有的历史基础之上。其在1872年《普鲁士所有权取得法》上第一次获得确立，事实上《德国民法典》规定的物权契约无因制度直接继受了《普鲁士所有权取得法》的立场，是对历史的继承。1872年《普鲁士所有权取得法》以无因主义为理论基础构造而成，希冀通过分离物权交易中的实质关系与权利移转关系，将登记官吏对物权交易的审查限制在以物权变动为直接目的的法律行为里，摈弃登记的实质审查主义对

① 陈华彬：《论基于法律行为的物权变动》，载梁慧星主编：《民商法论丛》第6卷，法律出版社1997年版，第85~87页。

私的交易的侵扰，以推动整个社会生活自律性的实现。可见，无因主义在制定法上的确立具有革命性的意义，在德国民法史上，无因主义正是在这样的历史条件下于制定法上获得了确立。《德国民法典》继受《普鲁士所有权取得法》的立场，将无因主义采为其一大原则。它是对15世纪尤其是18、19世纪以来的普通法学以及有关不动产物权变动制度立法史的总结，是一个历史范畴，表明了德意志在物权变动立法规制上的历史继承性和连续性，避免产生一种突兀的断裂。三是私的自治的社会理想。无因主义在当时的情景下，它将原因关系与物权移转关系分离开来，排除登记官吏对实质关系的审查，的确可以摈弃国家对私的交易的侵扰，促进私的自治的发展，实现社会生活的自律化。①

德国物权变动的物权形式主义立法模式产生以后，其中的物权变动无因性理论遭到了许多学者的批评，后来，德国物权法在这一领域作了一些修正。在一定条件下，原因行为中的瑕疵可以导致物权契约无效。该规则首先可适用于因阴险的诈欺而被否定的法律行为。在此，法院认为：履行行为，即以所有权移转为目的的物权契约，如因受诈欺而缔结，则应理解为可撤销的契约。在一个判决里帝国法院如是宣称：

“民法典把一桩买卖中说明出让权利和履行义务的法律行为，也就是所谓的要因行为，与抽象的、效力只赖其自身的物权履行行为明确区分开来是正确的。但这绝不意味着，原因行为的意思表示瑕疵不会影响物权的履行行为。在任何情况下，那些依恶意诈欺出卖人而订立的合同的买受人，其目的通常并不是通过买卖合同获得债法上的履行请求权，而是要直接地取得出卖物。骗人者的意图正是钻被骗者意思表示缺陷的空子，只有在一种完全特别的、但至今尚未清楚的情况下，也许人们能在某种既定情事中承认，被告将不

---

①　肖厚国：《物权合意主义及其对我国民法实践的价值》，载梁慧星主编：《民商法论丛》第18卷，金桥文化出版（香港）有限公司2001年版，第15～19页。

会像在买卖合同中受恶意欺骗那样来进行物权的履行行为。如果这种情形不能确定，那么就应承认，因欺骗而产生的债权行为的撤销导致所有权移转契约无效的后果。”

这种规则在因错误而发生撤销时也应同样有效。依正确的法律观念，如果原因行为和所有权移转行为是根据同一个意思表示形成的，当这两个行为的原因有错误时，那么这两个行为可因其错误的原因而同时否定（《帝国法院民事判决》第 66 号、第 385 号、第 390 号）。在原因行为因违背善良风俗而无效时，法院判决常常抛弃抽象原则，宣布履行行为无效。在某人因紧急情事、轻率、缺乏经验而受剥削时，《德国民法典》第 123 条第 2 款将被直接运用，不仅债的合同无效，而且获得财产的法律行为即通过物权合意的转让也无效。当一个违背善良风俗的交易并非因为对方当事人缺乏经验、轻率、有紧急情事而获取超额利益时，法院就不仅判决原因行为而且同时判决物权行为无效。例如在一些案件中，某人为给其债权人提供担保，居然以不体面地限制自己的经济自由为协议条件，对此法院根据《德国民法典》第 138 条第 1 款不仅要判处担保协议无效，而且要判处交付行为无效（参见《帝国法院民事判决》第 57 号、第 95 号等）。

《帝国法院民事判决》有这样一个案例：一位丈夫与妻子达成扶养协议，如果她对他提出离婚诉讼，则他给她一项不动产。为了与妻子诉讼离婚，指定不动产所有权移转给了她，双方履行了协议。但在其他方面，双方当事人产生了争议，即妻子是否已成为上述不动产的所有人。帝国法院予以了否定：帝国法院的判决当然承认，一般情况下根据抽象原则，买卖行为的不道德并不产生履行行为无效的后果。但这一原则也应承认一些例外，即那些正是利用物权法的规定追求不道德目的的，或者其权利依不道德行为而建立的情况。

多年来法学家们也在忙着试图想出一些能够限制抽象原则可能的办法。为达此目的，他们想到，在物权契约中随时随地地把抽象原则与“法律行为”的意义联系起来，这样民法典总则编关于法律行为的全部规范也可以适用于物权契约。这样产生的结果是：当一个法律行为无效时，第二个行为也会随之无效。但是对这种方法人们尚有争议。另一种选择是，依《德国民法典》第158条法律行为可以附条件，只有在条件成就时它才能生效或者失效。依此规定，当事人可以在原则上给物权契约附上这样一个条件：它只有在原因行为有效时才能生效。但是在允许当事人在哪些前提下，在哪些案件中，依什么样的意愿约定条件（是由他们随意假设吗?）等一系列问题，学者之间争议纷纷，而法院到如今对这种建设性的技巧未给予适当的赞许。①

## 十一、荷兰

依《荷兰民法典》第384条第1款的规定，货物所有权转移要求有权处置货物的人依有效的权力交付货物。这一规定隐含着《荷兰财产法》的几个重要特征：(1) 要求有效的权利意味着没有适当的理由，通常是有效的销售合同，则所有权将并不转移至另一个人的手中。不过，如果第三人是基于善意的行为，则这一规则不适用。据此，原则上，无效的和可撤销的合同不能成为所有权转移的基础。基于违约而导致的合同解除不能影响过去的所有权转移，合同解除没有溯及既往的效力。在合同解除的情形中，《荷兰民法典》第6271条仅要求当事人原则上返还已解除合同所收到的货物。(2) 交付要求意味着仅有销售合同还不能导致所有权的转移，还必须有一个分离的行为。这通常包括占有的转移，可以通过合同约定卖方将为买方占有货物，从而导致占有转移，不过，这一约定必须以明示条款的形式出现，因为法官赞赏交易的合同和所有权方面的区分，不愿意将所有权转移解释为默示条款。②

---

① 孙宪忠：《论物权法》，法律出版社2001年版，第656~658页。

② See *Transfer of ownership in international trade*, edited by Alexander von Ziegler, Jette Ronoe, Charles Debattista, Odile Plegat - Kerrault. Published by Kluwer Law International. p. 237.

《荷兰民法典》第384条第1款规定，货物所有权的转移要求有权处置货物的人依有效的权力交付货物。这一条款中的交付因素需要进一步考虑，交付通常是通过占有的转移而完成（《荷兰民法典》第390条），只有在所有人不能占有货物的例外情形，例如在被偷盗货物的情形中，交付能通过卖方签署书面陈述而履行（《荷兰民法典》第395条）。值得注意的是，未来货物，也就是卖方未占有的货物的交付，不能通过这种书面陈述方式履行，未来货物的交付要求转移占有。事实上，对未来货物的交付只不过是履行除处置权外的所有权转让的要求，因为第二个卖方还不是货物的所有人。当第二个卖方成为所有人时，所有关于转让的要求都得到满足，货物所有权在此时，或者，更准确地说，在几秒钟之后自动转移（《荷兰民法典》第397条）。占有可以通过物理交付，将货物置于买方或者他的代理人的手中，或者事实上置于由买方指定的任何人的手中而转移。通常，卖方不必亲自交付货物，他可以派遣他的代理人或者任何他所选择的人，据此，卖方可以通过安排一个独立的公司将货物交付给买方指定的人，从而将对货物的占有和所有权转移给买方。因此，如果在运输途中的货物在到达目的地之前被出卖了四十次，则所有四十个卖方都能将对货物的占有转移给他们的买方，虽然货物本身是从第一个卖方直接转给最后一个买方。除了实际交付以外，占有也可以通过不实际移动货物，而通过合同的方式转移。《荷兰民法典》第3115条区分了三种类型的通过合同方式转移的占有。第一种类型是如果买方已经占有了货物，则双方当事人在合同中的同意即足以转移对货物的占有和所有权。第二种类型是如果第三方当事人为卖方持有货物，则双方当事人同意转移占有，而第三方当事人要么得到其他当事方之一的通知，或者承认转移而不要求通知即够了。值得注意的是，第三方当事人不必与买方有合同关系，因此，当买方对货物主张权利时，第三方当事人通常不能援引合同权利。另一方面，运输合同是关系到三方当事人合同关系的例子：卖方、承运人和买方，买方要求承运人交付货物的主张要受运输合同条款的制约。第三种类型的交付方式于卖方想在转移货物后继续保留货物，不是作为所有人，而是为买方的利益占有货物时使用。双方同意即可以转移占有并使卖方为买方占有货物。占有改定的不足表现在《荷兰民法典》第390条和第3111条。《荷兰民法典》第380条第2款规定，只有当货物已经到达买方的手中时，仍然位于卖方手中的货物的交付，才对享有在先权的买方产生法律效力，除非第三方当事人同意转移。这里所指的第三方当事人的权利甚至可以是对人权。这种权利是物权时，依财产法的性质，占有的转移不能妨碍它，但对于善意的再购买方则例外。简言之，再购买人如果是通过占有改定取得占有，则它得不到保护。这一思想在《荷兰民法典》第3111条也有所体现。

所有先前的权利都将因善意购买人的利益而被放弃，简言之，这是《荷兰民法典》第386条、第387条所规定的内容。《荷兰民法典》第386条、第387条是《荷兰民法典》第384条第1款只有当卖方有权处置货物时所有权才发生转移规定的例外。依《荷兰民法典》第386条、第387条的规定，即使卖方对货物没有处置权，买方仍然可以取得货物所有权。为了享受该条规定的保护，买方必须是在有效的金钱或与金钱类似的权利的基础上取得货物。一份有效的销售合同能满足这一要求。另外，买方必须已经占有货物。如前所述，在这种情形中，占有改定不足以构成占有。考虑到《荷兰民法典》第387条，买方还必须是善意。该条规定，如果买方未能提供这些信息——在取得货物所有权的3年内要求提供时——即在他取得货物所有权时认为足以查出的信息。对非金钱或者指示交付或者无记名票据的偷盗货物，《荷兰民法典》第386条规定了例外，原则上，前所有人可以在货物被盗后3年内要求取回因偷盗而丢失的货物。

一些货物所有权的转移要求通过有权处置货物的人依有效的权利而交付（《荷兰民法典》第384条第1款）。现在开始更详细地考察“一些货物”。简言之，作为一个买方，要得到一些货物所有权，他必须能将他的货物与其他人的货物分开，能够识别出。这产生出几个问题：首先，所销售的货物可能仅用一种种类物的方式描述，例如销售将要建造的某一种特定类型和颜色的新东西。其次，所销售的可替代货物构成更大量的同类货物是可能的。在这种情形中，所销售的货物必须确定，且被划拨给买方，也就是说货物必须与被划拨的同类货物分离，此外，卖方和买方必须同意被分离的货物是被转移的货物。原则上，卖方和买方都无权独自决定将货物划拨给买方，双方当事人必须就此共同达成协议。在实践中，销售合同可以约定卖方或者买方代表对方分离和划拨货物的权利。通过分离当然足以识别货物，因为被分离和单独化的货物为转让做好了准备。划拨也是必要的，因为卖方和买方必须就转移哪些货物达成协议。当卖方和买方没有就货物的确定和划拨达成特别协议时，货物所有权将于货物交付时一起转移。

对于一物二卖的情形，在所有权或者占有转移以前，买方对所销售的货物的交付都仅具有对人的权利。对于这一问题，《荷兰民法典》第3298条规定，原则上，第一个买方的权利优先。当两个买方都是基于善意，且二者对货物都没有特别权利时尤其如此。尽管有第一个买方的权利，但如果卖方将货物所有权转移给第二个买方，则该第二个买方将成为货物所有权人，但他有义务将其货物所有权转移给第一个买方，除非他是基于善意而取得该货物。①

## 十二、挪威

依挪威法，所有权被定义为所有人对财产所享有的一系列权利，据此，所有权转移被理解为不同的权利在不同的时期由卖方转移给买方的一个过程。销售合同因此主要被认为是这样的一种合同，即根据这种合同，卖方有义务交付他承诺交付的货物，买方有义务支付他承诺支付的一定量的货款。依《挪威货物销售法》，风险转移的时间被认为是关系到所有权转移的一个关键问题。作为一

---

① See *Transfer of ownership in international trade*, edited by Alexander von Ziegler, Jette Ronoe, Charles Debattista, Odile Plegat - Kerrault. Published by Kluwer Law International. pp. 241 ~ 247.

种主要的规则，风险从卖方转移给买方有三个结果：一是风险转移后，买方将对货物的损失承担责任；二是风险转移通常被用于决定交付是否及时；三是在风险转移后，它能确定货物的条件是否符合约定。在与第三方当事人有关时，还必须区分各种法律冲突。在历史上，是通过确定谁拥有货物而找到法律的解决方法，如今，解决方法建立在以现实情形为基础所作出的考虑之后。①

《挪威货物销售法》通过于 1988 年 5 月 13 日，该法原则上是任意性的。该法第 4 条规定，如果买方是消费者，则其中一些规则是强制性的。依挪威法，货物所有权转移的发生没有固定的时间，主要规则是只有当货物被交付的时候，买方才能取得他所购买的对特定货物的专属权利。货物销售合同的签订意味着卖方负有依约定交付货物的义务，但卖方具有他想交付什么货物的选择权。《挪威货物销售法》第 23 条规定买方有使卖方将交付货物作为他的义务的权利，如果对货物的交付不是不可能的话，则买方可以使卖方负有这一义务。依挪威法，这是一项基本的义务，对特定物和种类物都没有区分。买方有权支付约定货款的义务，如果买方不愿意支付这笔货款，则卖方不负交付货物的义务。依《挪威货物销售法》第 61 条的规定，如果有合理的理由认为买方将不能依约定支付货款的话，则卖方将享有停运权。

当卖方与买方的销售合同已完成，或者所交付的货物被扣押的时候，如果对卖方提起了破产程序，则产生关于买方对抗卖方的债权人的问题。买方的利益在两种不同的情形下有关，第一种情形是买方对货物特别有兴趣，因此想履行协议；第二种情形是买方已经预先支付了货款。很明显，如果货物已经交付给了买方，则买方将受到保护。问题是交付是否是买方对抗卖方债权人的必要条件。在挪威，对于这个问题有两个决定性的最高法院的判决仍然被认为引

---

① See *Transfer of ownership in international trade*, edited by Alexander von Ziegler, Jette Ronoe, Charles Debattista, Odile Plegat - Kerrault. Published by Kluwer Law International. p. 267.

领挪威的判例。第一个判例是1910年报告的一个案件：十一条牛被卖给了屠夫，它们都将于农夫不再从牛身上挤牛奶时交付。不过，在牛被交付前，买方已经依约定支付了货款。当卖方破产时，买方仅得到了一条牛。最高法院判决买方不能对抗卖方的债权人。七个法官中有四个赞成这一判决，他们的意见很简单，他们认为不存在“所有权的真实转移”。因此，买方不能得到保护。另外三位法官则持相反的意见，他们认为，所有权的转移依合同约定的时间而发生，卖方在牛不再产生奶时是为买方的利益而保管牛。第二个判例报告于1912年：买方从一个造船商手中买了一些废铁，依据协议，他购买造船商于1908年所生产的所有废铁，这些废铁被收集以后堆放在卖方的房屋里，其中一些废铁于10月份收集，但当卖方于1909年2月破产时，仍然有100吨废铁堆在卖方的房屋里，买方已经支付了94吨废铁的价款，并且要求卖方为他保留其余的废铁直至2月份。最高法院有五位法官认为废铁不能计入破产财产，因为在破产诉讼提起的时候，造船商已不是废铁的所有人。有两位法官认为1910年的判决有必要使他们作出相反的判决。这两个法院判决的结果却在挪威的法学理论中进行了讨论。Lollehdt认为这两个法院的判决都没有解决保护货物买方的问题，另一方面，两个判决都表明协议本身不足以导致货物所有权的转移。依他们的观点，尚不明确除了协议之外还须别的什么要求才能导致货物所有权的转移。Brakhusl Harem认为，如果货物已经被买方占有，或者由买方决定他将于何时占有货物，则买方的地位将优先于卖方的债权人得到保护。换句话说，如果卖方仅仅是为了买方的利益而占有货物的话，则买方将得到保护。在这一领域，挪威法有点不明确。这一问题常常在法律著述中讨论，但很少有法院判决解决这一法律问题。这一不明确与这一问题有关，即如果货物没有交付，则买方能于何时对抗卖方的债权人。

上面所述的是关于这一问题的基本情形的讨论，除此之外，还有一些关于这一问题的特殊情形的讨论。基本规则适用于特定货物，但原则上，这一规则也适用于种类物。有关种类物的特定问题是当卖方挑选所交付的货物的时候，卖方可以在几个标的物中进行选择。在购买种类物时，只有当卖方确定某一货物为将交付给买方的货物时，买方才能对抗卖方的债权人。这意味着必须发生对货物的分离，如果已经发生对货物的分离，则这一情形将是上面为特定货物所叙述的情形。如果卖方为买方生产特定货物，则买方很有必要在货物生产期间得到保护。法学理论普遍认为买方将得到保护，在卖方破产时有权收受所有卖方所生产的产品。与这一问题相关的讨论是买方能在多大程度上有权得到还没有被加工的材料和设备。普遍的观点是如果材料和设备已经为买方而单独化，例如通过明显的标识，则买方将得到保护。

在这个方面，买方是否支付货款并不重要。如果买方得到保护，他可以通过支付约定的价款而要求交付货物。当然，买方可能希望退出合同，而债权人可能希望成为合同的当事方，这一问题由《挪威货物销售法》第63条解决，该条规定，破产财产可以采纳协议。

当买方破产，其很明显不能依约定支付价款时，那么，卖方是否能要求买方返还货物呢？依《挪威货物销售法》第54（4）条的规定，在货物交付以后，卖方不能再要求返还货物，但这一规则有四种例外：（1）如果协议约定货款将于货物交付时用现金支付，而货物在买方没有依约定支付现金的时候基于错误而转移给买方，如果价款没有足额支付的话，则卖方可以要求返还货物。不过，这一规则的适用范围仍有待讨论。（2）如果买方拒绝接受货物，则卖方可以将这些货物取回。（3）如果货物在提起破产诉讼之后由买方接管，而买方的债权人没有支付价款，则卖方可以要求返还货物。（4）卖方在协议中规定了有效的所有权保留条款。

有两个不同的问题受挪威基于善意而收到货物所有权法调整。第一种情形是卖方没有尊重第三者对货物的权利而销售货物，例如，所有权保留条款将阻止卖方处置货物。第一种情形是卖方将同一货物出卖两次。那么，哪一个卖方能取得货物所有权呢？“善意法”规定，在这两种情形中，基于善意而取得货物的买方可以对抗对货物享有所有权的第三方。这一原则被称之为消灭原则。为了达到善意，买方必须达到两个条件，首先，他必须以一种可以接受的方式确信卖方对货物享有所有权。当然，有一个重要的因素是他必须占有货物，但在买的情形中，当然也有许多其他的因素表明卖方不对货物享有绝对的权利，即使他占有货物。买方对于第三人的权利也必须是基于善意。关于买方善意的问题当然必须是在具体案例的基础上确定。"善意条款"的第2条表明有两种情形不适用于消灭原则，第一种情形是卖方是通过偷盗、抢劫或者其他的暴力或者以暴力相威胁的方式取得货物。第二种情形是货物是艺术品、古董或者属于博物馆的货物。①

## 十三、俄罗斯

依《俄罗斯联邦民法典》第223条第1款的规定，当货物转移给买方的时候，买方成为货物的所有权人，除非法律或者合同另有规定。这种转移的含义取决于合同的条款和条件。《俄罗斯联邦民法典》第458条第1款规定，合同可以创设由卖方将货物交付给买方的义务。在这种情况下，货物所有权的转移将与将货物交付给买方或者由买方指定的第三人，即买方的代理人相重合。《俄罗斯联邦民法典》第224条第1款、第2分款规定，当买方或者买方的代理人实际占有货物的时候，货物将被认为是交付给了买方，合同可以规定卖方可以让买方在特定的地点得到货物。《俄罗斯联邦民法典》第458条第1款第3分款规定，当依合同规定的条款，货物准备在适当的地点转移，买方已被通知货物准备依合同的条款和条件转移，则将被认为是买方可以得到货物。只有当货物通过标志或其他的方式被识别为依合同目的时，货物才被认为是准备转移。然而，值得注意的是，卖方使得买方可以得到货物，并以这种方式履行他的义务则仅与销售的合同义务方面有关。至于其财产方面，即

① See *Transfer of ownership in international trade*, edited by Alexander von Ziegler, Jette Ronoe, Charles Debattista, Odile Plegat - Kerrault. Published by Kluwer Law International. pp. 269 ~ 273.

货物所有权从卖方转移给买方方面，交易的这一部分只有当将货物实际交付给买方或者他的代理人时才发生。只有当买方（或者他的代理人）接受货物（卖方使得他得到）时，货物所有权才从卖方转移给买方，即使后者履行他交付货物的义务。在这种情形下，买方可以得到货物的所有权，但货物的实际所有权仍在卖方。

如果合同没有规定卖方将货物交付给买方的义务，或者使买方可以在货物所处的特定地点得到货物的义务，那么卖方履行将货物所有权转移给买方的义务将与货物转移给承运人相一致（《俄罗斯联邦民法典》第224条第1款、第458条第2款）。买方是否能在货物转移给承运人的时候得到货物的所有权取决于哪一方当事人（即卖方或者买方）与承运人将货物的运输签订合同。如果是卖方与承运人订立合同，则承运人将被认为是卖方的代理人，这就意味着即使是货物已经转移给了承运人，但货物的所有权仍将属于卖方，直到买方占有交付给他的货物。但如果是买方与承运人订立合同，则承运人被认为是买方的代理人，在这种情况下，买方将于承运人接受货物的时候成为货物所有权人。当货物依提单或其他可转让单据承运时，法律明确规定这种单据的转让将被认为是货物的转让（据此，所有权也发生转移）（《俄罗斯联邦民法典》第224条第3款）。如果在订立销售合同的时候货物已经由买方占有，则货物所有权将被认为在销售合同缔结的时候转移给买方（《俄罗斯联邦民法典》第224条第2款），在那时，买方成为货物所有权人。

如前所述，《俄罗斯联邦民法典》第223条第1款的规定是选择性的，这就意味着合同当事人可以协议另一个时间将货物所有权从卖方转移给买方，例如支付货物价款之时。另外，在某些情形下，货物所有权的转移可能依法律的规定而发生于某一个特别的时期。例如，当货物所有权的转移要由国家登记时，则买方将于这种登记发生时成为货物所有权人（《俄罗斯联邦民法典》第223条第

2 款)。①

如果同一货物被售给两个不同的买方，每一个买方都有权从卖方得到货物，不过，很明显，卖方仅能将货物交付给一个买方。如前所述，当货物转移至买方，也就是当他（或者他的代理人）占有货物的时候，买方成为货物的所有权人。基于这一事实，在同一货物的双重或多重买卖中，首先要确立的是货物是否已实际交付给了一个买方。如果货物已被实际交付时，则即使卖方与其他买方签订的合同先于与实际交付货物的买方签订的合同，该买方亦被认为是货物的所有权人。如果货物没有交付给任何一个买方，则取得货物的优先权将被授予最先与买方签订合同的买方。如果无法确定哪一个合同最先签订，则取得货物的优先权属于最先向法院提起诉讼的买方（《俄罗斯联邦民法典》第 398 条)。另外，从卖方取得货物的权利具有债的性质。就物权方面而言，买方在他自己或通过他的代理人实际占有货物时取得货物的所有权。那些未能取得货物的买方有权要求卖方补偿他们基于卖方未能履行合同而遭受的损失。

如果一个人所有的货物被另一个人占有，则产生所有权人是否及在什么条件下可以取回货物的问题。对这一问题的回答取决于许多因素，第一个要确定的问题是占有人是基于善意还是恶意取得货物，在占有人有恶意时，货物无疑将返还给所有人，因为占有人在取得货物的时候知道或者应当知道该交易是非法的，因此，不能得到对抗货物所有人的保护。如果占有人是基于善意而取得货物，则有必要确定他是否支付了货款还是免费取得该货物，在后一种情形中，所有人亦有权取回货物。如果善意占有人就货物支付了货款，则必须进一步查明所有人是自愿还是非自愿放弃对货物的占有。如果所有人将货物委托给另一方当事人管理，后者以自己的名义出卖了货物，则所有人将丧失从善意占有人处取回货物的权利，据此，

① See *Transfer of ownership in international trade*, edited by Alexander von Ziegler, Jette Ronoe, Charles Debattista, Odile Plegat - Kerrault. Published by Kluwer Law International. pp. 303 ~ 305.

在这种情况下，占有人将保留对货物的占有，成为货物的新所有人。但是，如果货物是从所有人处偷来，或者所有人丢失货物，则所有人可以从善意占有人处重新取回货物（《俄罗斯联邦民法典》第 302 条），即使善意占有人是通过法院的判决从公共拍卖中购买到货物，所有人亦享有这一权利。①

## 十四、南非

南非法律的基础是罗马荷兰法，当荷兰人居住在南非的时候，南非人接受了这一法律。这一法律体系从未编纂过，与欧洲法律制度一样。在这个国家于 19 世纪成为英国的殖民地后，其法律体系在很大程度上受英国法的影响，特别是在程序法和证据法领域。虽然南非法律的基础是罗马荷兰法，但英国法也在相当程度上影响了南非的实体法。南非法律通过判例法发展了很多年，但其法律在很大程度上受到了立法的修改。与许多欧洲法律制度一样，南非法律区分创造转移所有权债务的合同和在交付货物时所导致的所有权转移，一般而言，动产买卖中的所有权通过交付而转移，但这一规则也有例外。②

原则上，动产所有权于当事人有转移所有权的意图，并将动产交付给买方后从卖方转移至买方。此外，卖方必须有转移所有权的法律能力，买方必须有接受所有权转移的法律能力。南非使用了一个抽象的所有权转移理论，即如果当事人意图使所有权发生转移，且标的物被交付，则即使是没有关于所有权转移理由的协议（如买卖或赠与），动产所有权也发生转移。所有权的转移在这种意义

---

① See *Transfer of ownership in international trade*, edited by Alexander von Ziegler, Jette Ronoe, Charles Debattista, Odile Plegat - Kerrault. Published by Kluwer Law International. pp. 310 ~ 311.

② See *Transfer of ownership in international trade*, edited by Alexander von Ziegler, Jette Ronoe, Charles Debattista, Odile Plegat - Kerrault. Published by Kluwer Law International. p. 329.

上独立于基础合同。在南非，如果基础合同是现金买卖，而购买的价金没有支付，则法院将推断当事人不具有转移所有权的意图。在信用买卖的情形中，如果协议没有相反的约定，则所有权于标的物交付的时候发生转移，这就意味着买方能占有货物，而卖方则仍然是货物的所有人。当事人也可以通过货物所有权保留条款约定货物。货物虽然交付，但卖方仍然保留货物的所有权。货物的交付可以采取很多方式，其中最常见的有：（1）现实交付。（2）拟制交付，即交付储藏货物的仓库的钥匙，与这种方式等同的现代交付方式是交付提单或者仓单。（3）象征性交付，将货物所有权转移给一个已经占有货物的人，例如，货物已被租给了某一个人，后来双方约定承租人购买货物。（4）占有改定，通过协议约定卖方仍然在物理上占有货物，但为买方的利益而占有。这种情形必须存在由卖方继续占有货物的理由和协议，而不仅仅是未将货物交付给买方。（5）指示交付，当第三方当事人占有货物的时候，第三方当事人同意为了买方而不是卖方的利益而占有货物。

如果卖方将同一货物卖给两方当事人，并将货物交付给其中一个，那么，该方当事人将基于交付而取得货物的所有权。如果第二个买方不知道第一次买卖的话，则没有得到货物交付的第一个买方不能对已得到交付的第二个买方提起诉讼。如果卖方将货物售给两个卖方，但未将货物交付给其中任何一个，则首先购买货物的一方有权要求卖方交付货物。①

## 十五、西班牙

西班牙调整货物所有权转移的主要法律规则位于《西班牙民法典》中。基于销售合同而产生的有关所有权转移的特殊规则亦位于该法典中。虽然商事销售合同由《西班牙商法典》特别调整，

① See *Transfer of ownership in international trade*, edited by Alexander von Ziegler, Jette Ronoe, Charles Debattista, Odile Plegat - Kerrault. Published by Kluwer Law International. pp. 330 ~ 332.

但商法典中没有很大的不同足以改变《西班牙民法典》中有关货物所有权转移的基本规定。《西班牙民法典》中规定的基本规则是卖方履行他的主要义务，即交付货物后，所有权发生转移。在这方面的相关规定有：(1)《西班牙民法典》第609条规定了转移所有权的不同方式，特别是规定交付是履行各种合同的结果。(2)《西班牙民法典》第1461条规定了卖方交付货物的义务。(3)《西班牙民法典》第1462条规定交付于转移对货物的占有于买方而完成。据此，西班牙关于货物所有权的转移要求有适当的法律关系和交付行为，仅仅是订立销售合同并不会产生物权法上的效果。①

西班牙民法认为动产的交付是所有权转移的开始。在这个方面，《西班牙民法典》第609条规定在一些合同中所有权的转移应该通过交付货物，该法第1095条规定只有交付完成的时候，取得货物的当事方才能对货物取得物权，据此，交付是所有权转移的基础。交付被认为是一项双边行为，买方必须是接受被交付的货物，据此，不能仅仅是依合同将货物置于买方的处置之下，交付应该理解为转移货物所有权的目的而发生。虽然有《西班牙商法典》调整商事销售合同，但根据《西班牙民法典》第50条的规定，《西班牙民法典》调整货物交付方式的基本规则也适用于商事销售合同。对于交付完成的时间，《西班牙商法典》第337条规定，除非另有约定，否则卖方应在合同订立后的24小时内将货物置于买方的处置之下。依《西班牙民法典》第1461条的规定，交付货物是卖方的主要义务。当卖方进行交付，并将货物置于买方占有时，货物即被认为已交付。当购买货物是通过公证人达成时，文据的执行即被视为是交付货物，除非文据另有约定（《西班牙民法典》第1462条）。对于其他类型的动产买卖，在交付货物被储藏地的钥匙时，交付即被认为已完成。当货物在销售的时候不能转移给买方占

① See *Transfer of ownership in international trade*, edited by Alexander von Ziegler, Jette Ronoe, Charles Debattista, Odile Plegat - Kerrault. Published by Kluwer Law International. p. 341.

有，或者是货物已经被买方占有，则双方当事人的协议即被认为是等同于交付。①

对于双重买卖，西班牙法的基本规则是货物所有权转移给第一个收到并且基于善意而占有货物的人（《西班牙民法典》第1473条）。西班牙法学理论和判例法为这一规则的适用规定了一些要求：（1）销售必须是由一个单独的卖方作出（个人或者法人）；（2）存在多个买方；（3）必须是卖方已经有效地成立了一些销售合同，有几个买方的销售行为未完成；（4）销售合同的标的物必须同一；（5）第二个或者后来的买方必须是基于善意行为。在这一规则的意义上，《西班牙民法典》第433条和第1950条确定了"善意"的概念。依第1条规则，当买方不知道买卖合同关系和交付是无效的时候，他被认为是善意的，依第2个条款，"善意"依买方认为卖方是货物的实际所有人，因而有权转移货物所有权而确定。②

## 十六、瑞典

瑞典法律并没有规定商事交易中货物所有权转移的具体时间。依瑞典法律，货物所有权的转移不被认为是一项原因，而是被认为是某些法律行为的结果，据此，瑞典法学认为在有关货物所有权从卖方转移至买方方面，不可能定义出具有决定性的具体事实或者时间点。1970年《瑞典货物销售法》因此集中于卖方完成"交付"的义务。依瑞典法，货物所有权从订立销售合同，直至交易完成，买方对货物得到完全的、不受限制的权利时，逐渐地从卖方转移至

① See *Transfer of ownership in international trade*, edited by Alexander von Ziegler, Jette Ronoe, Charles Debattista, Odile Plegat - Kerrault. Published by Kluwer Law International. p. 343.

② See *Transfer of ownership in international trade*, edited by Alexander von Ziegler, Jette Ronoe, Charles Debattista, Odile Plegat - Kerrault. Published by Kluwer Law International. p. 346.

买方。据此，只有在销售合同中支付货款，卖方交付货物，买方收到货物都同时发生时，货物所有权才即时转移。前面所说的货物所有权转移的观点既是考虑卖方与买方之间合同关系的结果，也是完成与第三方当事人有关的合同权利的要求，这种合同权利的完成要求对货物的占有（或者代表货物的单据）转移至买方。据此，货物所有权的转移不仅取决于合同条款，而且还取决于与物权有关的规则。①

瑞典法学中的传统观点是，如果货物销售合同的标的是有关特定货物，则在合同缔结的时候，货物所有权即从卖方转移至买方。前面已经强调，在交易早期所转移的所有权仅是一项附条件的所有权，不能得到物权法的保护。在瑞典，销售合同下的有条件的权利到期的时候可以通过实际履行的命令来执行。当然，这种命令通常包括履行买方的重要义务，通常是支付所购货物的价款，以作为执行实际履行令的条件。如果销售合同的标的是与种类物有关，则在销售合同项下的货物识别之前，货物所有权并不转移至买方。《瑞典货物销售法》第 14 条规定，在货物被分离之前，货物灭失或损坏的风险并不转移。例如，通过将货物交付给如 CIF 或 FOB 合同下的承运人，则货物将被认为是通过这种交付而识别，因此而不再具有“种类物”特征。一般说来，不可能有除“识别货物”以外的现实“交付”，“识别”是一个事实问题而不是一项协议或者与买方的配合。不过，将货物交付给承运人的识别必须是依买方的陈述作出，以履行卖方特定销售合同项下的义务，这可以遵循，例如，运输单据中指明的收货人所发出的指示，并以之作为证据(《瑞典货物销售法》第 14 条)。瑞典法并不要求向买方发出通知，以有效地识别销售合同项下的货物。不过，卖方负有举证责任证明，当货物在运输途中遭受损失时，货物已依特定的销售合同交付

---

①　See *Transfer of ownership in international trade*, edited by Alexander von Ziegler, Jette Ronoe, Charles Debattista, Odile Plegat - Kerrault. Published by Kluwer Law International. p. 367.

了某一个单独的买方，因此，货物损失的风险已经转移于他。《瑞典货物销售法》第14条要求以作标识，在运输单据上加批注或其他方式明确作出识别。①

在合同交易中，货物所有权逐渐地从卖方的经济领域转移至买方的经济领域。如果卖方已经交付货物，则货物将于占有转移后脱离卖方的经济领域。通过占有的转移，该财产上的物权也将转移至买方，据此，从那时起，货物将包括在买方的经济领域内，由买方的债权人所享用。虽然有关第三方当事人的所有权转移通常要求实际转移对标的物的占有，但瑞典法律也承认货物没有实际转移，而货物所有权有效地从卖方转移至买方的情形。这些情形主要有：(1) 如果买方已实际占有货物，则不要求实际转移货物。(2) 交付给买方授权的代理人或者买方的替代人。(3) 买方对货物的占有可以通过将合同公示而取代，无须转移货物。(4) 通知第三方占有人，当货物仍在第三方当事人手中的时候，货物亦可以被交付。当第三方当事人停止为卖方占有货物，即是为买方占有货物时，卖方可解除其下一步的义务。(5) 对货物的占有可以通过转移代表货物的单据的占有而转移。就买方对抗卖方的债权人而言，并不一定要完成对现实交付的占有，所有卖方处置货物的可能都解除后通常即足够了，据此，买方可以在实际收到货物之前对抗卖方的债权人。

买方的物权不仅关系到对抗卖方的债权人（在破产或其他情形中），而且也关系到对抗：(1) 第三方所有人提出的财产权利（卖方对所售货物存在权利瑕疵）。(2) 其他买方对同一货物主张财产权利。对于这些冲突，买方收到并占有货物及对于关于卖方权利瑕疵的善意将保护买方以对抗第三方当事人的请求。依1936年《瑞典支票法》第14条及1994年《瑞典商法》第13章第56条的

---

① See *Transfer of ownership in international trade*, edited by Alexander von Ziegler, Jette Ronoe, Charles Debattista, Odile Plegat - Kerrault. Published by Kluwer Law International. pp. 371 ~ 372.

规定，在有关提单及发给持票人的其他单据中，也适用同样的规则。对于受登记调整的财产，例如船舶，其优先的顺序将与登记，而不是占有有关。不过，动产的初始所有人可以从基于善意占有动产的买方中赎回动产，赎回以成本或者在某些情形中以市场价进行。有关消灭动产的权利以取得动产及“初始”所有人赎回其财产的问题由 1986 年《善意取得动产法》调整。有关卖方权利瑕疵的问题的原则建立在卖方占有货物的合法性的基础上，据此，权利的消灭要求卖方是有效的占有货物（1986 年《善意取得动产法》第 2 条）。如果卖方将同一货物卖给两个不同的买方，则第一个买方享有优先权（1734 年《瑞典民法典》第 1 章第 5 条），不过，如果第二个买方在订立合同的时候是基于善意，且占有了货物，则他在收到货物后将终止第一个买方对货物的权利。虽然第一个买方的权利终止了，但他有权赎回与第二个买方有关的权利，如果这一货物是基于提单而收到的话，则这些赎回的原则将不再适用（《瑞典海商法》第 13 章第 56 条）。终止原则是建立在合法性和保护买方的占有的基础上（如果是善意），据此，依购买动产法令所进行的公示或者其他代替占有的措施不产生基于终止的取得，基于提单之类似单据而产生的间接占有也不能保护第三方当事人直接占有货物。

瑞典法律严格区分债权和物权，有些但不是全部债权可能被当做是物权。物权的标的物可以分不动产或者非不动产，在后一个概念内又区分出动产，它们不包括诸如船舶之类的财产。有关物权的规则随着与权利有关的标的物的性质而改变。考虑到占有转移的重要性，很明显，占有的概念构成瑞典法在这一领域的一个重要组成部分。与德国法不一样，瑞典法并没有将那一概念法典化，不过，瑞典法律规则受到德国在这一法律领域所进行的讨论的强烈影响。依《瑞典破产法》第 4 章的规定：即使通过转移占有而有效地转移了所有权并得到了物权法上的保护，这一转移仍然是可以撤销的。①

## 十七、瑞士

贯穿瑞士所有权法的主线是对创造转移特定货物的债务的行为和处置那些货物的行为的基本区分。虽然创造债务的行为（在商事环境中，很可能采取销售合同的形式）将约束当事人将货物所有权转移给受让人，但处置货物的行为实际上完成了转让。第一项交易仅仅是创造转移货物的债务，第二项行为实际上是将货物所有权转移至新的所有人。在瑞士，货物所有权转移及与此有关的许多问题都受这一基本区分的影响。②

依瑞士法律的基本原则，在货物销售合同里，当对货物的占有从卖方转移至买方时，动产货物的所有权即转移至买方，通常，行为通过将货物直接交付给买方而完成。《瑞士民法典》第 714 条第 1 款规定，原则上，为转移动产货物的所有权，必须交付对货物的占有。瑞士法律还规定了几种替代直接交付的方式：（1）货物能实际交付给经买方授权的代理人（《瑞士民法典》第 923 条）。（2）当第三方基于一些法律交易，依特定的权利而继续占有货物时，可以不通过交付而取得对货物的占有（《瑞士民法典》第 924 条第 1 款）。（3）另一种不需交付而取得所有权的方式是让渡所有权的人（如卖方）基于一些法律交易，依特定的权利而继续占有货物（《瑞士民法典》第 924 条第 1 款）。例如，卖方在履行交易以后承诺继续储存货物。不过，在这种情形下（即当事人协议在动产货

---

① See *Transfer of ownership in international trade*, edited by Alexander von Ziegler, Jette Ronoe, Charles Debattista, Odile Plegat - Kerrault. Published by Kluwer Law International. pp. 375 ~ 379.

② See *Transfer of ownership in international trade*, edited by Alexander von Ziegler, Jette Ronoe, Charles Debattista, Odile Plegat - Kerrault. Published by Kluwer Law International. p. 395.

物所有权转移后，货物仍然由卖方占有)，如果协议的目的在于损害第三方或者规避有关抵押协议的法律，则这种转让对第三人而言是无效的。据此，依已经确立的瑞士法原则，除某些例外外，原则上，只有在货物转移给债权人占有后，动产货物才能被质押（《瑞士民法典》第884条第1款)。(4）当已签发代表货物的提单时，则对这些单据的交付具有与对货物本身的交付一样的效果（《瑞士民法典》第925条)。

对于一物二卖的情形，基于瑞士法区分创设债务的行为和处置货物的行为，在对货物的占有从卖方转移至买方后，该物所有权转让至买方。据此，卖方能通过协议将同一货物卖给两个不同的人，而不转移货物的所有权。这两个相互排斥的契约使卖方负有向两个买方转移货物所有权的义务，而卖方不可能同时完成这两个义务。在将货物的所有权转移给一个买方而履行一个义务以后，卖方将面临由第二个买方提起的违约之诉，由哪一个买方收到对货物的占有的选择权在于卖方。

当一个人作为所有权人而占有动产，并且是基于善意的时候，则他可能取得货物所有权，即使转让人没有转让货物的所有权(《瑞士民法典》第714条第2款和第933条)。如果货物遗失或者被盗，则所有人可以在5年内从任何占有货物的人手中主张返还货物（《瑞士民法典》第934条第1款)，据此，货物所有权只有在5年以后才能转移给受让人。不过，如果货物是通过出卖同类货物公开拍卖，或者在市场上，或者在销售商手中购买，则货物不能从第一个或者以后的善意购买人手中返回，除非补偿购买人所支付的货款（《瑞士民法典》第934条第2款)。这一规则还有两点例外，即现金和无记名证券都不能从善意占有人处要求返还（《瑞士民法典》第935条)。恶意取得人通常有义务将货物返还给前面的占有人（《瑞士民法典》第936条第1款)，这种人绝不能取得对货物的所有权。①

## 十八、美国

为了解美国是如何调整财产关系，我们首先必须了解其法律是如何发展的。当英国对北美大陆殖民化时，它授予各个殖民地特权，而不仅仅是只有一个政府。在18世纪后期，13个殖民地从英国分离，依联邦法组成了13个独立州的联盟，每一个州都保持独立。联邦法不利于国际关系和贸易，所以，各州依宪法改革为美国。各州放弃州际和国际权力给联邦政府，保留处理州内事项的权力，因此，在州内转移动产和不动产适用州法，而州际贸易及货物国际转移的某些方面则适用美国法。起初13个州的法律直接来源于英国法，一直存续于18世纪后期，在它们独立于英国后，州法的发展分离于英国，但仍然受英国法的影响。随着美国向西部扩张，添加了更多的州，与英国法的联系变得淡化。不过，法律教育主要来自美国东部，其遵循的是英国普通法的版本，继续记录英国法。美国西南部的州也受西班牙民法的影响，路易斯安那州的法律以《法国民法典》为基础，直到最近才受到各州法律统一化趋势的影响。因此，可以说，49个州的法律在某种程度上都源于两个世纪之前的英国普通法。全国法源于英国商法（英国商法遵循18世纪后期的欧洲民法，而不是普通法），但在某种程度上与英国法律平行发展，并且注视着美国法院的判例。目前，美国法和英国法关于货物所有权转移最大的不同是美国法承认合同第三方的权利为第三方受益人的权利，将所有的公共运输合同，包括海运单都视为

① See *Transfer of ownership in international trade*, edited by Alexander von Ziegler, Jette Ronoe, Charles Debattista, Odile Plegat - Kerrault. Published by Kluwer Law International. pp. 403 ~ 404.

提单。①

美国唯一关于所有权转移的全国法是 Powerene 法，该法仅适用于使用提单——不管是陆运、水运还是空运的公共运输。Powerene 法调整货物运输和提单持有人之间的关系及货物买方和卖方之间的关系。在美国，适用于货物所有权转移的普通规则是，首先和最重要的是，在货物所有权转移前，货物必须被识别于合同项下。当货物存在且能够识别（例如机器序号）或者已被标明或者装船（例如货物在收条或者提单上识别），则是对权利的足够的识别。不过，合同承诺装运尚不存在的货物或者货物销售清单的一部分不能导致货物所有权的转移。合同当事人可以自由地约定货物如何及何时被识别，货物所有权如何及何时转移，在没有这种协议时，货物所有权于卖方实际交付货物，以完成其履行合同义务的地点和时间转移给买方。当卖方同意运送货物，但不同意在目的地交付货物时，货物所有权于货物被装船时起转移给买方。如果卖方必须在目的港交付货物，则货物所有权于交付时转移。如果不需移动货物即可完成交付（如销售位于仓库的货物），则货物所有权于转移单据被交付的时候转移。如果货物在合同订立的时候能被识别，且没有使用有关所有权的单据，则货物所有权于合同履行的时候转移。如果买方拒绝接受货物，则货物所有权将返还给卖方。卖方交付货物的义务通常由协议决定，如果当事人没有就此达成协议，则卖方必须在合理的时间内交付货物，买方必须提供一份适当的收据。②

《美国路易斯安那民法典》第 518 条规定，所有权人与受让人

---

① See *Transfer of ownership in international trade*, edited by Alexander von Ziegler, Jette Ronoe, Charles Debattista, Odile Plegat - Kerrault. Published by Kluwer Law International. p. 417.

② See *Transfer of ownership in international trade*, edited by Alexander von Ziegler, Jette Ronoe, Charles Debattista, Odile Plegat - Kerrault. Published by Kluwer Law International. pp. 420 ~ 421.

通过旨在转让所有权的合同自愿转让动产所有权，除非另有规定，合同生效即在当事人之间发生所有权转让效力。当动产占有转移至受让人时，发生对抗第三人的效果。

## 十九、韩国

《韩国民法典》制定于1958年，关于基于法律行为的物权变动，其采取了与奥地利、瑞士民法相同的立场。《韩国民法典》第188条规定："在不动产场合，基于法律行为的不动产物权的取得、丧失及变更，非经登记，不生效力。关于动产物权之让与，非将动产交付，不生效力。"韩国在此以前，关于物权变动系采所谓纯粹意思主义。现今民法立法改采登记或交付的生效要件主义，学说称为"从意思主义到形式主义的转换"。民法典制定之际，关于物权变动之采此种形式主义，曾有强烈反对意见。这种意见指出，由于韩国国民长久以来一直生活于"意思主义"之下，登记之习惯并未于韩国各地定着下来，因此，"形式主义"势将引起社会混乱，故还不如采日本民法之意思主义更称优良和妥恰。立法者最终采取了以奥、瑞民法为代表的债权形式主义模式，使物权基于债权契约、交付或登记而发生变动。立法理由书就此指出了两点理由：其一，使物权变动之存在与否获得明确，以期保护交易安全；其二，避免因当事人之间的关系与第三者关系之不同而产生法律上的复杂状态。

通过上面对国际社会有关货物所有权转移法律冲突之实践考察，我们可以发现，国际社会有关所有权转移的立法模式主要有三种：货物所有权转移的债权意思主义模式（依买卖合同确定所有权的转移）、货物所有权转移的债权形式主义模式（依交付与买卖合同相结合确定所有权的转移）、货物所有权转移的物权形式主义模式即物权行为理论（依交付与物权合同相结合确定所有权的转移）。

## 第二节　货物所有权转移中的债权意思主义模式

货物所有权转移中的债权意思主义模式指的是当事人仅通过买卖合同的约定即可以实现货物所有权的转移，除此之外，不需要其他任何形式。在依买卖合同确定货物所有权的转移的立法实践中，又可以分为两种：一种是买卖合同本身无须对货物所有权转移问题进行具体约定，对于特定物，合同成立即导致货物所有权的转移。对种类物，则在合同成立后，种类物确定时，货物所有权自动转移，如上所述，采取这种立法模式的国家有法国、意大利、澳大利亚、比利时、加拿大、丹麦、英国。另一种是买卖合同需对货物所有权的转移时间作具体约定，否则，货物所有权将于动产交付起转移，如上所述，采取这种立法模式的国家有日本、挪威、俄罗斯、美国。以下对债权意思主义的优劣与取舍进行简要的分析。

### 一、债权意思主义的优势

#### （一）尊重当事人意思自治

在债权意思主义模式下，当事人在买卖合同中的约定即可实现货物所有权的转移，货物所有权转移完全属于当事人意思自治范围内的事情，当事人可以自主决定货物所有权转移的具体时间。这种立法模式与民法的理念是相吻合的，民法的制定应当遵循的立法原则是：对于民事主体自由的确认和保护，既不需要理由也不需要设置明确的法律依据，但对于民事主体自由的限制，则既需要有足够充分且正当的理由，又需要设置明确的法律依据。如果不存在足够充分且正当的理由要求剥夺或限制民事主体的自由，就应当确认并保障其自由。① 国外也有学者认为，在西方经济制度中，经济交易，特别是《合同法》所涉及的，通常从两个主要方面被认为是

① 王利明主编：《民法》，中国人民大学出版社 2008 年版，第 35 页。

经济效益的重要手段：首先，自由和自愿交易一般是增加消费者满意程度的一种简单但又极其重要的方式，如果用消费者满意（像通常一样）去定义财富的话，甚至能增加社会财富。自由和自愿的交易对任何一个社会都是非常重要的。有时对它进行干涉是必要的，但我们需要确信确实需要这样做，并且我们需要注意这样做的成本。还有第二个理由说明自由和自愿的交易是经济效益的重要手段。自由交易在很大程度上决定了如何根据不同可能的用途来分配社会资源，消费者是最佳选择者。① 因此，债权意思主义由于赋予了当事人确定货物所有权转移的自由，是有利于经济和社会发展的。

（二）提高交易效率

在债权意思主义模式下，由于能通过当事人的自主意思实现货物所有权的转移，因此能加快货物的交易速度，提高交易效率。而财产正是在不断的流转中实现增值，产生经济效益的。我国有的学者认为，公示对抗的意思主义，其优点在于其能充分尊重当事人的意思表示，灵活简便，有利于加快动产交易速度和发展动产担保交易。②

## 二、债权意思主义的不足

总结学界对于债权意思主义的批判，债权意思主义主要具有如下不足与缺陷：

（一）与物权的本质相矛盾

在债权意思主义模式下，货物所有权可以通过当事人的约定实现转移，但标的物未经交付不能对抗善意第三人。而所有权是一种绝对权，是一种对世权，不能对抗第三人的所有权与所有权的本质

---

① 阿狄亚著，赵旭东等译：《合同法导论》，法律出版社 2002 年版，第 3~5 页。

② 孙鹏：《物权公示论——以物权变动为中心》，法律出版社 2004 年版，第 27 页。

相矛盾。我国有的学者指出：在采用合同成立主义的国家，为保护善意第三人的利益，维护交易安全，有采用了所谓的“交付对抗主义”，即货物的所有权虽于合同成立时转移，但若未经交付则不得对抗第三人。然而，“交付对抗主义”又与所有权的规定相矛盾：既然买受人自合同成立之日起就已取得买卖标的物的所有权，但其取得的所有权未经交付却不能对抗第三人，那么，人们不禁要问，买受人取得的是所有权吗？所有权是对世权，不能对抗第三人的所有权又是什么样的所有权？要么买受人尚未取得所有权，要么他取得的不是所有权。① 我国还有的学者认为：意思主义强调的是主体的意思，并以个人意思作为判断交易公正的标准。这种立法思想无法解释物权排他性效力问题，因此也不能建立符合法理的物权变动制度。这一制度在法理上的严重不足乃是未正确区分物权与债权，使物权和债权无法在本质上清晰起来。失去排他性效力的物权无法由债权区分开来，因而意思主义法制下对抗制的采行削弱了物权的对世意义，破坏了物权制度建立的基础，严格的实行可能使自罗马法以来发展起来的物权制度毁于一旦。②

（二）不利于维护第三人的交易安全

我国有的学者指出：债权意思主义的立法在实践上对第三人的安全有很大的风险。因为债权的意思只因当事人的意思表示一致而生效，而第三人无法知道这一意思；但是由于债权的意思可以使物权的变动生效，即使当事人的意思直接产生排他的结果，对这样的结果，法律既未提供方式让第三人预防，也未提供对第三人损害的救济。③ 我国还有的学者认为：意思主义过分关注主体的自由意思而对交易安全的社会价值重视不足，交易安全的社会价值被掩映在个人价值之下。虽然对抗主义在一定程度上弥补了意思主义在保护

① 余延满：《货物所有权移转问题的比较法研究》，载李双元主编：《国际法与比较法论丛》第二辑，中国方正出版社 2002 年版，第 41～43 页。

② 肖厚国：《物权变动研究》，法律出版社 2002 年版，第 443～445 页。

③ 孙宪忠：《论物权法》，法律出版社 2001 年版，第 42～44 页。

交易安全上的缺陷，但它向人们提供的公示激励未尽充分，在功利主义盛行的现今时代，膨胀的欲望可能使人们抱持侥幸心理，认为自己已取得的物权会免于第三人的追夺，同时人们也可能为了图一时的便利（例如节省交易时间和费用）或者规避法律（例如避免纳税），不进行公示。故而意思主义法制对主体的自由保护过丰而薄视交易安全的社会价值，这在现代工商社会里弊害无穷。①

（三）与现实交易相脱节

在债权意思主义模式下，货物所有权可以依当事人的约定而实现转移，但在当事人约定货物所有权转移时，有时货物并不实际存在，如关于将来物之买卖，此时当事人的约定可能与现实相脱节。我国有的学者指出：合同成立主义有时与现实脱节。如从现代各国民法（包括采用合同成立主义的法国民法）及有关国际条约的规定来看，有所谓“将来之物”的买卖，即只需要在合同履行时存在即可。既然如此，如果作为买卖合同标的物的货物在合同成立时不存在，那么主张合同成立时货物所有权转移于买受人，只能是无稽之谈。又如作为货物买卖合同标的物的货物是种类物时，即没有被确定为该合同项下的货物时，也无从于合同成立时货物的所有权转移于买受人，因为在合同成立时尚未确定哪些货物是该项买卖合同的标的。②

（四）与物权法定原则相违背

物权法定原则是指物权的种类和内容均应由法律统一规定，不允许当事人自由创设。而允许当事人约定货物所有权转移的时间与物权法定原则是相违背的。我国有的学者认为：对于当事人依合同成立或交付义务产生时移转所有权之类的约定，作者基本上持否定态度。因为这根本上会破坏交付公示原则，物权移转的强制性或法

---

① 肖厚国：《物权变动研究》，法律出版社 2002 年版，第 443 ~ 445 页。

② 余延满：《货物所有权移转问题的比较法研究》，载李双元主编：《国际法与比较法论丛》第二辑，中国方正出版社 2002 年版，第 41 ~ 43 页。

定性将无从体现。因此，立法应当限制关于所有权移转方面的自由。[1]

## 三、债权意思主义的修正

基于债权意思主义的不足与缺陷，债权意思主义需要进行一些修正，因此，现代的债权意思主义大多是经过修正的债权意思主义。债权意思主义的修正主义表现在以下方面：

（一）公示对抗主义

公示对抗主义是指货物所有权转移仅依当事人的债权意思表示即可发生，但未经交付不能对抗善意第三人。公示对抗主义是为克服债权意思主义有损善意第三人的交易安全而产生的，如果当事人之间的所有权转移未经过交付，则第二个善意买受人可以因此而取得货物所有权。典型的公示对抗主义如《日本民法典》第 178 条规定，动产物权的让与，除非将该动产交付，不得以之对抗第三人。

（二）货物的特定化

基于种类物和将来物在买卖合同订立时很难实现货物所有权转移，因此，债权意思主义原则作出修正，这类物品只有在特定化时才能实现货物所有权转移。根据意大利统治说，种类物买卖领域，契约原则已被修正。与此相反，法国则通过下述办法，在理论上仍坚持维护契约原则，按重量、数量和体积出卖的东西，在所有权转让意义上，买卖尚被视为未缔结。正如费利得松嫩贝格尔已经明确指出的，这是一个构思，并且与集中前已经发生的法律约束力不相符。更确切地说，此时契约已经成立，因为法国法这一构思与德国法承诺买卖相适应，这就等于对合意原则的修正。关于契约原则修正，除种类物买卖情形外，还有其他情形，例如，将来物买卖。出卖时尚不存在之出卖物，买受人显然不能立即获得其所有权。此种情形，无论是法国还是意大利，一般均自物产生时发生所有权转

---

① 高富平：《物权法原论》，中国法制出版社 2001 年版，第 628 页。

移。在法国，该原则还适用于尚不存在的自然物，而在意大利，买受人只能通过“分开”，即分离，根据实质组成部分不早于其分离而取得所有权之规则，成为所有权人。根据买卖标的物性质对合意原则进行修正以外，还有另一修正，涉及出卖非属出卖人之物。这种情形，买受人并非自契约缔结时起取得所有权，而是自出卖人取得物之所有权履行其义务时起取得所有权。该规则仅适用于意大利。合意原则在其他情形也有修正，例如，对于选择买卖，无论是法国还是意大利，一旦给付确定，所有权即告转移契约原则。①

（三）合意原则的任意性质

有的学者指出：除买卖标的物性质外，合意原则任意性质，对于合意原则修正也同样具有决定作用。在意大利、法国法等前述法律中，“对买卖契约物权效力的任意性”一般都予以承认，只不过意味着“物权因素不属于买卖契约的本质”，因此，对于所有权转移时间，当事人可以约定迟于契约缔结时间，正如意大利司法判例最近对此作出的决定。这不仅意味着合意原则修正，买卖契约的直接物权效力的任意性，还进一步意味着合意原则与交付原则接近的可能性：当事人约定所有权自交付时起转移，即属此种情形。此种情形属于前述“一体契约交付原则”；正如文献与司法判例中反复强调的，合意原则仍然存在，因为“这种情形所有权转移表现出契约的物权效力：该效力并非立即发生而是嗣后发生”。因为如果没有买卖标的物交付即不能转让，因此，前述“一体契约交付原则”就会实现。此外，如果认为关于所有权转让的合意在负担行为中已同时表示，那么，交付原则与分离原则的接近同样也有可能。②

---

① ［意］弗兰克·费拉利著，田士永译：《从抽象原则与合意原则到交付原则——论动产物权法法律协调之可能性》，载《比较法研究》2003 年第 3 期。

② ［意］弗兰克·费拉利著，田士永译：《从抽象原则与合意原则到交付原则——论动产物权法法律协调之可能性》，载《比较法研究》2003 年第 3 期。

## 第三节　货物所有权转移中的债权形式主义模式

货物所有权转移中的债权形式主义是指当事人不能仅通过合同的约定确定货物所有权的转移，只有当出卖人将标的物交付于买受人时，货物所有权才发生转移。如上所述，采用这种立法模式的国家有：奥地利、荷兰、瑞士、西班牙、瑞典、南非。这种立法模式是严格区分物权与债权的结果。物权是一种绝对权，它能对抗世界上所有的人，反过来，不能对抗世界上所有的人的权利不能称之为一种物权。为了达到对抗世界上所有的人的效果，物权的存在与变动必须以一种为社会第三人所知晓的方式公示出来，如果没有经过公示，不能对抗第三人，则该权利不能称之为物权。在货物所有权转移合同中，如果出卖人未将标的物交付于买受人，买受人没有占有标的物，则即使双方当事人约定货物所有权于合同成立时起转移于买受人，这种约定也是无效的，买受人不能取得所有权，因为买受人所取得的所有权没有通过占有进行公示，不能对抗第三人，因而也就不能称为物权法意义上的所有权。这种立法模式的理论基础是严格区分物权与债权，绝对地贯彻物权的绝对性、排他性原则。

### 一、债权形式主义的优势

总结学界有关债权形式主义的优势，普遍认为债权形式主义既吸收了债权意思主义的优点，又克服了债权意思主义的不足。如我国有的学者认为，债权形式主义（折中主义）一方面有纯粹意思主义的优点，另一方面也克服了其不足。首先，它将物权变动规定为债权意思表示的结果，并不要求债权意思表示之外另一以物权变动为直接目的的意思表示，从而简化了交易。其次，它将物权变动的命运紧系于公示，无公示，即无法形成物权变动，这样，观念的交易就外化为一定的物质形式，社会借此获得了认识当事人之间物权变动法律关系的手段。债权形式主义将意思和形式规定为物权变动的两大要素，它在尊重主体意思的同时，也追求交易安全这一社会价值的实现，力求在个人价值与社会价值之间无所偏废。实值借鉴。① 还有的学者认为，债权形式主义既有债权意思主义与物权形式主义之优点，也克服了它们的缺点。详言之，债权形式主义既有使物权交易获得便捷，当事人意思受到尊重的优点，同时也有使物权变动之当事人间的内部关系与对第三人的外部关系统一起来，而切实保障物权交易之安全的优点。它可以达到物权形式主义的保障交易安全的目的，同时又避免了物权形式主义的烦琐、抽象、深奥。因此它是一种值得遵循的规则。② 还有的学者认为，债权形式主义的物权变动模式应为我国物权立法较佳的选择。因为：第一，这一模式既具有债权意思主义物权变动模式与物权形式主义物权变动模式的优点，同时又克服了二者的缺点。债权形式主义的物权变动模式，一方面，仅仅是将债权意思和交付或登记行为的结合，作为物权变动的发生根据，而不承认物权行为理论，从而避免了物权形式主义的物权变动模式下承认物权行为理论所带来的一系列问题；另一方面，将交付和登记作为物权变动的生效要求，实现了物权变动对内关系和对外关系的统一，有效地克服了在债权意思主义物权变动模式下，将交付和登记作为物权变动的对抗要件所存在的弊端。正是因为这一点，近世以来债权形式主义的物权变动模式才普遍为各个国家和地区的民事立法肯定和接受。第二，我国现行的立法和司法审判实践一般采债权形式主义的物权变动模式。债权形式主义的物权变动模式已经成为我国理论界和实务界民法思考的组成部分。1986 年 4 月颁布的《中华人民共和国民法通则》第 72 条第 2 款规定：按照合同或者其他合法方式取得财产的，财产所有权从财产交付时起转移，法律另有规定或当事人另有约定的除外。《中华人民共和国民法通则》的该项规定，就财产所有权的转移，并不要求有移转所有权的独立物权行为存在，在一般情况下，债权

① 肖厚国：《物权变动研究》，法律出版社 2002 年版，第 445～446 页。

② 高富平：《物权法原论》，中国法制出版社 2001 年版，第 617 页。

合同加上交付行为，即可发生所有权的移转。可见，我国民事基本法所采认的物权变动模式为债权形式主义的物权变动模式。①

## 二、债权形式主义的不足

债权形式主义之不足主要在于限制了当事人的意思自治，货物所有权必须经过标的物之交付才能实现转移，在一定程度上降低了效率。形式主义使物权变动笼罩在国家的阴影之下，漠视了当事人意思在物权变动中所起的决定性作用，显示了国家对私人交易无孔不入的干预，极易产生滥用的风险。②

## 三、债权形式主义的修正

基于债权形式主义的不足，各国的立法与司法实践对债权形式主义作出了一些修正，其修正主义表现在：

### （一）动产的观念交付

在货物所有权转移的债权形式主义立法模式中，虽然规定货物所有权只有经过交付才发生转移，但交付不仅包括现实交付，还包括观念交付。观念交付主义包括简易交付、指示交付、占有改定三种方式，我国《物权法》第25条至第27条规定了这种观念交付方式。此外，从前面所分析的各国有关货物所有权转移的法律冲突中可以看出，许多国家的立法在动产物权变动中都规定了观念交付的方式。允许观念交付可以充分尊重当事人的意志，减少因实际交付所付出的交易费用，使交易更为便捷。③

### （二）对特殊动产采取登记对抗主义

在采取债权形式主义的国家，也不是对所有类型的物权变动都采取债权形式主义，对于一些特殊动产，如船舶、航空器、机动车

---

① 王轶：《物权变动论》，中国人民大学出版社2001年版，第73~74页。

② 马特：《物权变动》，中国法制出版社2007年版，第61页。

③ 王利明主编：《民法》，中国人民大学出版社2008年版，第198页。

等，各国普遍采取登记对抗主义。如我国《物权法》第 24 条规定：“船舶、航空器和机动车等物权的设立、变更、转让和消灭，未经登记，不得对抗善意第三人。”我国《物权法》第 189 条规定：“企业、个体工商户、农业生产经营者以本法第一百八十一条规定的动产抵押的，应当向抵押人住所地的工商行政管理部门办理登记。抵押权自抵押合同生效时设立；未经登记，不得对抗善意第三人。”我国《物权法》不仅对一些特殊的动产采取登记对抗主义，对于一些不动产物权变动也规定了登记对抗主义，如我国《物权法》第 129 条规定：“土地承包经营权人将土地承包经营权互换、转让，当事人要求登记的，应当向县级以上地方人民政府申请土地承包经营权变更登记；未经登记的，不得对抗善意第三人。”我国《物权法》第 158 条规定：“地役权自地役权合同生效时设立。当事人要求登记的，可以向登记机构申请地役权登记；未经登记的，不得对抗善意第三人。”

## 第四节 物权行为

在货物所有权转移的立法模式中，德国法规定必须依交付及蕴涵于交付中的合意（物权合同）相结合才能决定货物所有权的转移。德国关于货物所有权转移的立法实践是以物权行为理论为基础的，德国法学家一般把物权行为理论概括为三个方面的内容：一是区分原则，指物权的变动和债权的变动是两个法律事实，债权的变动要依当事人间意思表示的一致，物权的变动要有独立的物权上的意思，而且还要有不动产登记、动产交付来加以证明的原则。二是形式主义的原则，指物权变动的独立意思必须要根据一种客观能够认定的方式加以确定的原则。根据德国法学的通说，这种表现物权意思的最好方式就是不动产登记和动产的交付。三是抽象性原则，也就是我国法学界所谓的无因性原则，指物权变动不受其原因行为约束的原则。因为在物权变动中，物权变动直接来源于当事人之间独立的物权意思，而不是债权法的意思，所以物权变动的结果不直接地受债权意思的约束。[①] 据此，对德国法有关货物所有权转移的评述实际上就是对物权行为理论的评述，以下笔者主要对物权行为理论阐述一些粗浅的看法。

## 一、物权行为的概念

对于物权行为的概念问题，国际国内均存在分歧，有学者指出，自德国学者萨维尼创立物权行为的概念以来，上百年中，关于这一概念是什么的问题即为各国学者仁者见仁、智者见智地一直争论到现在。[②] 如在德国，有的学者认为，就法律行为概念而言，以发生一定法律效果为必要，物权变动须以物权之合意（意思的因素）与登记或交付相结合为要件。物权合意本身尚不足引起物权变动，故非物权行为。采此见解者，有 Rosenberg、Wolff - Raiser、Ellnecceruse - Nipperdey 等著名学者。而 Baur 教授则表示物权合意即是物权契约。Westermann 教授认为物权的合意本身尚未能发生法律效果，此一事实不足作为反对“物权的合意系物权契约”之论据。须取得第三人同意之契约亦属如此，吾人并未因此而否认其契约之性质。Lent - Schwab 教授则强调，法律效果并非系契约概念之必要部分，此由吾人常称无效或不生效力之契约，即可知之。于此情形，显然欠缺契约之效力，但意思表示或缔结契约之构成要件实可认定，当事人关于发生物权变动之法律效果具有合意，契约业已缔结，至于效力是否发生，则视其他情形（例如登记）而定。抑有进者，物权的合意本身亦具有重要的法律效果，例如期待权是。[③] 在日本，石田文次郎教授谓：物权行为或称为物权的法律行为，指以物权的设立、转移、变更及消灭为目的的法律行为。所谓

① 参见孙宪忠：《论物权法》，法律出版社 2001 年版，第 163 ~ 164 页。

② 参见陈华彬：《物权法原理》，国家行政学院出版社 1998 年版，第 113 页。

③ 王泽鉴：《民法学说与判例研究》（第五辑），中国政法大学出版社 1998 年版，第 6 ~ 7 页。

物权的设定，指设定他物权的情形，如设定地上权或抵押权等，物权的转移，指占有权、所有权或既存他物权之转移。[①] 松板佐一教授谓：物权行为是以物权的变动为直接目的的行为，在不残留履行问题上，它区别于债权行为。[②] 三和一博与平井一雄教授认为，物权行为在内容上应有发生物权变动的意思表示（物权的意思表示）与形式（登记或交付）相结合而构成。[③] 在我国，民国时期的胡长清认为，物权行为者，发生物权法上之效果之法律行为有也。物权行为，一称物权的法律行为。有为单独行为者，如所有权、地上权之抛弃是。有为契约者，如抵押权、质权之设定是。[④] 我国台湾地区的姚瑞光认为，物权行为，指由物权的意思表示与登记或交付相结合而成之要式行为。因为唯有完成此项方式后的物权行为，始能发生物权的取得、丧失及变更的效力，始能不残留所谓履行问题。而绝不可认为物权行为因意思表示而成立，交付或登记不过其生效要件。[⑤] 王泽鉴认为：物权的意思表示（包括物权的合意）本身即为物权行为（单独行为及物权契约），登记或交付则为其生效要件。[⑥] 我国大陆的孙宪忠认为：所谓物权行为，指的是以物权的设立、移转、变更和废止为目的的法律行为。如所有权的移转、限制

---

① ［日］石田文次郎：《物权法论》，有斐阁1937年版，第46页。转引自梁慧星主编：《中国物权法研究》，法律出版社1998年版，第146页。

② ［日］松板佐一：《民法提要》第三版，有斐阁1974年版，第23页。转引自梁慧星主编：《中国物权法研究》，法律出版社1998年版，第146页。

③ ［日］三和一博、平井一雄：《物权法要论》，青林书院1989年版，第27页。转引自梁慧星主编：《中国物权法研究》，法律出版社1998年版，第147页。

④ 胡长清：《中国民法总论》，中国政法大学出版社1997年版，第189页。

⑤ 姚瑞光：《民法物权论》，台海宇文化事业有限公司1995年版，第14页。转引自梁慧星主编：《中国物权法研究》，法律出版社1998年版，第145～146页。

⑥ 王泽鉴：《民法学说与判例研究》（第五辑），中国政法大学出版社1998年版，第7页。

物权的设立等。[①] 王利明认为：物权行为是指以物权变动为目的并须具备意思表示及交付或登记两项要件的行为。[②]

由上可见，国际国内关于物权行为的概念主要有三种观点：第一种观点认为物权合意本身即是物权行为。第二种观点认为物权合意与登记或交付相结合才构成物权行为。第三种观点认为所有以物权变动为目的的法律行为都是物权行为。我们认为，正确的物权行为概念应是第二种，而不是第一种，更不是第三种观点。这是因为：第一，从物权行为的起源来看，物权行为应由合意与登记或交付相结合而构成。抽象原则起源于萨维尼，而且毫无疑义是他的最重要最富成效的理论首创之一。19 世纪之初，他就在他的讲学中创造了这一思想：以履行买卖合同或其他以所有权转移的合同为目的的交付并不仅仅是一个纯粹的事实的履行行为，而是一个特别的导致所有权转移的“物的契约”。在《当代罗马法制度》一文中他写道：“私法契约是最复杂最常见的，在所有法律制度中都可以产生契约，而且它们是最重要的法的形式。首先是在债法中，它们是债产生的最基本的源泉。这些契约人们称之为债务契约。此外在物权法中它们也同样广泛地应用着。交付是一种真正的契约，因为它具备契约概念的全部特征，它包括双方当事人对占有物和所有权转移的意思表示，仅该意思表示本身作为一个完整的交付是不足够的，因此还必须加上物的实际占有取得作为其外在行为，但这些都不能否认其本质是契约，该行为的契约本质经常在重要的场合被忽略了，因为人们完全不能把它与债的契约区分开，那些行为常常是伴随来的。比如一幢房屋买卖，人们习惯上想到它是债法买卖，这当然是对的，但人们却忘记了，随后而来的交付也是一个契约，而且是一个与任何买卖完全不同的契约，的确，只有通过它才能成

① 孙宪忠：《论物权法》，法律出版社 2001 年版，第 131 页。

② 王利明：《物权法论》，中国政法大学出版社 1998 年版，第 45 页。

交。”① 可见，在萨维尼关于物权行为的论述中，物权行为由交付与物权转移的合意共同构成。第二，如果认为所有以物权变动为目的的行为都是物权行为的话，则会导致物权行为与债权行为的相互混淆，因为许多的债权行为的目的也在于物权的变动。例如在买卖合同中，当事人订立买卖合同的目的无疑是实现所有权的转移，但我们能说买卖合同的订立是一种物权行为吗？如果认为买卖合同的目的是一种物权行为，那么其中的债权行为又是什么呢？因此我们认为，物权行为是指以物权变动为目的，并与交付或登记相结合的法律行为。

对于物权行为的概念，有的学者不是从实践和现实需要出发，而是从构建法律行为理论的角度论述这一理论的必要性，如有的学者认为，物权行为理论对德国民法典总则编最大的影响，应该说是关于法律行为理论的创立。一般认为，法律行为理论的建立及其在德国民法典中完善的规定是大陆法系民法学理论发展的一个顶峰，德国民法典之后的大陆法系的民法立法，大多都接受了法律行为理论，并把它规定在民法典的总则之中。但是，法律行为这一概念是一个非常抽象的概念。抽象来自于具体，抽象的根基，是被抽象对象中拥有一般性因素，就像提取公因式一样。法律行为概念能够成功地被抽象出来并在民法总则中拥有牢固的立足之地，其根本原因，是民法分则各部分必须包含有具体的法律行为，这些具体的法律行为，就是德国法学家们所指出的“物权法的法律行为”、“债权法的法律行为”、“亲属法的法律行为”、“继承法的法律行为”等。如果我们继续具体地研究一下这些具体的法律行为，就必然会有一个惊人的发现。在亲属法和继承法中，基本的法律规范是法定规范，能够允许当事人用意思表示来决定的法律关系实属罕见。如所谓亲属法的法律行为，实际上只是指收养契约或称为收养协议；而继承法的法律行为，实际上只是指遗嘱行为。对这些单一行为进

① 孙宪忠译：《“抽象物权契约”理论——德意志法系的特征》，载《外国法译评》1995 年第 4 期。

行抽象概括实在没有多少理论价值。所以，作为法律行为理论的支柱的，其实只是物权法的法律行为即物权合意，和债权法的法律行为即合同。如果不承认物权行为理论，即不承认物权合意，那么法律行为的唯一理论支柱就只有债权法上的合同了。这样一来，法律行为作为一项民法总则中规定的制度就成了问题，因为只作为对债的发生原因之一的合同规则的抽象，作为债法的一般规则尚有问题，作为民法的一般规则列入总则编的科学性就更不能成立了。因为法律行为制度是民法总则的核心内容，所以从上文的论述中也可以得出一个完全合理的推理：如果没有法律行为制度的支持，那么民法典的总则编也就没有规定的必要。因为民法总则是民法分则制度的抽象，如果没有法律行为制度，民法总则中就只剩下民事主体制度；而如果只规定这么一个制度，那么总则的存在可以说是不必要的。因法律行为制度的成立是物权行为和债权行为共同支持的结果，所以我们可以得出的结论是，物权行为理论不但是法律行为制度得以建立的根据之一，而且也是民法总则编得以建立的基础之一。① 我们认为，这一观点是值得商榷的，这是因为，从法律行为概念产生过程来看，先有既存诸如买卖等具体规定，再从中提取抽象出意思表示这一因素，然后形成以意思表示为核心要素的法律行为的概念，进而将法律行为以法律效果为标准进行分类，产生物权行为的概念。因而，法律行为的概念的产生过程是归纳的过程，是一个由诸具体法律行为种类抽象出意思表示的因素，进而以意思表示为核心要素确定出法律行为概念的过程。与法律行为概念相比较可以看出，物权行为概念的产生晚于法律行为概念的产生，因而，法律行为的概念不可能是对物权行为概念进行归纳而产生的，只能是在法律行为概念的基础上进行演绎：以法律效果为标准对法律行为进行分类，发生物权法效果者为物权行为。② 既然物权行为概念

---

① 孙宪忠：《论物权法》，法律出版社 2001 年版，第 137～139 页。

② 田士永：《物权行为理论研究》，中国政法大学出版社 2002 年版，第 23～24 页。

的产生晚于法律行为概念的产生，因此，法律行为概念的产生一开始就不是依赖于物权行为，而是独立于物权行为的，从这个意义上说，物权行为的概念是否存在并不影响法律行为的概念是否存在。另外，固然，亲属法与继承法多为法定规范，亦即，亲属法与继承法的法律关系的内容多为法定，但这并不表明此二法律领域不存在法律行为。当事人依其意思表示发生法律效果，仍有适用余地。是否设定某一法律关系，仍属当事人意思自治范围，收养与遗嘱，同样属于法律行为。① 因此，认为不承认物权行为的概念，法律行为的概念就没有支持的观点也是不正确的。

物权行为理论产生以后，在国际国内引起了很大的争论，国际国内学者相继提出了许多反对意见，如德国自由派法官吉耶克指出：如果在立法草案中以教科书式的句子强行把一桩简单的物品买卖至少是在三个法律领域里依法定程序彻底分解开来，那么简直是在理论上对生活的强奸。一个人去商店买一双手套，他本可以一手交钱，一手交货，可他必须瞪大眼睛提防着要发生的三件事情：(1) 这是在订立一个债法上的合同，因此而产生的债法关系要清偿履行。(2) 缔结了一个与其法律原因完全脱离的以所有权转移为目的的物权契约。(3) 在上述两个法律行为之外，必须进行虽然是一项法律动作，但不是法律行为的交付。这些不纯属虚构吗？如果现在把实际中的一个统一的法律行为的两种思维方式编造成两种各自独立的合同，那就不仅仅是脑子里怎么想的问题，而是以思维方式的超负荷损害实体权利。从这一理论出发，后来反对的学者对物权行为理论提出了三个否定性结论：(1) 物权行为理论是人为的拟制，不是生活现实，现实中没有物权合意；(2) 物权行为理论妨害交易公正，以买卖合同为例，出卖人转让出去的标的物的所有权，一旦他进行了不动产的登记或动产的交付之后，如果合同无效或被撤销之后，他只能享有不当得利返还请求权，而不是所有

① 田士永：《物权行为理论研究》，中国政法大学出版社 2002 年版，第 444 页。

权返还的请求权，那么这样看来，对出卖人就很不公平，出卖人所获得的权利不能维护自己的正当利益；（3）物权行为理论过于玄妙，违背交易常识或者交易习惯，把一个简单的交易分解为多个契约，不但一般老百姓接受不了，一般的法学家也难以理解。[①] 综合以上观点，国际国内关于物权行为的争论主要体现在两个方面，即是否承认物权行为的独立性和物权行为的无因性。

## 二、物权行为的独立性

物权行为的独立性是指物权行为独立于债权行为之外，与债权行为相互分离。主张物权行为独立性的学者认为，移转物权的合意与交付或登记相结合的物权行为是独立于债权行为的，物权行为具有独立性。我们认为，物权行为的独立性问题与物权行为的概念有着密切联系，如前所述，国际国内关于物权行为的概念主要有三种观点：第一种观点认为物权合意本身即是物权行为。第二种观点认为物权合意与登记或交付相结合才构成物权行为。第三种观点认为所有以物权变动为目的的法律行为都是物权行为。我们认为，依第一种和第二种物权行为的定义，并不存在独立于债权合意的物权合意，例如在买卖合同中，当事人在合同中即已约定了订立合同的目的即是发生货物所有权的转移，而后当事人为履行合同所进行的交付即是这一合意的延续，交付行为是以买卖合同中的约定为基础的，如果没有当事人在买卖合同中的约定，当事人是不可能无故作出履行行为的。正如有的学者所指出的，物权行为中所包含的意思表示在法律上是对债权行为意思表示的重复或履行。[②] 物权行为不

---

① 参见孙宪忠：《论物权法》，法律出版社 2001 年版，第 170～171 页。

② 董安生：《民事法律行为》，中国人民大学出版社 1994 年版，第 166 页。转引自王利明：《物权法论》，中国政法大学出版社 1998 年版，第 49 页。

过是原来债权行为意思表示的贯彻或延伸，并非有一个新的意思表示。[①] 尤其是在许多情况下，买卖双方当事人在订立买卖合同后便不再直接接触，从而也没有再作出意思表示的机会，根本不可能达成所谓的物权合意。[②] 据此，我们认为，依第一种和第二种关于物权行为的概念，并不存在独立于债权合意的物权合意。但依第三种关于物权行为的概念，则必然会存在独立的物权意思表示。第三种观点认为所有以物权变动为目的的行为都是物权行为，而物权变动是一个客观存在的事实，因此，物权行为当然也是客观存在的。事实上，我们可以发现，在国内，承认有独立的物权意思表示的学者大多是持第三种物权行为概念见解的学者。如程啸认为，只要我国民法理论还承认债权、物权、亲属权等基本民事权利的划分，就必须承认物权行为这样一类法律行为的客观存在。作为私人的、旨在引起某种法律效果的意思表示，人们从事法律行为的目的可以各不相同。既然有以特定人与特定人之间以发生、变动、消灭债权债务关系为目的的债权行为，当然，顺理成章的就有一个以设定、变更和消灭物权为目的的行为，这就是物权行为。任何国家的民法理论，只要存在一个债权、物权等基本民事权利体系的划分，那么它在法律行为的分类中就必然有债权行为和物权行为的区别。物权行为是对法律行为依其法律效果进行分类的逻辑上的必然结果。事实上，物权行为不仅存在于民法理论中，更切切实实地存在于人们的日常生活中。某人将其所有物加以抛弃的行为，第三人以自己的财产为债务人向债权人设定抵押的行为，公民的遗嘱行为等都是现实生活中大量存在的物权行为。[③] 田士永认为，物权行为作为法律行

---

① 谢哲胜：《物权行为独立性之检讨》，载中国台湾地区《政大法学评论》第 52 期。转引自王利明：《物权法论》，中国政法大学出版社 1998 年版，第 49 页。

② 王利明：《物权法论》，中国政法大学出版社 1998 年版，第 49 页。

③ 程啸：《中国抵押权制度的理论与实践》，法律出版社 2002 年版，第 37～39 页。

为的一种，其特殊之处不在于以意思表示为要素，因为任何法律行为均有意思表示。之所以称之为物权行为，正是因为该法律行为发生物权法上的效果，即发生物权法上法律效果的法律行为才是物权行为。所谓发生物权法上的效果，意指该法律行为产生的法律效果的作用范围仅限于物权法。至于实际是否发生法律效果，不予考虑。对于物权行为的概念，应注意如下两点：首先，物权行为是法律行为。作为法律行为，物权行为以意思表示为要素。其次，物权行为发生物权法上的法律效果，即物权行为的法律效果是物权权利状态的变动：设立、变更、废止物权。物权行为可按不同标准进行分类。以当事人是一方还是多方，物权行为可分为单方行为与双方行为，前者如所有权抛弃，后者如所有权转让。物权行为可适用于所有物权种类，凡法定物权种类均得适用，例如所有权、各具体用益物权、担保物权的设定、变更、废止，均属之。[①] 孙宪忠认为，对物权行为理论提出的首要批评，就是认为物权独立意思并非客观存在，而只是人为的拟制。因此，对物权行为理论的探讨，必须首先回答物权独立意思的客观性问题。对这种不切实际的批评，最好的答案是让事实来说话。（1）单方法律行为中的物权独立意思。如上所述，物权行为包括单方行为和双方行为。其中单方行为，像生活中常见的物权放弃，即一个人用自己的意思和自己的行为放弃一个物的所有权的行为，其中就有一个纯粹的物权法上的意思，即独立物权意思，这是绝对不可否认的。比如一个人有意扔掉一块手表的行为，其中就包含着其放弃自己物权的民法上的意思表示。这种意思表示就是典型的单方物权独立意思。（2）双方或者多方法律行为中的物权独立意思。物权变动中的双方行为、双方的合意在现实生活中也是存在的。比如说设立物权的合同，如设定地上权的合意，设定抵押权的合意等。任何人都不能说设定地上权的合意是

① 田士永：《物权行为理论研究》，中国政法大学出版社2002年版，第17～18页。

债权法上的意思表示，或者说不能认为它是纯粹的债权的意思表示。①

但我们认为，正确的物权行为概念应是第二种，而不是第一种，更不是第三种观点。因此，依前述第二种关于物权行为的概念，物权行为之独立性是不存在的，移转物权的单独合意是学者虚构的产物。基于不同的物权行为概念下物权意思独立性的区别，我国有的学者认为，物权意思虽然客观存在，但不意味着其必然与交付、登记结合为一个独立的物权行为，该物权意思实际上被债权意思所吸收，即应当将债权意思和物权意思一体把握。在一个移转所有权或用益物权的合同中，不仅当然有债权设定的意思表示，而且也可以有物权以及其他绝对权变动的意思表示。细究其所有意思表示之内容，是一个复合的多面体：有债权意思，也有物权意思。②

### 三、物权行为的无因性

物权行为的无因性是指物权行为独立于债权行为，物权行为的效力不受债权行为效力的影响，即使债权行为不成立、无效或者被撤销，并不影响物权行为的效力，一旦物权行为生效，则发生物权变动的效果。对于物权行为无因性问题，我们认为，无因性理论的倡导者虽然看到了物权变动要对第三人提供保护，但同时也忽略了对物的真正所有权人的保护，尤其是不存在交易第三人时对物的真正所有权人的保护。物权行为无因性理论及立法的最大缺点，在于严重损害出卖人利益，违背交易活动中的公平正义。在交付标的物之后发现买卖契约未成立、无效或被撤销，因物权行为之无因性，不受债权行为影响，买受人仍取得标的物所有权。出卖人内仅能依不当得利之规定请求返还。于是，出卖人由所有权人变为债权人，不能享受法律对物权的特殊保护，其地位十分不利。第一种情形，如果买受人已将标的物转卖，第三人即使属于恶意亦能获得所有

① 孙宪忠：《论物权法》，法律出版社2001年版，第170页。

② 参见马特：《物权变动》，中国法制出版社2007年版，第76页。

权。出卖人不能对该第三人行使任何权利，他只能向买受人请求返还转卖所得价金。第二种情形，如果买受人已在标的物上设定担保物权，因担保物权在法律效力上优于债权，出卖人不能请求返还标的物，只能向买受人请求赔偿。第三种情形，如果买受人的其他债权人对该标的物为强制执行，则出卖人不能依法提出异议之诉。第四种情形，如果买受人陷于破产，出卖人不能依所有权行使别除权从破产财产中取回标的物，他只能同其他债权人一起，按债权额比例受清偿。① 在上述四种情形中，我们可以发现，对于第三、四种情形，由于不存在交易第三人，因此，不对物的真正所有人提供保护无疑是对物的真正所有人不公平的。对于第一、二种情形，如果交易第三人是出于恶意，仍然对该第三人提供保护对物的真正所有人也是不公平的。而如果交易第三人是出于善意，则其可以依善意取得制度而得到保护。由上可见，如果否定物权行为无因性理论，规定善意取得制度，则不仅可以保护出卖人的利益，也可以维护第三人的利益。对此，国际国内的许多学者也是赞同的，如有的学者认为，善意取得制度的确立大大缩小了无因主义保护交易安全的功能。在善意取得制度存在的情况下，无因主义对交易安全的保护功能仅仅就限于第三人为恶意的场合，可是，在第三人为恶意时仍对其加以保护，财产静的安全牺牲过巨，实在是很有疑问的一种价值取向，它背离了国民的生活情感。于是在人的质疑与不断追问中，曾经盛极一时的无因构造理论便迅速地衰落，“一切的民法在不久的将来都将采无因主义”的预言终究未能实现。纵观大陆法系与英美法系，两大法系98%的国家始终坚持有因性。② 还有的学者认为：利用物权行为无因性来保护善意第三人的作用是很有限的，何况在第三人恶意的场合，承认物权行为的无因性，实际已不存在保护交易安全的必要了，与其如此，不如通过善意取得制度由法律直

① 梁慧星：《民法总论》，法律出版社1996年版，第157页。

② 肖厚国：《物权变动研究》，法律出版社2002年版，第197页。

接规定强行切断原物主的追及权来保护交易安全既省事又可靠。① 还有的学者认为：相对于物权行为无因性理论，善意取得对交易安全的保护充分考虑到善意第三人和原所有人的利益，是二者之间利益的一种平衡安排。因为善意取得不只通过一种公示行为移转所有权后的所有交易均受保护，而是区分第三人在这一交易过程中是善意和恶意，对善意取得予以保护，对恶意不予保护，以维护所有权人的利益。由此可见，善意取得制度本质上是平衡所有权人利益和善意第三人利益的一项制度，一方面旨在一定程度维护所有权绝对原则，捍卫所有权的绝对性，另一方面又促进交易便捷和保护交易安全。而物权行为无因性理论似乎是过分强调物权转移公示的效力，认为是物权移转过程中的公示具有公信力，因而忽视公信发生前或发生时的一些特殊情形。物权行为无因性理论赋予移转物权公示手段（交付和登记）以取得所有权的绝对效力（即所谓的“公信力”），没有考虑物权移转本身是否合法。显然，在受让人（第三人）知道出卖人无所有权或处分权情形下，恶意地取得公示，是不应当受法律保护的。不管什么情况，一概地承认从无处分权利的人手中取得受让财产，均可获得所有权，又可助长欺诈发生，合谋骗取他人财产的行为，对所有权构成严重的侵犯。而善意取得平衡二者的做法，有效地避免了这一缺陷，应当认为是较合理的制度安排。② 还有的学者认为：较之物权行为无因性理论，善意取得制度不仅有利于保护善意第三人，而且因其可以视第三人是善意还是恶意的不同情形来决定是否对其进行保护，也能体现民法公平正义和诚实信用原则的要求。③ 综上所述，我们认为，物权行为的无因性是不可取的。对于物权行为无因性理论的否定，我国还有的学者

① 余能斌主编：《现代物权法专论》，法律出版社 2002 年版，第 89 页。

② 高富平：《物权法原论》，中国法制出版社 2001 年版，第 609 ~ 610 页。

③ 王利明：《物权法研究》，中国人民大学出版社 2002 年版，第 151 页。

认为，我国物权法之所以不采物权行为无因性，其理由大抵可以归并为以下三点：一是物权行为无因性是德国普通法时期的学说发展，这一理论所包含的规则都是早已适用过的、确定了的法律概念，它只属于19世纪，是19世纪法学的成果，而绝非是20世纪乃至21世纪法学的种子。二是在现代民法普遍建立起善意取得及公示公信制度后，物权行为无因性之生存空间几已丧失殆尽，其所谓交易保护机能已被这些制度所抽空。三是从比较法上看，我国物权立法也无采纳物权行为无因性之必要，百余年来，真正明文规定物权行为无因性的，只有德国民法典本身，迄今并无其他国家和地区继受或采纳此理论。①

但我国也有的学者认为，批评无因性理论的观点在论据上有严重的残缺，根本无法自立。所以，正如物权行为理论应当予以承认一样，物权行为的无因性也应当得到承认和贯彻。否定派观点认为该理论在如下方面有损公正：（1）在买受人将物出卖给第三人，而第三人为恶意时，出卖人也无法要求第三人返还原物，而只能要求返还不当得利，这一点违背公正原则。（2）买受人如果以此物为其债权人设置担保物权，按照物权优先于债权的原理，出卖人也无权取回原物，而只能要求买受人赔偿损失。这对出卖人不利。（3）法院如果对该物提出强制执行，出卖人也不能提出执行异议，这对出卖人不利。（4）如果买受人被宣告破产，那么出卖人也无法提出别除权。（5）如果继承人为上述处分后，第三人根据继承人的处分取得了物权，根据无因性理论，在继承有错误的情况下，财产无法从第三人处返回。（6）如果物品在第三人处灭失，买受人也可以不负责任。目前，否定无因性理论的依据大概如此。可惜的是，这些貌似完美的论据没有一个在法理上是站得住脚的。提出这些论据的学者有一个共同的缺陷，就是对物权变动规则、尤其是对以法律行为发生物权变动的规则不甚了了。因为物权的本质是排

① 参见梁慧星主编：《中国物权法研究》，法律出版社1998年版，第173页。

他权，物权的变动必然对第三人具有排斥的效力，所以在物权变动的制度中建立对第三人保护的规则是十分必要的。而且，因为只有物权这种绝对权才具有排他性，所以第三人保护问题也只有在物权变动的制度中得以建立。但是，对第三人是否予以保护，以及根据什么原则进行保护，这一问题在民法学的发展历史上有不同的答案。虽然罗马时代法学家已经对支配权和请求权这样的权利分类有了清楚的认识，但是只是在德国民法典颁布时，民法立法才根据物权行为理论对物权变动与债权变动的区分作了清楚的符合法理的规定。这一规定的基本内容，就是从物权作为排他权这一本质出发，将物权变动安置在物权公示原则的基础上，使得物权变动既符合当事人自己的意思表示，又能够保障交易安全，即满足保护第三人利益的需要。在建立物权公示原则之后，我们会发现一个十分有趣，但是也非常符合法理的现象：只要符合物权公示原则的，第三人的权利即使在其前手交易有瑕疵的情况下也能得到保护，即使其前手出让物权的行为有瑕疵，但是第三人作为物权取得人照样可以取得。这就是物权变动中“从无权利人处取得”的制度。而第三人取得的权利之所以得以强化，甚至从无权处分者手中取得的权利也应该得到保护，原因在于第三人的取得依据，是物权公示产生的公信力，物权出让人是符合公示原则的权利人。“从无权利人处取得”制度的建立，证明了萨维尼关于“一个基于错误的交付也是有效的”的观点是完全可以成立的。无因性原则建立的基本根据，是物权出让人与物权受让人之间独立物权意思表示的外在表现形式,即不动产物权登记和动产占有的交付的客观事实，法律依此建立不动产登记的权利正确推定原则，在第三人根据不动产登记簿取得不动产物权时，原则上即应对第三人的物权取得提供保护。第三人根据占有的状态取得动产物权的，也是如此。这样，即使物权出让人的权利有瑕疵，甚至无权利，但是第三人照样可以取得物权。这就是“从无权利人处取得”规则的基本内容。在此原则下，相对于第三人的前手交易中的原权利人或者其他人的追夺权当然被依法截止。如果从物权变动的基本规则出发，可以看出，上述对物权行为理论的六点批评没有是可以成立的，因为：（1）这六点批评均违背了物权公示原则，均企图绕过物权公示的法律事实，将债权变动当做物权变动的直接原因，其本质仍然是把债权法上的原因当做物权法上的原因。（2）这些批评忽略了对没有任何过错的第三人的保护。他们看不到第三人常常没有过错而原权利人常常有过错的客观事实，对第三人的保护提出了违背交易常规的要求。（3）在继承人无权处分的情况下，第三人合法取得之物权照样不能受到追夺。（4）批评无因性理论者认为善意取得制度可以达到无因性的目标，但是他们看不到罗马法中善意取得制度本身的缺陷，对物权行为理论对善意取得制度的积极改良缺乏了解。因为，无因性原则并不是绝对地排除物权变动中当事人意思表示的作用，恰恰相反，它正是根据物权变动中当事人的意思，重新建立了善意的确定标准，即第三人对不动产的登记和动产占有的知情与否。①

## 四、物权行为理论的修正

基于物权行为理论之不足，物权行为在理论上出现了一些修正和限制，这些修正或者限制主要表现在：

（一）条件关联

条件关联是指物权行为的效力与债权行为的效力联系在一起，物权行为的效力受到债权行为效力的束缚，从而中断物权行为无因性原则的适用。条件关联的典型例子是所有权保留买卖。依照《德国民法典》第925条的规定，所有权的出让不可以附条件，但在附所有权保留条件的买卖中，所有权的移转受到债权行为的制约。不过我国也有学者认为，物权变动中的条件关联理论能否成立，在德国法学界中尚有很大争议。目前，除所有权保留之外，其他的物权变动是否可以债权法的意思的条件束缚，不论是在德国法学中还是在司法实践中均持否定态度。为一般的物权行为附加债权

① 孙宪忠：《论物权法》，法律出版社2001年版，第170~184页。

法上的意思所为条件，在德国法中是不成立的。[①]

（二）法律行为一体化

这种限制方法是指按照《德国民法典》第139条关于“部分无效”的规定，将物权行为和债权行为理解成一个不可分割的整体，共同适用民法关于法律行为全部或部分无效的规定，在债权行为部分无效时，物权行为部分也依法归之无效。

（三）共同瑕疵

这种限制方法将债权行为中的瑕疵推及到物权行为，在债权行为被撤销的同时也撤销物权行为，债权行为与物权行为联系在一起，具有共同的命运与法律后果。

（四）司法裁判

当物权行为违背法律时，由法院裁判撤销物权行为。

从以上这些有关物权行为的限制或修正可以看出，通过这些对物权行为进行限制或修正的方法，物权行为与债权行为相互关联，物权行为直接受到债权行为的影响，从而使得物权行为的独立性与无因性的理论基础得以动摇。

除了以上这些限制以外，物权行为理论中的物权变动的形式主义原则也发生了一些变化。如我国有的学者认为，既然不动产登记和动产占有交付是当事人之间内心真意的表达方式，那么，在不动产登记和动产交付之外，不论是从事实上还是在立法上都不应该排除还存在着其他物权意思表示方式，比如交付房屋、交付不动产权属文书、公证等方式都可以表达当事人关于不动产物权变动的内心真意。不过，不动产登记之外，其他这些可以作为物权确权依据的方式，因为其形式条件差异，不一定都能达到不动产登记所具有的强烈的排斥第三人的效果，有些甚至不能产生排斥第三人的效果；但是在不涉及第三人时，它们至少可以在当事人之间确定物权的变动，有些甚至可以对当事人发生法律效果（比如不动产权利证书

① 参见孙宪忠：《论物权法》，法律出版社2001年版，第187页。

的交付、提交登记申请书等)。[①] 可见，这种关于物权变动形式主义原则的修正和物权变动中的对抗要件主义已经比较接近。

## 第五节　我国立法有关货物所有权转移的规定评析

对于货物所有权的转移，我国《民法通则》第72条和《合同法》第133条规定：标的物的所有权自交付时起转移，但法律另有规定或者当事人另有约定的除外。据此，货物所有权可以根据当事人的约定而实现转移。但我国《物权法》第23条规定：动产物权的设立和转让，自交付时发生效力，但法律另有规定的除外。可见，我国《物权法》的规定删除了之前《民法通则》和《合同法》中所规定的“当事人另有约定的除外”条款。由于前后立法规定之不同，由此引发了我国学界关于货物所有权转移是否允许当事人自由约定的争议。对此，我国有的学者认为，《物权法》第23条所称“法律另有规定的除外”主要是指两种情况：一是指《物权法》规定的三种特殊的不现实交付标的物的形式，具体指《物权法》第25条规定的简易交付、第26条规定的指示交付、第27条规定的占有改定；二是指动产担保中有关登记的规定。[②] 还有的学者认为，我国《物权法》第23条确认，动产物权的设立和转让，自交付时发生效力，但法律另有规定的除外。该条规定将动产标的物的所有权自标的物交付时起转移，由《合同法》第133条确立的任意性规范，修改为强制性规范，值得注意。[③] 还有的学者认为，《物权法》第23条规定的“法律另有规定除外”主要指的

① 参见孙宪忠：《争议与思考——物权立法笔记》，中国人民大学出版社2006年版，第403～406页。

② 参见王利明：《物权法研究》(上)，中国人民大学2007年版，第375页。

③ 参见崔建远主编：《合同法》，法律出版社2007年版，第379页。

是：第一，《物权法》第二章第二节对动产物权的设立和转让的一些特殊情况；第二，《物权法》第二章第三节对主要是非依法律行为而发生的物权变动问题所作的规定；第三，《物权法》担保物权编对动产抵押权和留置权的相关规定。[①] 概括起来，持这种观点的理由主要有：第一，根据新法优先于旧法，特别法优先于一般法的原则，相对于《民法通则》和《合同法》，《物权法》属于新法和特别法，因此应以《物权法》为准。第二，货物所有权转移允许当事人自由约定有悖于物权法定原则。我国《物权法》第5条明确规定："物权的种类和内容，由法律规定。"在我国《物权法》已经确定"债权形式主义"为法定物权变动模式之后，仍然允许当事人以合意变动物权，就构成了对物权法定主义原则的违反。[②] 第三，货物所有权转移允许当事人自由约定会损害交易安全。

我们认为，我国应继续坚持《民法通则》第72条和《合同法》第133条的观点，允许当事人约定货物所有权转移时间。我国《物权法》虽然没有明确规定允许当事人约定货物所有权转移的时间，但我国《物权法》承认的观念交付方式实际上认可了当事人可以通过合同约定实现货物所有权的转移。我国《物权法》第25条规定：动产物权设立和转让前，权利人已经依法占有该动产的，物权自法律行为生效时发生效力。该法第26条规定：动产物权设立和转让前，第三人依法占有该动产的负有交付义务的人可以通过转让请求第三人返回原物的权利替代交付。该法第27条规定：动产物权转让时，双方又约定由出让人继续占有该动产的，物权自该约定生效时发生效力。我国《物权法》所规定的这些观念交付方式的存在实际上认可了当事人可以通过意思自治实现货物所有权的转移。正如有学者所指出的：无论是间接占有还是观念交付，都缺乏客观的物质形态，并不具有物权公示的效果。在观念交

① 参见胡康生主编：《中华人民共和国物权法释义》，法律出版社2007年版，第67页。

② 参见高富平：《物权法》，清华大学出版社2007年版，第206页。

付的情况下，物权的变动因当事人意思的一致而发生，不仅不能将物权变动公示于外，而且事实上也使得公示要件主义和公示对抗主义的差别不复存在。实际上，间接占有与观念交付这些似是而非的概念，本是为缓和公示要件主义的僵硬而设，其将公示要件主义所要求的形式作无限广义的解释，以至于最终不成为形式，造成了法律概念、法律逻辑乃至于法律制度的混乱。[①] 还有的学者认为：在形式主义的所有权变动立法模式中，也可能由于对交付规则的变通性规定而使得其与债权意思主义的立法模式之间的差异变得微不足道。在形式主义的所有权变动立法模式中，在现实交付之外，又认可了简易交付、占有改定和指示交付。简易交付意味着不需要交付，或者说仅存在一种被拟制的交付，因此，它根本无法发挥一种公示的功能。占有改定以间接占有的转移替代了直接占有的转移，这种观念形态的交付，也无法发挥公示的功能。对于指示交付，在通过指示交付而发生动产所有权转移这一点，事实上与法国和日本的所谓意思主义相去不远。柯拉因而断定说，《德国民法典》在事实上和效果上采取了仅仅通过契约而取得所有权的制度。[②] 因此，我们认为，基于我国《物权法》承认观念交付方式的存在，我国《物权法》事实上承认了货物所有权转移的债权意思主义立法模式。此外，从我国《物权法》的整个价值取向来看，我国《物权法》也并未完全否定物权变动的公示对抗主义，正如我国有的学者指出的，在我国公示生效主义的原则之下，实际上公示对抗主义存在着广阔的适用空间。其原因在于：第一，多元价值取向的平衡。第二，二元社会结构的调和。第三，社会既成现实的承认。第四，国际接轨的需要。[③]

---

① 孙鹏：《物权公示论——以物权变动为中心》，法律出版社 2004 年版，第 5 页。

② ［日］我妻荣：《债法在近代法中的优越地位》，中国大百科全书出版社 1999 年版，第 138 页注 145。

③ 参见马特：《物权变动》，中国法制出版社 2007 年版，第 88 ~ 91 页。

对于货物所有权转移的债权意思主义立法模式，我们认为，其法理基础也是不充分的，债权意思主义的一些不足和缺陷也随着债权意思主义的不断修正而得到克服，这主要表现在以下一些方面：

第一，关于维护交易安全问题，债权意思主义已经通过公示对抗主义得到修正。根据公示对抗要件主义，如作为买卖合同标的物的动产未经交付，则不能对抗善意第三人。对此，许多国家都规定了善意取得制度以保护善意第三人的利益。在一物二卖或者数卖的情形中，标的物的所有权将属于基于善意而受让标的物的人。至于其他买受人因未能受让标的物而造成的损害，可以通过追究出让人的违约或者侵权责任而得到补偿。事实上，由于一物数卖而导致的对交易秩序和交易安全的影响是无法完全消除的。因为一物数卖的根本原因是契约自由原则，依契约自由原则，标的物的所有人可以自由地同时与数人就同一标的物订立合同，对于他不能履行的合同，他只需承担合同或违约责任就够了。正如我国有的学者就不动产物权变动中交易安全的维护所指出的，坚持不动产物权登记采生效主义的一个重要理由在于保护交易安全，但就我国的现实而言，采取物权登记生效主义并不能保证交易安全，现实中出现的大城市（如北京）中就多有将他人的房屋出卖的案例即为明证。可见以保护交易安全为由主张物权登记生效主义只是一种理想主义，以影响交易安全为由而反对物权登记对抗主义的理由并不充分。① 对于交易安全的维护问题，我国还有学者认为，允许债权意思主义例外并不足以危害交易安全，反而会在一定程度上平衡受让人与第三人的利益关系。允许当事人以特约的方式变动物权是否会损害交易安全，不宜笼统论断。②

对于善意取得制度在维护交易安全中的作用，有的学者提出了

① 郭明瑞：《物权登记应采对抗效力的几点理由》，载《法学杂志》2005年第4期。

② 韩强：《动产物权变动规定规则的“约定例外”》，载《政治与法律》2009年第6期。

质疑。如有的学者认为：从物权法的法理上看，善意保护的原则有相当的不足，原因是：（1）善意取得理论脱离物权公示原则。因为物权具有排他性，经常会妨害第三人的利益，故物权法建立有物权公示原则，即不动产物权变动的登记原则与动产物权变动的交付原则，要求在发生物权变动时必须进行公示，以便于一种客观化的方式保护第三人。善意取得制度是涉及物权变动的一项法律制度，但是善意取得制度不要求当事人意思的客观化，只是从主观上认定当事人的意思。这就脱离了物权公示原则，无法满足客观公正地建立物权变动秩序的要求。（2）根据交易一般规则，法律不能要求第三人对其前手交易的瑕疵负责。所谓善意第三人，即对其前手交易的瑕疵不知情的人，而根据交易的一般规则，第三人对其前手交易的瑕疵不负应知的责任。第三人只要对交易有一般的注意，就是善意人。无法律上的过错即为善意。故善意取得的提出缺乏普遍性意义，它只能在极为罕见的情况下发生作用。（3）第三人对其相对人的交易如果有法律上的过错，则可以根据第三人的过错撤销其交易，而不必借助于善意保护原则。（4）不动产法普遍不适用善意取得原则。因为当代不动产法普遍建立了不动产登记制度，由于不动产登记簿的普遍公开性，任何人均不得宣告自己不知道登记的内容，这样，主观意义上的善意已经不再有可能得到确认。（5）在动产物权变动中，虽然法律一般承认适用善意取得原则，但是依据善意认定的一般原则，第三人必须为其是否善意自负举证责任，这样就不合理地加重了第三人的负担。就法官而言，善意认定在当代社会也十分困难，故当代物权法尽量避免适用该理论。善意取得理论不足的要点，是它从主观上建立一种基准来保护第三人。这与物权法根据物权排他性效力建立的客观公正原则不相符合。①

我们认为，上述反对善意保护原则不足的观点是值得商榷的，这是因为：（1）善意取得理论并未脱离公示原则，事实上，善意取得制度存在的理论依据之一就是物权公示与公信原则。所谓物权

① 孙宪忠：《论物权法》，法律出版社2001年版，第54～55页。

的公示，即物权的存在与变动必须以某种让社会第三人知晓的形式表现出来。所谓物权的公信原则，指物权的存在与变动经公示后，即使经公示所表现出来的物权与实际存在的物权不一致，对于善意第三人而言，也应以经公示所表现出来的物权为准。依物权公示与公信原则，物权在公示后即产生公信力，那么，在无权处分交易中，若所有人已将动产交由无权处分人占有，则对于善意第三人而言，由于无权处分人已经占有了动产，因此，即使其对该动产没有真实的所有权，第三人也可以信赖其有所有权，从而与其从事交易，并进而取得该动产的所有权。由此可见，第三人善意取得所有权的理论依据即是物权的公示与公信原则。我国台湾地区亦有学者认为：善意取得的理论依据之一即是占有之公信力，动产以占有为其公示方法，虽有不能完全公示权利状态之缺点，在所有权观念化，导致占有与本权分离之现象日益增加后，此种缺点日益显著，但占有终究是目前较可采取之公示方法。是以受让人与让与人就商品从事交易行为，何以无须调查其处分权之有无，即在于动产以占有为公示方法，而受让人善意予以信赖之故。可见，善意取得制度主要是建立在交易安全与便利之确保上，而占有之公信力仍为其不可欠缺之基础。①（2）善意取得制度是当代各国物权立法普遍认可的一项制度，各国立法对善意取得的构成要件都有具体的规定，因此，主张善意取得原则只能在极为罕见的情况下发生作用，善意的认定在当代十分困难的观点是没有事实和法律依据的。（3）谁主张谁举证是民事诉讼中的一般举证规则，据此，有第三人为其是否善意负举证责任并不是不合理的加重第三人负担，而是第三人依举证责任的基本规则所依法应承担的后果。（4）善意取得制度在不动产法中也照样可以适用，即如果与不动产登记簿上登记为不动产物权权利人的人进行交易的第三人知道或者应当知道其不是真正的权利人的话，则其不能取得不动产的物权，从而保护事实上的物权

① 谢在全：《民法物权论》，中国政法大学出版社1999年版，第220～221页。

权利人的利益。对此，我国亦有学者认为如果他人举证证明第三人明知法律物权不是真正的物权，仍然从法律物权人取得物权的，就表明第三人具有主观恶意，不能受法律保护。①

第二，对于成立主义有时与现实相脱节的问题，债权意思主义已经通过标的物的特定化而得到修正。通过前面我们对采取依合同确定货物所有权转移的立法模式的国家的实践考察可以看出，这些国家的法律虽然规定当事人可以在合同中约定货物所有权的转移时间，或者说货物所有权通过当事人在买卖合同中的意思表示即可以实现转移，但这些国家的立法同时也规定，对于种类物，仅有当事人订立合同这一事实是不够的，除此之外，种类物必须在确定后才能导致货物所有权的转移。因此，关于合同成立主义有时与现实相脱节的问题并不存在。

第三，对于受让人依合同约定取得所有权后，该所有权是否具有对世性的问题。事实上，在各国立法与实践中，所有权的对世性或者绝对性都具有一定的相对性。例如，当所有人所具有的标的物被另一个人善意取得时，该所有人是不能以其所有权对抗善意取得人的，这是当代世界各国立法的通则。在我国，有的学者认为，物权的排他效力与保护交易安全存在天然的冲突，排他效力要求无论谁以什么方式取得财产都不能损害物权人的利益，所谓物上请求权正是物权效力的绝对化标志之一。保障交易安全必然要限制排他效力的范围和作用，不能允许物权人任意追索已进入市场交易的财产。然而，这种冲突的本质是个别物权与整体物权利益的矛盾，对于整体物权利益，交易安全意味着社会给每一个成员提供了行使和实现物权的平等机会和秩序，因此，保障交易安全相对于保障个别物权就更为重要，物权的排他效力止于交易安全，应该成为物权法制度的内在逻辑关系和基本价值取向之一。② 还有的学者认为，物

① 孙宪忠：《论物权法》，法律出版社 2001 年版，第 79 页。

② 孟勤国：《物权二元结构论》，人民法院出版社 2002 年版，第 117 页。

权法的现代化发展趋势之一即是物权法法律边际的模糊化，其表现之一即是债权物权化，债权逐渐具有了物权的某些特征，如法定性、排他性等。首先，债权物权化的典型是租赁权的物权化，现代各国民法均不断强化租赁权，这体现在赋予租赁权以对抗第三人的效力，延长租赁权的期限，确认租赁权的转让及转租自由等。其中最重要的是在租赁与买卖的关系上确认原租赁合同对于新的所有人（即买主）仍然有效，从而在承租人与新的所有人之间基于法律的之直接规定而当然形成新的租赁关系，这就是“租赁破除买卖”或“买卖不得击破租赁原则”。例如《日本民法典》第605条规定：“不动产租赁实行登记后，对以后就该不动产取得物权者，亦发生效力。”其次，在所有权保留买卖，让渡担保等情形下，受让人（即所有权保留买卖中的买方及让渡担保中的债权人）对标的物的权利即具有物权的特征，于所有权完全转移前受让人所享有的权利“也并非没有排他的效力。”表现之二是物权债权化。这是指物权逐渐具有了债权的某些特征，如意定性、相对性等。首先，担保物权具有债权性，其效力附从于其所担保的债权的效力，其转让受债权制约，其内容主要是价值权、优先受偿权而支配的成分较弱。其次，物权的证券化，如仓单、提单、抵押证券等的出现，亦使得这些证券所代表的物权之绝对性质淡化。最后，分期付款买卖、融资租赁、租买及让渡担保等中受让人所享有的物权系基于合同产生，其内容、效力亦由合同决定，而非法律的直接规定，这是物权债权化的又一明显体现。① 综上所述，我们可以发现，认为所有权能绝对地对抗世界上所有人的观点本身就是对所有权法律性质的一种误解。

此外，基于法律物权与事实物权的区分，认为各种物权都具有完全的排他性与绝对性的观点也是不正确的。物权法的一般原则中，公示原则发挥着核心性的作用。所谓公示原则，即物权的变动

---

① 余能斌主编：《现代物权法专论》，法律出版社2002年版，第27~28页。

必须以一种客观可以认定的方式加以展示，从而获得社会和法律人认可的原则。公示的方式一般为不动产登记和动产占有的交付。在建立不动产登记制度后，不动产的物权会有纳入登记的物权与未纳入登记而由真正权利人实际享有的物权之间的区分；而动产物权，也会有占有表示的物权与真正权利人享有的物权之间的区分。已经纳入登记的物权，以及由占有表示的物权，即由法定公示方式表征的物权，为法律物权；而真正权利人实际享有的物权，为事实物权。对于与法律物权分离的真正物权，即我们所称的事实物权，它是指在不存在交易第三人的情况下能对抗法律物权的物权。法律物权与事实物权有许多的区别：法律物权的表现形式是不动产登记或动产的占有、交付，具有典型性和公开性，能够为社会公众认知，具有社会的公信力；事实物权则没有这种公开的形式。法律物权直接体现了物权公示原则的要求，其权利归属以及支配力通过法定的公示形式表现出来，事实物权的产生一般不符合物权公示原则的要求，其权利归属和效力与典型的法定公示形式没有联系，事实物权的范围要在不动产登记和动产、交付表现的物权之外。事实物权虽然也是受到法律认可和保护的，但是这种权利要取得法律的认可和保护，权利人就必须推翻法律物权的正确性推定，证明事实物权的正确性，而且只有在不涉及第三人利益的情况下，事实物权人才能恢复自己的物权，对抗法律物权的行使。法律物权和事实物权的分离是客观的，这两种权利在不同的范围内，均有受法律保护的必要性，那种认为绝对保护法律物权或者事实物权的片面看法是错误的。法律物权和事实物权的承认与保护有不同的条件和规则。在不存在交易第三人利益的情况下，绝对保护法律物权是违背交易公正的基本原则的，也是没有必要的。但是在第三人根据公示原则取得物权的情形下，就必须坚持首先承认法律物权，采取公示正确性推定的方式，保护第三人的取得。此时对事实物权的限制，在法理上仍然是公平的，因为此时保护交易安全不但更为重要，而且符合物权法的法理。[①] 由法律物权与事实物权的区分我们可以发现，法律物权与事实物权可以同时存在于同一个标的物上，没有哪一种物权具有绝对的、排他的效力，在法律物权与事实物权之间有时法律物权优先，有时事实物权优先，但二者只能保护其一。据此，在承认法律物权与事实物权的区分的前提下，认为各种物权都具有完全的排他性与绝对性的观点是不正确的，物权的效力范围是相对的。当当事人在买卖合同中约定货物所有权转移时，如果出卖人尚未将标的物交付于买受人，则出卖人仍将享有法律物权，而买受人则享有不能对抗第三人的事实物权。可见，依当事人之约定确定货物所有权之转移并未违反物权法的基本原理，它符合法律物权与事实物权相区分的基本原则。对于事实物权与法律物权的关系，我国还有的学者认为，既然有大量事实物权的存在，也就有必要从法律上承认这种物权，否则，权利的事实状态与法律状态就会长期不一致，既不符合社会现实，也不利于维护社会经济秩序和私有财产安全，因此，事实物权也是法律应保护的物权。另一方面，即使在存在交易第三人的情况下，事实物权也可以对抗法律物权。这里还应区分第三人是否善意，第三人的交易是否符合诚信的要求。[②]

第四，当事人通过合同约定货物所有权转移并不违反物权法定原则。物权法定原则虽然是各国物权法的基本原则，但在各国物权法的立法与司法实践中，并不要求物权的方方面面都遵循物权法的强行性规定，反之，它在很多方面都可以遵循习惯和当事人的约定。如在日本，通说认为，习惯法可以创设物权，而且认为物权法定原则并不妥当。我国台湾地区有学者甚至认为：物权法定主义既然无法自圆其说，与其强调物权法定，再行承认仍有例外，不如采

---

① 参见孙宪忠：《论物权法》，法律出版社 2001 年版，第 57～80 页。

② 郭明瑞：《物权登记应采对抗效力的几点理由》，载《法学杂志》2005 年第 4 期。

物权自由原则，则许多的物权法的难题也将迎刃而解。① 我国有的学者认为，物权法定原则的首要目的是防止物权对世性的滥用，并保护交易安全。在不涉及交易安全的情况下，物权法定原则是否仍须刚性坚持，值得考虑。如果交易活动仅在当事人间展开而不涉及第三人的话，那么当事人间以何种形式变动物权，均不妨尊重其意愿。在确定不损害法律治理目标的前提下，法律为当事人多保留一些足以自治的选项，又有何不可。② 我国还有的学者认为，变动物权的法律行为，也是当事人意思自治的行为，如果不涉及他人的利益或者说对于他人的利益已给予了足够的保护，法律也就不应当加以干涉，包括对其形式上的强制。③

第五，货物所有权转移的债权意思主义不违法物权公示原则。所有权是一种绝对权，具有对世性与排他性，任何人都不妨害或者侵害所有权人的所有权。基于所有权的对世性与排他性，使得它对社会第三人的利益影响很大，因此，为了不至于影响社会第三人的利益，所有权必须以一定的形式公示出来，使社会第三人知道某一标的物已为某人所有，从而不再就该标的物从事交易，进而保障交易安全。反过来说，如果所有人的所有权没有以一定的形式公示出来，而仍然赋予这种所有权以对抗社会第三人的效力的话，则社会第三人的利益将得不到保护，交易秩序将陷入一片混乱。因此，没有经过公示的所有权是不能对抗第三人的，而所有权之所以不能对抗第三人，其理由是它没有向第三人进行公示，但我们同时应当看到的是，所有权人取得的所有权虽然没有向第三人进行公示，但它对所有权转让人而言还是基于买卖合同而进行了公示的，那么既然

---

① 谢哲胜：《中华人民共和国物权法综合评析》（上），载《上海交通大学学报》2007 年第 3 期。

② 韩强：《动产物权变动规定规则的“约定例外”》，载《政治与法律》2009 年第 6 期。

③ 郭明瑞：《物权登记应采对抗效力的几点理由》，载《法学杂志》2005 年第 4 期。

它对所有权转让人进行了公示，当然它就应当能对抗所有人的转让人，也就是说，没有经过公示的所有权在所有权转让人和受让人之间还是应该有效的。据此，当事人当然可以通过合同约定货物所有权转移在他们之间生效的时间，只是这种约定如果没有通过将标的物交付于受让人而向第三人公示的话，则不产生对抗第三人的效力。对于对抗要件主义，我国也有学者认为，物权登记具有对抗效力并不影响物权的公示、公信原则。①

综上所述，我们认为，当事人可以在合同中约定货物所有权转移的时间，但如果当事人没有在合同中进行约定的话又怎么处理呢？如前所述，国际社会对这一问题的处理主要有两种立法模式，一是特定物于合同成立时所有权即发生转移，种类物于合同成立，种类物确定时发生所有权转移。二是买卖合同的标的物交付于买受人时发生转移。对于这两种立法模式，我们倾向于后者，这是因为：第一，既然当事人没有在合同中对所有权转移的时间进行具体的约定，则可以由此推定当事人对所有权转移的具体时间并不十分关心。据此，货物所有权是于合同成立时发生转移还是于标的物交付于买受人时发生转移并没有对当事人的利益有根本性的影响，因此，就当事人方面而言，货物所有权于标的物交付时起发生转移并不是当事人所反对的，它不给当事人的利益造成损害。第二，在当事人订立买卖合同的实践中，一般是采取货到付款的方式，只有当出卖方的货物到达买方之后，买方才开始付款。据此，如果在卖方还未收到货款时即失去了对货物的所有权，而买方在未支付货款时即取得了货物的所有权，则对于出卖人来说是不公平的。第三，货物所有权于交付时发生转移更有利于保护第三人利益，并且有利于简化法律关系。如果货物所有权于交付时才发生转移，则在货物交付之前，出卖人仍然是货物所有权人，因此，第三人与出卖人进行交易时，即可基于出卖人的有权处分而直接取得货物所有权。但如

① 郭明瑞：《物权登记应采对抗效力的几点理由》，载《法学杂志》2005年第4期。

果货物所有权于合同成立时即已发生了转移，则出卖人于合同成立时即丧失了货物所有权，如果第三人与出卖人进行交易，则第三人只能基于善意才能从无权处分的出卖人手中取得所有权，由于对善意的认定有一定的主观性，因此，在出卖人、买受人、第三人就标的物的所有权发生纠纷时，会使法律关系复杂化。第四，货物所有权于交付时发生转移更符合物权公示与公信原则。由于物权是一种绝对权，具有排他性，因此，物权的存在必须以一种让社会第三人知晓的方式公示出来，其中动产的公示方式为占有，在物权经过公示后即产生公信力，即社会第三人可以信赖该公示能有效地代表相应的物权。在买卖合同中，如果货物所有权于交付时才发生转移，则买受人只有在占有标的物时才能对标的物享有所有权，当标的物由出卖人占有时，则货物所有权仍然由出卖人享有，这无疑更符合物权法的基本原理。综上所述，我们认为，对于货物所有权之转移，我国应继续坚持我国《民法通则》第 72 条和《合同法》第 133 条的规定，即标的物的所有权自交付时起转移，但法律另有规定或者当事人另有约定的除外。

# 第三章 货物所有权转移之法律适用

## 第一节 货物所有权转移法律适用之实践考察

通过前面的分析我们可以发现，各国有关货物所有权转移的法律规定存在很大的冲突，那么，这种冲突是否可以协调呢？我国有的学者认为，尽管各国或地区的有关立法关于货物所有权移转的时间采取的立法例不尽相同，但这绝不意味着没有协调的可能性。就实际情况而言，各国或地区的有关立法对此问题的规定正在走向趋同。这主要表现在如下几个方面：首先，尽管大陆法系的民法大多采用物权法定主义，然在货物所有权移转的时间问题上，与英美法系的货物买卖法一样均肯定有意思自治原则适用的余地，即承认所谓“约定优先”原则。其次，交付主义原则，由于其合理性，已被绝大多数国家或地区的立法所采用。再次，交付主义尽管有物权形式主义和债权形式主义两种不同立法例，然由于物权形式主义受到了激烈的批评，而且其理由在许多情况下也是充分的，所有德国法院在司法时一方面坚持无因性原则，另一方面又在物权的设立及转移中发现原因行为有瑕疵时，经常使用民法典总则编中关于法律行为的规范来对物权行为进行制约。最后，一些采用其他立法例的国家，在立法上不得不设置若干例外，以弥补其固有的缺陷，实质上使其向交付主义原则靠拢。各国或地区立法之所以具有协调的可能性，这是由当代社会经济的国际化、一体化的特点所决定的。①

① 余延满：《货物所有权移转问题的比较法研究》，载李双元主编：《国际法与比较法论丛》第二辑，中国方正出版社2002年版，第49～51页。

但我们认为，各国有关货物所有权转移的法律规则是很难在短时期内统一的，各国有关货物所有权转移法律规则的形成有其特定的历史背景与经济环境，并有其各自的合理性与法理基础。正如有的学者所指出的，法国民法采对抗要件主义（物权行为之意思主义），有其特有之背景，概观之，可分为三点：（1）经济因素。因法国民法立法当时，工业体制尚未成熟，农业上不动产金融之需求，亦不迫切。故无实施公示，以建立经济信用之必要。（2）思想因素。法国素重自由主义，尤其于个人主义兴起后，个人意思之尊重，法律行为之成立自以当事人意思合致为已足，不应另需一定之方式。况不动产如采登记制度，政府更可借以积极介入私人之交易活动，更非一般人所愿，与争取自由之思潮亦完全违背。（3）保守因素。物权变动采取以登记为成立或生效要件，由于法律关系明确，可使动产及土地等交易之活泼化，此为保守之家族所最不愿见，尤其是不动产物权需经登记之结果，将使贵族之财产状况暴露无遗，权威顿失。反之，德国民法所以采取以登记为成立或生效要件主义（物权行为之形式主义），主要系基于其特有之经济背景与尊重形式之传统。因德国素以绝对主义著称，国家对于私人交易活动之介入，自属平常，况16世纪以来，物权信用没落，30年战争所发生之经济恐慌，信用膨胀等问题，使得不动产之信用，在需以强力之法规范，予以规制，以提升经济信用并加以确保。故国家对不动产交易，自应积极介入，并加以监管，不动产之登记，正符合此种要求。由此可见意思或形式主义之立法，并非为当然之近代制度，均有其广泛之基础与复杂之背景。① 我们认为，基于广泛基础与复杂背景上所形成的制度并不是一朝一夕能改变的，国际社会有关货物所有权转移法律关系仍将主要依靠冲突法解决，以下笔者将对澳大利亚等国家有关货物所有权转移的法律适用规则进行实践考察。

① 谢在全：《民法物权论》，中国政法大学出版社1999年版，第59页。

## 一、澳大利亚

澳大利亚法院一般对有关动产转让的有效性问题，主张适用动产转让时该动产所在地法律，而不管该转让合同之准据法如何。[①] 在澳大利亚，支配有形动产（包括货物）所有权转移的国内法是物之所在地法，即货物于转让时所处的地方的法律，这是澳大利亚法的基本规则。物之所在地法支配所有权转移是否需要实际交付货物，但它并不支配销售合同中当事人的权利和义务。

当货物处于运输途中，特别是当它们处于公海运输途中时，基本规则并不能产生满意的结果。基本规则认为支配货物所有权转移的法律是货物于所有权发生转移时所处的地方的法律。当货物通过海运时，则是运输船舶的船旗国法。澳大利亚法在这种案中不可能用基本规则中的物之所在地法，因为运输船舶的船旗国法通常与销售的其他方面没有必然联系。在这种情形下，并没有明确的答案确定由什么法律支配货物所有权，因为在澳大利亚没有已经判决的案件。这可能是因为统一的国际实践将提单之类的航运单据视为所有权凭证。由于大部分（如果不是全部）国家将提单的转移视为货物本身的转移，因此不可能有任何冲突需要适用冲突法规则来解决。如果被迫裁决这一问题，澳大利亚法院可能要么适用销售合同自体法，或者适用提单（或者其他所有权凭证）被转让的地方的法律。Nygh 支持后一种观点。他指出，涉及提单的交易由当时提单所处的地方的法律支配，即使是提单上所载的货物仍然处于运输途中。[②] Sykes 和 Proyles 提出了第三种解决办法，即运输中货物的所有权转移应受“转让自体法”调整，该法律与销售合同自体法可能一样，也可能不一样。他们认为，应当将所有与所有权转移有

---

① 董丽萍：《澳大利亚国际私法研究》，法律出版社 1999 年版，第 210 页。

② See Peter Nygh, *Conflict of laws in Australia*, 6th ed, Butterworths, Sydney, 1995, p. 499.

关的问题提交转让自体法解决。在确定转让自体法时，无疑可以推定物之所在地法为自体法，但也不能认为物之所在地法将得到自动适用。①

与销售合同有关的澳大利亚冲突法规则的基本原则是合同自由原则。如果当事人已经明确地选择了支配他们之间的合同的法律，则澳大利亚法院原则上将尊重，并且执行那一选择。只有当法院认为这一选择不是善意的，而是意图规避本应适用于合同的一些国内强行法规则时，则当事人的选择才会被推翻，如果当事人没有明确的选择销售合同的自体法，则法院将从合同的条款及周围的环境推断当事人的意图。例如，如果当事人协议所有因他们之间的合同而产生的纠纷都将在某一特定国家仲裁，则可以推断当事人试图将那个国家的法律作为合同自体法。不过，这一推断不能应用于所有案件中，其他的环境可能表明当事人意图作出不同的选择。通常不可能推断出当事人的意图，原因是在合同条款及周围的环境中没有线索表明当事人的意图。在这种案件中，法院会客观地看待所有的情况，以确定"交易与之有最密切、最真实联系的法律制度"。② 在考虑国际销售合同时，法院将考察作出货物交付的地方，合同缔结的地方，货款支付的地方和货币及交易达成所使用的语言等因素。所有这些联结因素不是决定性的，甚至是货物被交付的地方。③ 一切都取决于某一个案件的具体情况。

原则上，澳大利亚冲突法规则区分销售的合同部分和所有权部分，支配合同的法律并不必然支配货物所有权本身的转移。正如前面所说的，支配所有权转移的法律可能是提单转让时的物之所在地法或者是"交易自体法"，而不是支配销售合同的法律。依澳大利

① See Edmard Skyes and Michael pryles, *Australian private international law*, 3rd ed, Law Book Co, Sydney. 1991.

② See Bonython v. Commonth (1951) AC 201 at 219, per Lord Simonds.

③ See Mendelson - Zeller Co Inc v. T & C Providores Pty Ltd. (1981) 1 NSWLR366.

亚法，合同当事人原则上可以自由协议替代通常将应适用的冲突法规则。例如，合同当事人可以自由地选择合同准据法。澳大利亚法院承认和执行当事人自由选择的支配他们合同的法律，即使是他们选择的法律与本应适用的合同准据法不同。例如，在 BHP Petroleum Pty Ltd v. Oil Basins Ltd（1985）VR 725 一案中，维多利亚（Victoria）最高法院将纽约（New York）法适用于合同，而不适用依冲突法规则本身适用的维多利亚（Victoria）法，即与合同有最密切和最真实联系的法律。法院对此感到满意，因为当事人明示选择纽约法并不是意图恶意规避维多利亚（Victoria）法的一些强行规则。基于同样的理由（合同自由原则存在的力量），销售合同当事人应该自由选择支配货物所有权转移的法律，即使该法律与本应适用的法律（该法律是物之所在地法，或者当货物处于运输途中时，合同自体法，所有权凭证被转让的地方的法律，或者“交易自体法”）不一样。对于这一问题，澳大利亚还没有已裁决的案件，不过，因为合同自由原则受到当事人的善意的干预，因此，如果当事人的选择不是基于善意，而是试图规避本应适用于货物所有权转移的强行国内法规则，则澳大利亚法院将拒绝承认和执行当事人所选择的支配货物所有权转移的法律。Nygh 认为，如果当事人的选择影响了第三方当事人的权利，澳大利亚法院不应该违背通常的冲突法规则，他指出：例如，一个在伦敦的英国人出售给另一个英国人一位于德国的动产，该动产没有交付给买方，依德国法，该动产的所有权仍然属于卖方，由于该财产仍然属于卖方，因此，卖方的德国债权人在德国扣押了该财产。德国法院大概会同意这么做。债权人的所有权及其他因此而生的权利应该在法院地得到承认，因为要求债权人及受让人考虑物之所在地法以外的法律将是不公平的，并且在商业上也是不方便的。① 虽然这一论述是在是否应当考虑货物所有权转移应当由销售合同自体法支配时作出，但同样

① See Peter Nygh, *Conflict of laws in Australia*, 6th ed, Butterworths, Sydney, 1995, p. 498.

的观点也可适用于当事人已经明确选择了支配所有权转移的法律的情形。如果前面例子中的英国当事人已经明确选择英国法作为支配所有权转移的法律，Nygh 的观点也将是一样的，即虽然当事人选择了英国法，但作为物之所在地的德国法仍将得到适用，因为如果不这样的话将对德国债权人不公平。如果当事人所选择的支配所有权转移的法律与他们所选择的支配合同的法律不同，则会产生另一个问题。澳大利亚法原则上反对销售合同的不同义务适用不同的法律分割主义。正如 Evatt J. 指出，作为国际私法基础的整个理论，而不管该理论在适用中是多么复杂，是一个国家的法律，且仅仅是一个国家的法律能是合同自体法或者准据法。① 不过，正如前面所分析的，澳大利亚法原则上区分转让财产的合同和转让本身。其结果是，虽然澳大利亚反对分割原则，但当事人可以选择不同的法律以支配不同的法律问题。例如，如果一个澳大利亚卖方和一个日本的买方就位于印度尼西亚的货物订立销售合同。如果当事人选择日本法作为他们合同的准据法，但选择澳大利亚法作为所有权转移的准据法，看起来似乎根本没有分割。当事人的合同义务仅由一个国家的法律，即日本法支配，但由相关的澳大利亚的州或者领地的法律决定什么构成有效的所有权转移。澳大利亚法院将可能适用当事人所选择的支配所有权转移的澳大利亚法，虽然该法律与支配合同的法律（日本法）不同，与本应适用于支配所有权转移的法律（物之所在地，印度尼西亚法）也不同，除非法院认为当事人选择澳大利亚法是出于恶意，意图规避物之所在地法，即印度尼西亚法。②

---

① See Wanganui - Rangitikei Flectric Power Board v. Australian Mutual Provident Society (1934) 50 CLR581 at 604.

② See *Transfer of ownership in international trade*, edited by Alexander von Ziegler, Jette Ronoe, Charles Debattista, Odile Plegat - Kerrault. Published by Kluwer Law International. pp. 7 ~ 11.

## 二、奥地利

在奥地利，依《奥地利联邦冲突法》第 31 条至第 34 条的规定，有关不动产和无形财产权转移的准据法是专属确定的，当事人不能选择法律。关于财产权的基本规则是，财产权的取得和丧失，包括占有，应当根据导致取得和丧失的事实状态完成时财产所处的国家的法律裁决，不适用反致。《奥地利联邦冲突法》对于运输中货物的所有权转移没有特别的规定，根据法理，适用于财产权的基本规则也适用于运输中货物的所有权转移。如果不可能在某一特定时间确定运输中货物的所在地，则基本规则是依最密切联系原则确定准据法。

《奥地利联邦冲突法》第 31 条的规定在这些方面是强制性的：(1) 有体产物的取得和丧失，包括占有应该依导致取得和丧失的事实状态完成时有体物所处的国家的法律裁决。(2) 有体物的法律分类及前款所提到的权利的内容应该依有体物所处的国家的法律裁决。据此，当事人间与上述规定不同的协议是无效的。不过，依《奥地利联邦冲突法》第 7 条的规定，决定选择某一法律秩序的前提后来所发生的变化对已经完成的事实没有影响。例如，如果动产的所有权在一个可以通过当事人协议而转移的国家已经通过当事人协议合法的转移，则当这些动产进口至奥地利时，依《奥地利联邦冲突法》第 7 条的规定，该交易仍然有效。奥地利最高法院为国际销售合同进一步裁决道，如果货物所有权依买方的法律于货物发运时发生转移，则有必要调查依卖方的法律货物所有权于何时发生。在对《奥地利民法典》第 429 条及《奥地利联邦冲突法》第 31 条第 1 款的正确解释中，奥地利最高法院认为国际货物销售中货物所有权于货物越过目的国边境时发生转移［奥地利最高法院

20、7，1989，Ev，B1 1990/34（181）]。[①]

## 三、比利时

在比利时，《比利时民法典》第3（2）条规定："对于不动产，即使是由外国人拥有，都受比利时法支配。"据此，物之所在地法适用于不动产。不过，通过类推，判例法已经将这一规则适用于货物。对于不动产，物之所在地法的适用限制于支配货物的规则，包括属于不动产的财产的清单和定义这些权利取得、保有和转让的条件及它们对于第三人的约束性质。据此，财产权被转让的合同的效果依物之所在地法支配。但当事人的行为能力则由当事人的属人法支配。不过，由于动产的流动性，当将物之所在地法适用于动产时，将产生一些难以解决的问题。这是一个典型的在国际私法上被称为"动产冲突"的例子。当货物所有权从一个国家转移至另一个国家时，据此，有必要确定"必须查明物之所在地的时间"。在这个方面，必须赋予占有极大的重要性，在发生冲突时，如果发生冲突的法律不同，则基于善意而占有货物的当事人将主张新的物之所在地法而反对以前的物之所在地法。物之所在地法很难适用于运动中的货物。对于船舶和航空器，则适用船旗国法，也即它们被登记的地方的法律。对于运输中的货物，Rigaux和Fallon认为："对于货物，可以提议几个附属因素：发运国法律，对于通过海运的货物在某些条件下适用船旗国法律，对于通过陆运的货物适用目的国法律。"R. Vander Elst果断地选择目的国法律，他认为："在提议的几种解决方案中，将选择将这些货物受目的国法律的支配，因为该国预先已经被认为是货物最终将处的地方。"G. Vanhecke和K. Lenaerts也持有这一观点，不过，他们强调比利

---

① See *Transfer of ownership in international trade*, edited by Alexander von Ziegler, Jette Ronoe, Charles Debattista, Odile Plegat - Kerrault. Published by Kluwer Law International. pp. 41 ~ 42.

时在这一领域并没有判例法。①

## 四、加拿大

在加拿大，动产所有物转让的有效性问题，受物之所在地法的支配。据此，若一项因转让动产而产生的权利为物之所在地法认可时，该项权利也将在加拿大获得承认。而且，如果物之所在地法认为受让人应受优先权的约束，加拿大法院也将认为该受让人应受该优先权的约束。如果被转让的财产位于加拿大的某一个省，则转让该财产的有效性及效力问题受该省法律的支配。但这并不是说，该省的所有实体法规则都可适用于在该省之外的动产转让。对某一所有物场所的改变本身并不会影响所有人对该物的权利，因此，某一动产的新的所在地法不承认其场所改变之前转让的有效性或效力时，加拿大法院将仍然适用该动产场所改变前旧的所在地法来确定这类问题。但是，动产场所改变后转让的有效性及效力问题，则应受新的所在地法的支配。在一些适当判例中，根据旧的所在地法获得的权利将不再有效。②

在加拿大魁北克，支配销售本身的法律，即买方和卖方的权利和义务，与支配物权的法律，即所有权的产生、公示和消灭，确定什么物权对于第三方来说被承认及这些权利以什么方式被创造和公示由财产所在地法确定。物权的公示使得它们能对抗第三人，并使它们的顺位能对抗其他物权（《魁北克民法典》第294条）。《魁北克民法典》第1453条规定，货物所有权于合同成立时发生转移，也即仅通过具有缔约能力的当事人的合意交换即可转移。当事人当然可能规定所有权将于往后的时间转移。支配合同的法律原则上也

---

① See *Transfer of ownership in international trade*, edited by Alexander von Ziegler, Jette Ronoe, Charles Debattista, Odile Plegat - Kerrault. Published by Kluwer Law International. pp. 59 ~ 60.

② 刘仁山：《加拿大国际私法研究》，法律出版社2001年版，第250 ~ 251页。

将支配当事人间有关所有权的转移。不过，当事人也可以通过分割，即规定合同的不同部分受不同法律支配的方法特别规定货物所有权转移受另一个法律的支配（《魁北克民法典》第3111条第3款）。除了相当例外的情形外，法院通常都会执行法律选择条款。如果当事人没有指定法律，则“有体动产”的销售将由卖方居所地国法律支配。如果卖方是一个企业，销售是在“通常商业流程”中进行，则该法律将是合同缔结时企业的营业地所在国法律（《魁北克民法典》第3114条）。依《加拿大安大略冲突法》，单一国家的法律不能支配销售合同的所有方面的后果。《安大略冲突法》也区分销售合同的某些合同方面（这包括与所售货物的质量有关的条款，货款支付和货物的接受）和财产或者财产转让方面。适用于合同方面的合同准据法并不总能适用于货物所有权转移问题。货物所有权转移的有效性和效果由物之所在地法，即货物于转移时所处的辖区的法律支配。

在魁北克，对于位于一个地方的货物的所有权转移合同，由当事人指定的法律或者在没有指定时，由《魁北克民法典》支配货物在当事人之间的转移。不过，对于第三方当事人而言，对货物所有权转移的反对由货物所要运往的国家的法律支配（《魁北克民法典》第3092条）。在安大略，适用于货物所有权转移的法律是货物于转移时所处的辖区的法律。

当货物处于运输途中时，要确定货物于转移时位于哪儿是特别困难的。依《安大略冲突法》，当货物处于运输途中，它们的所在地是临时的，不能确定时，则所有权转移的有效性和效果由转让自体法支配。转让自体法的确定与合同自体法的确定方式相类似，也即通过考察与货物所有权转移有最密切、最真实联系的法律。支配销售合同的法律与转让自体法有可能通常是同一法律。在魁北克，基本规则是，合同由当事人明确指定的法律或者能从合同的条款中明确推导出的法律支配。据此，合同当事人能自由选择支配货物所有权转移问题的法律。不过，这一选择不适用于货物所有权转移对第三人产生的效果。在安大略，合同当事人可以自由选择支配合同的法律，但这一法律并不必然支配合同的财产权方面，这方面由物之所在地法，而不是合同自体法支配。不过，被当事人选择的法律也可以间接地适用货物所有权转移的有效性和效果。当物之所在地法，例如货物销售法允许当事人决定货物所有权于何时发生转移时，则发生这种情形。在这种情形中，如果当事人选择了与物之所在地法不同的法律支配合同，则法院可以推断当事人意图使合同自体法也支配货物所有权的转移。在魁北克，物权由物所处的地方的法律支配，但运输中财产的物权由目的地法支配。据此，虽然货物所有权转移在合同当事人之间是有效的，但只有在遵守货物所处的辖区所要求的特定形式时，货物所有权转移才能对抗第三人。在魁北克，前面所指的形式被称为“公示”。对人权和动产物权的公示仅需通过占有就够了。不过，这些权利要求在法律规定或者明示授权的范围内公示（《魁北克民法典》第2938条）。例如，没有交付的动产抵押权必须通过在对人或者动产物权登记簿上登记而进行公示。原则上，不动物权必须经登记才能对抗第三人。在安大略，由于销售合同项下的财产权是受物之所在地法，而不是合同自体法支配，因此，只有与依物之所在地法所有权转移能对抗第三人时，安大略法院才会承认所有权转移能对抗第三人。即使是当事人之间有法律选择条款，所有权转移所要求的所有形式都必须符合物之所在地法。①

## 五、丹麦

依丹麦法，调整当事人合同关系的冲突规则不适用于物权的转移和保护，即保护当事人对于第三人的权利。不过，依丹麦冲突法规则，合同法也与物权的保护有关，因为根据丹麦判例法，卖方或者买方对抗第三人的权利也取决于依调整合同关系的法律，该权利

---

① See *Transfer of ownership in international trade*, edited by Alexander von Ziegler, Jette Ronoe, Charles Debattista, Odile Plegat - Kerrault. Published by Kluwer Law International. pp. 79 ~ 82.

在当事人间是否有效。丹麦适用于物权的冲突法规则都未法典化，必须在法理和判例法中寻找。所有当事人之间的关系，包括货物所有权，都适用合同订立地法。这一点尤其可以从最高法院判决（U77，507HD）中看出，在该案中，受德国法支配的所有权保留条款得到了支持，因为货物的返还在买方破产之前发生，据此，在与债权人发生冲突之前，丹麦法院判决认为德国法得到适用，交易并不因为与买方后来的破产财产不一致而无效。原则上，支配物权对于第三人权利的法律是不同权利的拥有者于权利发生冲突时货物所处的国家的法律，据此，结果将取决于在所有的相关法律阶段，货物是否已经移动或者是否位于同一个国家。如果货物在所有的相关阶段都位于同一个国家，不管是丹麦还是其他国家，丹麦法院都将适用该国的法律。该规则适用于有关债权人和有偿买方及有关担保权益拥有者之间的冲突。当货物在所有的相关法律阶段不位于同一个法域时，则法律冲突将较难解决，因为在这种情况下，必须决定适用哪一个物之所在地法。依丹麦法，解决这一问题的结果将取决于这一问题是否和保护与买方的买方或其债权人有关的卖方有关，或者是否和买方对抗卖方的有偿买方或者债权人有关。如果依货物所有权转移协议签订时货物所处的国家的法律，买方能对抗卖方的债权人，则当货物后来转移至丹麦时，这一保护仍将维持。如依货物运往丹麦时起运国的法律，买方不能得到对抗卖方债权人的权利，则丹麦法可能决定是否及何时得到保护。例如，如果依卖方国家的法律，已经发生了有法律约束力的对种类物的识别，若该货物已运往丹麦，而没有满足丹麦法的要求，则丹麦法院可能会尊重这种识别。反之，如果依卖方国家的法律，该识别不发生法律效力，则丹麦法院可能要求完成丹麦关于识别的要求，以使得买方能取得对抗卖方债权人的权利。对于卖方对抗买方债权人的权利，丹麦法院将适用卖方援引中途停运权时货物所处的地方的法律，即使是依货物销售时物之所在地法没有中途停运权时也是如此。例如，如果货物在丹麦，法国卖方能——即使是当事人已经同意适用法国法——依丹麦法行使中途停运权，据此阻止货物被交付给买方的债权人。据此，例如，如果货物在买方中止付款后在丹麦停运，依合同缔结地法没有权利对买方行使停运权的卖方将取得这种停运权。不过，合同当事人之间的关系仍将适用合同缔结地法。对于如何对待运输途中的货物，除了不适用过境国法律外，法学理论还未达成一致意见。Philip 认为如果货物未运达目的国，应适用发运国法律。在货物运达目的国以后，则应适用目的国法律。Siesby 和 Svenne Schmidt 则认为应适用目的国法律。丹麦对于这一问题还未出现判例法。在将同一货物售往两个不同的买方或者通过消灭另一方的所有权已取得所有权的情形中，将适用第二个人取得所有权时物之所在地法。对于双方当事人之间的关系当事人能够就货物所有权转移问题进行选择，但如前所述，当事人在合同关系中所做的法律选择并不能在物权冲突中也约束法院。在这个方面的一个主导判决是丹麦高等法院的一个判决（U81，1046 VLD）。通过货款的方式融资购买汽车的一个丹麦公民对一个德国公司提起诉讼，反对缔结“Darlehensvertrag”，据此，德国公司将保留对汽车的所有权，直至贷款已经偿还。当事人已经在合同中协议适用德国法。丹麦法院认为应该适用丹麦法，因为该汽车一直位于丹麦。法院考虑了德国公司的权利，比较适用依附条件的契据买卖而产生的权利，但由于没有依丹麦法完成必要的构成性行为，因此，德国公司不能对丹麦公民的其他债权人主张返还汽车。适用于合同关系的法律，不管是依合同由当事人选择的法律，还是依国际公约或者丹麦其他冲突法规则所适用的法律，对于案件的结果都是很重要的，因为当事人间合同协议的法定形式是取得对第三人权利的前提条件。后来的几个丹麦判决进一步表明了这一法律观点，即在当事人间有效的合同是随后可能依丹麦法取代权利的前提。这一结论是从 U83，311 HD，U84，8 HD 和 U92，373 VLD 中得来的。任何在合同中规定当事人所选择的法律也适用于货物所有权转移对于第三人而言都是不具备法律效力的，因为将适用前面所提到的规则。①

## 六、英国

决定出口合同法律适用的英国冲突法规则位于1980年罗马合同义务法律适用公约中。该公约仅与合同义务的法律适用有关，而不包括财产权方面。据此，必须区分与货物所有权转移有关的合同义务和财产法上的效果。对于货物所有权转移在财产法上的效果，英国国际私法规定，有体动产转让的有效性及其对当事人财产权的效果及据此而产生的一些诉讼请求都受动产被转让时动产所在国法律支配。② 当我们提到“物之所在地法将支配销售合同在财产法上的效果”时，这些“效果”包括：卖方转移完全所有权的权利，导致财产所有权转移所要求的行为，例如仅仅是通过协议，还是有必要通过交付才能导致所有权转移至受让人。据此，当货物位于英国时，适用于这些事项的规则将是位于1979年《英国货物销售法》第三部分的规则。

将“物之所在地法”规则适用于国际销售合同的困难之处是“物之所在地”通常从一个国家转移至另一个国家。据此，当由英国法支配的销售合同项下的货物从一个国家转移至另一个国家时，将适用哪一个国家的法律来支配货物所有权转移呢？由于英国法是支配合同的法律，或者因为英国是货物的起运国，它将由英国法支配吗？它将由货物目前所处的外国法支配吗？如果货物所有权发生转移时，货物正处于公海时，又由哪一个国家的法律支配呢？它将由运输船舶的船旗国法支配吗？由于国际销售的复杂性特征，“物之所在地法”规则不适用于运输途中的货物。似乎“没有一个法

---

① See *Transfer of ownership in international trade*, edited by Alexander von Ziegler, Jette Ronoe, Charles Debattista, Odile Plegat - Kerrault. Published by Kluwer Law International. pp. 104 ~ 106.

② See Dicey & Morris, *The conflict of laws*, Rule118, Sweet & Maxweel, 12th, ed. , 1993.

律能专属适用于因运输途中的货物所有权转移而产生的纠纷”。[①]事实状态的变化及单据的转移对货物所有权转移的影响使得很难制定出一个解决所有这一领域所产生的法律冲突的制度。虽然没有对这一问题的硬性规则，但同时应该实事求是地指出的是这一领域在实践中似乎很少产生问题。据此，在试图制定出一个规则之后，Benjamin 货物销售法的编者指出：无论如何，统一有关单据销售运输中货物的国际实践意味着不大可能经常要求上面的规则。[②] 同样，戴西和莫里斯也提出：英国缺乏运输中货物所有权转移的判例，可能是由于通过提单之类的所有权凭证转移运输中货物的所有权所造成的。[③] 虽然英国法区分转移货物所有权的合同义务和这种转移在财产法上的效果，但当事人有可能将这两个问题合二为一，据此，当事人可能在他们的销售合同中明确约定合同在财产法上的效果也受他们所选择的法律的支配，而该法律可能不是物之所在地法。这时就会产生一个这样的问题，即货物所有权转移在财产法上的效果是由当事人所选择的法律支配，还是由国际私法所规定的调整货物所有权转移的效果的法律规则支配。例如，如果货物销售合同明确选择了一个法律，该法律规定在未确定货物的所有权发生转移时不需要确定，其目的是规避《英国货物销售法》第 16 条要求确定的规则。事实上，该问题是《英国货物销售法》第 16 条是否是强行法规则，依英国法，试图规避强行法的法律选择条款是无效的。对于这一情形，英国学者契希尔和诺斯认为：“如果存在要求法院适用的强行法规则，则将不再适用物之所在地法，不过，应当

---

① See *Cheshire and North's private international law*, London, Butterworths, 12th, ed., 1992, p. 807.

② See *Benjamin's sale of goods*. Sweet & Maxwell. London, 5th, ed., 1997. at para. 25 ~ 27.

③ See Dicey & Morris, *The conflict of laws*, Sweet & Maxweel, 12th, ed., 1993 at 947.

指出的是，英国法律条款很少被这样解释。”① 虽然对于这一问题还没有判决，但上面的例子很可能会在诉讼中产生，英国法院将支持当事人的法律选择条款，因为没有作为有效力法律的判例主张1979年《货物销售法》第16条是法院地的强行法规则。②

## 七、法国

法国法几乎普遍承认授予国际合同当事人选择适用于合同的法律的自由的规则。一般说来，与财产有关的合同适用这一规则，该规则支配与合同有效性有关的条件及其直接后果，如支付与货物的价值相对应的货款的义务。但另一方面，对货物本身的权利则由物之所在地法支配。据此，需要探讨的问题之一是货物所有权转移是由合同当事人所选择的法律还是由物之所在地法支配。对于这一问题需要考虑两种情形：很明显受到货物所有权转移的后果影响的合同当事人的地位，对财产具有担保权益或者其他优先地位的第三方当事人（债权人及第二个购买人）将同样受到影响。

很长一段时期以来，当考虑与货物所有权转移有关的冲突法问题时，最高法院对合同当事人和第三人的地位作了区分。据此，货物所有权转移对合同当事人的影响受合同中所规定的法律支配，而影响第三人的后果则由物之所在地法支配。例如，对于撤销第二个买方对于机械销售合同的权利的后果，最高法院区分由当事人所选择的法律支配的取得争议机械所有权的条件和由机构所处的地方的法律支配的关于第三人财产权的保护。③ 在近些年，大多数法院都

① See *Cheshire and North's private international law*, London, Butterworths, 12th, ed., 1992, p. 800.

② See *Transfer of ownership in international trade*, edited by Alexander von Ziegler, Jette Ronoe, Charles Debattista, Odile Plegat - Kerrault. Published by Kluwer Law International. pp. 131 ~ 135.

③ See Sup Court, 9 Dec, 1974, Rev, crit, dr, int, Pr, 1975, 504, note Mezger.

不适用导致复杂，引起不一致的这种区分，目前倾向于裁决将物之所在地法适用于上述两种情形中。最高法院最近采取的立场与判例法中已牢固确立，源自《法国民法典》第3（2）条，即“不动产，即使属于外国人所有，仍由法国法支配”的原则联系在一起。最高法院宽泛地解释了这一规定，一方面，它适用于位于法国的动产；另一方面，它也适用于位于国外的动产，也就是说，原则上由物之所在地法支配。这不会对不动产产生特别的困难，因为依法律选择规则所适用的法律与财产所在地法律是一样的。不过，主要是由于所涉的完全不同的国内法，这使得能从一个国家移至另一个国家的动产变得更复杂。货物所处的地方是相关的标准，据此，例如有关位于德国的动产货物销售中的所有权转移将受德国法支配，即使是该合同受法国法支配。反之，法国法将支配于纠纷发生时位于法国的财产销售，即使是合同受德国法支配。

当货物在运输途中销售时，则会产生问题，一般认为，完全排除运输中的货物适用合同在缔结时所适用的法律是不适当的，应在目的地法和财产所在地法之间作出区分。当有关合同被缔结或者涉及临时性措施时，不能确定货物的所在地，则应当适用目的地法，而如果能确定作为销售标的的财产所在地，则应适用物之所在地法。不过，这仅适用于“没有旗帜”的运输方式，如火车或者汽车运输的货物。通过船舶运输的货物将被认为位于船舶被登记的国家。

对于当事人是否能自由将他们所选择支配合同的法律适用于货物所有权转移，法学理论还存在分歧。最高法院从未对这一问题发表过观点。一些法律学者认为，当权利通过合同转移时，应该考虑能通过考察当事人选择法律用以支配合同而确定的当事人的意图。事实上，可以认为，当当事人选择不承认仅通过交换承诺即转移货物所有权的法律支配他们的合同时，必须承认当事人默示意图使他们的合同排除于与货物所有权转移有关的法国法原则之外。由于该原则并不是法国强行法的一部分，因此，当事人应该有权不适用它，即使是动产位于法国。据此，如果动产销售合同位于法国，其所有权转移由荷兰法支配，则必须承认所有权转移推迟至实际交付发生。但另一方面，其他的一些学者持有判例法中所阐明的观点，即只有法国法适用于与位于法国的动产有关的权利，任何调整所有权转移的规则都不能由当事人的意图调整，即必须遵守物之所在地法。后一观点似乎与现代判例法的观点非常一致，首先，位于法国的动产由法国法支配是事实；其次，法国法院对当事人的合同自由作了一些限制。事实上，一些法律制度和国际条约（罗马条约）允许当事人选择不同的法律支配不同的合同条款（在法国被称为分割原则），不过，法国法院并不赞成这种合同分割，而更倾向于认为当事人不能使所有权转移由合同法支配，而是应该由物之所在地法支配。①

## 八、德国

德国民法中的区分原则也适用于德国冲突法规则。据此，债法上的基础法律交易与这种交易在物权法上的效果必须区分。债法上的法律行为（例如，销售合同或者易货协议）受合同准据法支配。合同准据法由当事人通过自由选择法律决定，在当事人没有明示或默示选择法律时，则由与合同联系最为密切的国家的法律支配。该法被推定为是其履行是代表合同的特征的履行一方当事人在订立合同的时候的惯常居所地或者中心管理地法，在销售合同中则是卖方的惯常居所地法。这种交易在物权法上的效果，例如，取得进一步的法律处置行为，则由物之所在地法支配。在德国法上，直到最近也没有关于国际私法财产法的制定法规定，但物之所在地法已经在判例法上得到了确立。不过，同时，物之所在地法原则已被 1999 年 6 月 1 日生效的国际私法法案所采纳。当事人自由选择法律的许可得到大多数观点的反对，因为它将妨碍第三人，特别是债权人的

---

① See *Transfer of ownership in international trade*, edited by Alexander von Ziegler, Jette Ronoe, Charles Debattista, Odile Plegat - Kerrault. Published by Kluwer Law International. pp. 157 ~ 161.

利益。物之所在地法原则支配财产的丧失和取得及其他物权。

当动产变化它的所在地时，必须区分两种情形，如果当动产处于原来的所在地时在物上所为的行为还没有确定，则整个交易都将受物的新的所在地法支配。然而，如果在物上所为的行为要么由于其已完成，或者由于其已明确地不能为，则新的物之所在地法接受其已依旧的物之所在地法所确立的法律状态。这可能会产生依外国法律制度所确立的物权为德国财产法所不知，因为德国法遵循物权的种类受限制原则。在这种情形中，占主导地位的观点是将外国法上的物权转移为与德国法联系最为紧密的物权。在国际贸易中，当货物从卖方运至买方时，通常运往几个国家。这些运输中所经国家的法律通常与物权无关，除非货物进入执行程序或者在运输所经国家有新的处置法律行为。①

## 九、意大利

意大利法区分适用于合同义务的法律和适用于货物所有权转移的法律。合同义务适用合同准据法，所有权转移由货物所处的国家的法律支配。对此，法律并没有明确规定，但法学理论从同一部法律的第 57 条进行论证，同时，司法先例对此也予以考虑（1980 年 10 月 1 日最高法院第 5338 号）。据此，合同的存在和有效性由支配合同的法律支配，而财产被转移的方式则由物之所在地法支配。当动产以一个国家移动至另一个国家时，很难确定与“新情况”及“旧情况”有关的法律适用范围。在这种情况下，意大利最高法院遵循瑞士法的解决方法，区分物权的内容和物权的取得（1974 年 6 月 12 日最高法院第 1860 号）。物权的内容受货物被移至的新国家的法律支配，物权的取得依导致物权取得的事实发生时货物所处的国家的法律支配。对于运输中的货物，意大利法规定它

---

① See *Transfer of ownership in international trade*, edited by Alexander von Ziegler, Jette Ronoe, Charles Debattista, Odile Plegat - Kerrault. Published by Kluwer Law International. pp. 184 ~ 185.

们受目的国法支配。不过，意大利法认为目的国法律限于适用运输中货物物权的取得，这些货物物权的内容则受运输国法律支配。[①]

## 十、日本

《日本法律适用法》第 10 条第 1 款规定，物权及其他需登记的权利应由标的物所处的地方的法律支配。该条款意味着，依日本冲突法规则，原则上，标的物所处的国家的法律将支配货物上物权的内容，包括货物所有权。货物物权的取得和丧失由导致物权取得和丧失完成时标的物所处的地方的法律支配（《法律适用法》第 10 条第 2 款）。依占主导地位的观点，导致物权被取得或者丧失的事实完成的时间是所有产生对于这种物权的法律效果所要求的所有条件被满足的时间，但仍然常常不容易确定这种先决条件被满足所要求的全面要件。在实践中，当事人的意图，被选择的准据法，及其他这一特定交易中的有关因素等各种事实都必须被考虑。认为货物所有权转移在每一个案件中的准据法都是目的国法是不准确的。然而，当交易达成时，由于标的物正处于运输中（例如在公海）时，直接适用《日本法律适用法》第 10 条第 2 款的规定是不现实的。在这种情形中，必须特别考虑货物所在地。占主导地位的观点是目的地，即标的物与之有相对较密切联系的所在地法应被适用，而不是适用船旗国法。然而，当标的物临时为某一特定目的而保存在某一地方时，则这种地方的法律将在某些情形下得到适用。当当事人协议受与销售合同有关的特定法的支配时，则可以合理和自然地认为，当事人的意图是被选择的法律将支配所有权转移问题，至少在当事人之间是如此。但原则上，这种法律选择不能对抗第三人。不过，在某些情况下，这种被选择的法律可能对第三人有某种有限的间接的影响。例如，当事人同意对于存在于日本的货物销售合同

---

① See *Transfer of ownership in international trade*, edited by Alexander von Ziegler, Jette Ronoe, Charles Debattista, Odile Plegat - Kerrault. Published by Kluwer Law International. pp. 203 ~ 204.

（日本法并不要求实际交付货物才导致所有权的转移）由要求实际交付货物以导致所有权转移的法律支配，则可以正确的推定，双方当事人的意图是买方只有在实际收到交付的货物时才能得到有效的货物所有权。在这个例子中，就买方只有在得到交付的货物后才取得货物所有权而言，可以认为当事人所选择的准据法间接地对第三人有效。①

## 十一、荷兰

荷兰国际私法遵循销售的合同方面和财产方面之间的区分。据此，荷兰有不同的确定适用于合同的规则和确定适用于财产问题的规则。但应当注意的是，交易的合同方面并不是与货物所有权转移无关，首先，根据《荷兰民法典》第384条的规定，所有权转移要求有有效的合同。其次，合同决定所有权是否要求被转移及转移所发生的时间和条件。根据荷兰国际私法，适用于合同的法律将支配这些问题。适用于所有权的法律仅在严格的意义上支配财产法，这包括动产与不动产之间的区分，货物的结合和混合，所有权转移的要求、财产权的内容和限制，财产权与财产权相互之间的关系。荷兰有关财产的国际私法规则的开始是一般条款法的第7条，该条规定："不动产由不动产所在地法支配。"依判例法，除了某些例外外，这一规则也适用于动产。这就意味着即使是有关当事人是外国人，如要转移位于荷兰的财产的所有权，则必须满足荷兰法的一些要求。这也意味着如果在国外取得的对动产的财产权是依当时动产所在的国家的法律取得的，则这一财产权也将得到荷兰法的承认。不过，对在国外取得的权利的承认从某种程度上还可以进一步。如果一项物权依涉及动产交易的国家的法律确立，则允许法院承认这种权利，即使其依物之所在地法没有确立。这一宽泛的承认

① See *Transfer of ownership in international trade*, edited by Alexander von Ziegler, Jette Ronoe, Charles Debattista, Odile Plegat - Kerrault. Published by Kluwer Law International. pp. 219 ~ 220.

规则将产生不确定性，因为不容易预测法院要求什么程度的涉及。可能期待如果物权已依物之所在地的国际私法规则取得，则它将在荷兰得到承认，即使物之所在地的实体法将指向另一个方向。当在国外取得的物权不为荷兰法所知时，则会产生问题。一般说来，这种权利将通过吸收被分类，并且并入已存的荷兰物权法制度之内。

当货物从一个国家移至另一个国家时，第二个国家取得的权利可能会与在第一个国家已经存在的权利相冲突。例如，在第二个国家可能基于善意从没有处分权的人手中取得所有权，而在第一个国家中，这种情况不大可能发生。在这种情形中，依荷兰国际私法，第二个国家的法律将优先。

当货物处于运输途中时，货物所有权也会转移。对于货物所有权在这种情况下转移的要求，过去常常适用物之所在地法，但这种法律并不总是完美。物之所在地在新的销售发生时可能并不知道在哪儿，而且即使是知道，如果货物仅仅是在短暂的时期内经过此地，则适用此时的物之所在地法可能显得相当武断。对这一问题的解决有几种建议，如目的国法，起运国法，运输货物船舶的船旗国法，还有人建议当事人在这些方案中进行选择。直到如今，法院对此也没有一个确定的选择，因此，法院的最后意见仍然非常不确定。在实践中，因为使用提单，这一问题并不经常发生。① 1992 年颁布的《荷兰国际私法一般制定法草案》中第 18 条规定运输中物品的目的国法为准据法。因为运输中物品的目的国是将物品移至特定的地点，对运输中的物品进行处置的行为，原则上要等到运输终了的时候才会发生实际效果。同时，该草案对当事人的意思自治作了某些限制，即当事人只能在运输物品的发送地法和合同的准据法之间进行选择。并且，当事人的这种选择是有效的，它并不影响第三人的利益。但在理论上和司法实践中，对该草案如此的规定还有

① See *Transfer of ownership in international trade*, edited by Alexander von Ziegler, Jette Ronoe, Charles Debattista, Odile Plegat - Kerrault. Published by Kluwer Law International. pp. 238 ~ 240.

一些争议。①

## 十二、挪威

挪威法与荷兰法一样，必须区分调整买方和卖方合同关系的冲突法规则和调整保护第三人对货物的权利的规则。依挪威法，有关第三人的冲突法规则主要依物之所在地法原则解决，即依实际权利产生时货物所处的国家的法律。这一原则应该从不同的角度讨论，以决定适用什么法律。买方是否能对抗卖方的债权人的问题可能将依货物依卖方和买方之间的协议被实际交付时所处的国家的法律。对于运输中的货物，挪威法并没有制定其他的规则，但在考虑实际情况后，其解决方法可能会不同。卖方对抗买方的债权人的问题实际上是卖方是否有中途停运权的问题。在卖方和买方之间，这一问题将依当事人的协议解决。对于卖方和买方的债权人之间的纠纷，停运权问题必须依停运权被援引时货物所处的国家的法律支配。②

## 十三、俄罗斯

在俄罗斯，有关货物所有权在当事人之间的转移的冲突法规则规定，作为交易标的财产的所有权的产生和终止由交易被达成的国家的法律支配，除非当事人另有约定。据此，当事人可以自由选择法律支配货物所有权在当事人之间的转移。对于运输中货物的所有权转移，准据法是货物起运地国家的法律，除非当事人另有约定。据此，区分两种有关外贸合同的情形是很重要的。如果合同在货物装运之前签订，那么货物所有权转移将受合同缔结地法支配。但如果货物是在运输中转售，则货物所有权转移将受装运国法律支配。根据《俄罗斯联邦民法典》第 308 条第 3 款的规定，债务并不对

① 袁泉：《荷兰国际私法研究》，法律出版社 2000 年版，第 160 页。

② See *Transfer of ownership in international trade*, edited by Alexander von Ziegler, Jette Ronoe, Charles Debattista, Odile Plegat - Kerrault. Published by Kluwer Law International. pp. 267 ~ 268.

没有作为当事人参加的人产生约束，也就是说，俄罗斯民法承认合同相对性原则。据此，对于合同权利和承诺的法律选择仅能约束卖方和买方。根据俄罗斯国际私法的规定，对财产的所有权将受财产所处的国家的法律支配。这是一条强行规则，当事人不能依他们的自由裁量而否定它，它对第三人也有约束力。对于所有人保护其所有权的救济，俄罗斯国际私法规定：货物所有人提起保护其所有权的物权之诉的权利将依所有人自己的选择确定，要么依财产所处的国家的法律，要么依其他提起诉讼的法院所处的国家的法律。据此，所有权人有权在两者之间进行选择，这种选择对第三人也有约束力。①

## 十四、南非

在现代南非法律中，支配动产货物所有权的法律是动产在物理上所处的地方的法律。② 过去用于支配所有权转移的法律是所有权人的住所地法，但这一规则得到广泛的批评，似乎已被物之所在地法所取代。如果法院面临是适用物之所在地法还是所有权人的住所地法这一问题时，法院最可能适用物之所在地法，以和国际趋势相一致。如果物之所在地法不能查明（因为不可能于交易时确定货物的位置），则法院将适用所有权人的住所地法。但这回避了谁是所有权人的问题（而这正是需要决定的问题）。在这种情况下，法院最可能替代适用合同准据法以确定货物所有权的转移。在南非，合同准据法是当事人通过明示或者默示所选择的法律，如果当事人没有选择，则是合同与之有最密切、最真实联系的法律。当事人可能会通过选择法律决定货物所有权于何时转移，不过，公共政策可

① See *Transfer of ownership in international trade*, edited by Alexander von Ziegler, Jette Ronoe, Charles Debattista, Odile Plegat - Kerrault. Published by Kluwer Law International. pp. 301 ~ 302.

② See Marcard Stein & Co v. Port Marine Contractors (Pty) Ltd., 1995 (3) SA 663 (A) at 67H - J.

能会阻止法院赋予这种选择以法律效力，特别是当它影响第三人的权利时。①

## 十五、西班牙

《西班牙民法典》第101条规定适用于不动产和动产所有权的法律是不动产和动产所处的地方的法律。货物于起运时所处的地方的法律适用于运输中的货物，除非当事人协议适用收货地法律。《西班牙民法典》第101条明确排除了当事人对货物所有权转移选择法律。这一规定的意图是强制性的，从而为适用于所有权和保护第三人利益的法律制度提供连续性。这同时也意味着对于货物所有权转移，西班牙法绝不会适用于销售合同的法律，即使该法律中含有关于货物所有权转移的特别规定，除非适用于合同的法律同时又是货物所处的地方的法律。②

## 十六、瑞典

在瑞典，与物权有关的问题由物之所在地法，即物权产生时货物所处的国家的法律支配。据此，货物在后来移动至另一个辖区原则上并不影响物权的有效性，尽管货物偶尔所处的国家的法律将支配该权利的效果、实质、解释及维护。对货物移至另一个国家，在这个国家，物权将被认为有效产生和存在时，那么货物在移动之前的国家并不具有物权的问题能否得到更改，法学理论还存在疑问。对于运输中货物的物权，物之所在地法并不是适当的法律，这种物权将受起运地法或者目的国法支配。不过，对于这两种法律制度之

---

① See *Transfer of ownership in international trade*, edited by Alexander von Ziegler, Jette Ronoe, Charles Debattista, Odile Plegat - Kerrault. Published by Kluwer Law International. pp. 329 ~ 330.

② See *Transfer of ownership in international trade*, edited by Alexander von Ziegler, Jette Ronoe, Charles Debattista, Odile Plegat - Kerrault. Published by Kluwer Law International. pp. 3341 ~ 3342.

间的选择还不明确，斯堪的纳维亚国家的法学倾向于认为二者之间可以替代。不过，通过消灭而取得所有权可以受物之所在地法支配。对代表货物的单据，如提单的物权受提单中法律的支配。据此，如果货物是后来转移至瑞典，则在国外有效产生的权利也能在瑞典得到承认。不过，在货物到达瑞典以后，对这些权利的维护则受作为物之所在地法的瑞典法支配。①

## 十七、瑞士

在瑞士，与对创设债务的行为和处分行为的区分相一致，对货物所有权转移的准据法规定了两条不同的规则。对于有关创设债务的行为，将适用一项特定交易的冲突规则。据此，对于货物销售合同，要么是适用当事人选择的法律，或者，在当事人没有选择时，则适用经营地法或者卖方的住所地法。对于处分行为及货物所有权转移，《瑞士国际私法》第 100 条第 1 款所规定的基本原则是，动产所有权的取得和丧失由导致动产所有权取得和丧失的事件发生时货物所处的国家的法律支配。根据《瑞士国际私法》第 100 条第 2 款的规定，动产所有权的内容和行使由物之所在地法支配。不过，对于进口交易有特别规定，如果动产被进口至瑞士，若动产上物权的取得或者丧失在国外没有完成，则在国外发生的事件将被认为在瑞士已经发生（《瑞士国际私法》第 102 条第 1 款）。瑞士法将那些在国外发生的事件视为它们发生时受瑞士法支配一样。必须强调的是，对于进入瑞士，但仅仅只是运经瑞士的动产，则应适用《瑞士国际私法》第 101 条。一旦货物离开起运地国家以后，很难确定法律交易完成时货物所处的位置。据此，对于通过法律交易而导致运输中货物物权的取得和丧失应受目的国法支配（《瑞士国际私法》第 101 条）。依瑞士法，当事人可以约定动产所有权的取得

---

① See *Transfer of ownership in international trade*, edited by Alexander von Ziegler, Jette Ronoe, Charles Debattista, Odile Plegat – Kerrault. Published by Kluwer Law International. pp. 369 ~ 370.

和丧失受起运国法、目的国法及支配基础法律交易的法律支配（《瑞士国际私法》第104条第1款）。不过，这一法律选择仅在当事人之间有效，不能对抗第三人（《瑞士国际私法》第104条第2款）。对有关货物所有权转移问题的法律选择条款的适用范围进行限制的主要理由是在国际贸易实践中很难确定货物在特定时间里的具体所在地。再者，此时的货物所在地往往非常武断，因此，完全依货物所在地法将导致适用不可预见的法律。在瑞士，当事人选择的支配销售合同的实体法并不被认为是对所有权所作的法律选择。据此，如果当事人意图指定他们所选择的法律也适用于货物所有权转移在他们之间的关系，则法律选择条款必须明确表明它也适用于所有权转移问题，而不只限制于销售合同本身。①

## 十八、美国

在美国，所有其他有关动产之转让、抵押或买卖等问题，依处理该动产时该动产的所在地法支配。动产转让的有效性和效力依转让时动产所在地的法律确定。②

## 十九、《国际有体动产买卖所有权转移法律适用的公约》

《国际有体动产买卖所有权转移法律适用的公约》于1958年4月15日订立于海牙。该公约第2条规定，买卖合同所适用的法律确定当事人之间：（1）出卖人对出卖物所生的产物和孳息享有权利的终止期；（2）出卖人对出卖物风险负担的终止期；（3）出卖人对出卖物享有损害赔偿的终止期；（4）为出卖人利益而订立的有关所有权保留条款的有效性。第3条规定，除第4条和第5条另

---

① See *Transfer of ownership in international trade*, edited by Alexander von Ziegler, Jette Ronoe, Charles Debattista, Odile Plegat - Kerrault. Published by Kluwer Law International. pp. 395 ~ 396.

② 韩德培、韩健：《美国国际私法（冲突法）导论》，法律出版社1994年版，第198 ~ 199页。

有规定外，出卖人将出卖物的所有权移转给买受人，对于买卖合同当事人以外的任何第三人的关系，应依第三人提出请求时出卖物所在地国的国内法。但是，如在出卖物过去所在的若干国家中，有一国的国内法曾确认买受人已取得所有权，则买受人仍取得其所有权。此外，在出卖代表出卖物的单据时，如果买受人收到单据时的所在国，其国内法确认买受人已取得所有权，则买受人仍取得其所有权。第 4 条规定，出卖人就买受人尚未付款的出卖物上享有的权利，例如各种优先权和留置权或所有权，特别是根据契约之诉或所有权保留条款的权利，对买受人的债权人是否有抗辩权，应依最先提出有关要求或扣押时出卖物所在地国家的国内法。在出卖代表出卖物的单据时，出卖人就买受人尚未付款的出卖物上享有的权利，对买受人的债权人是否有抗辩权，依最先提出有关要求或扣押时单据所在地国家的内国法。第 5 条规定，第三人对标的物主张所有权或其他物权时，买受人可否向该第三人提出抗辩应依提出该主张时，该出卖物所在地国家的国内法。但是，买受人已占有该出卖物，而依该出卖物所在国的国内法又确认买受人所取得的各种权利时，则买受人的权利仍保持不变。在出卖代表出卖物的单据时，如果买受人收到该项单据时的所在国确认买受人已取得这些权利，则买受人的权利仍保持不变，但出卖物所在国的国内法所给予现在占有出卖物的第三人的各种权利，不在此限。

## 第二节　物之所在地法原则

货物所有权转移在本质上属于物权法问题，为此，本节将首先对物权法律适用的基本原则——物之所在地法原则进行简要的阐述。

### 一、物之所在地法原则的产生与发展

在涉外物权法律关系中，由于所涉各国物权法之规定不同，就需要进行法律选择，以确定所应适用的法律，对于物权的法律适

用，有“统一说”和“区别说”两种不同的主张与实践。前者认为不动产和动产均应适用物之所在地法，而后者则认为不动产应适用物之所在地法，而动产却不应如此。在这两种主张中，目前起主要作用的冲突规则是“物之所在地法原则”。该原则是14世纪意大利的“法则区别说”首先提出来的，但当时只适用于不动产，动产物权则适用“动产随人”或“动产附骨”的冲突规则，即适用当事人的住所地法。其所以如此，主要是由于法则区别说时代，动产还不具有不动产那样的重要性，因而可以作为属地管辖的例外。到19世纪，这一古老的原则仍为某些国家的民法典所坚持（如1685年《意大利民法典》第7条、1889年《西班牙民法典》第10条、1811年《奥地利民法典》第300条、《阿尔巴尼亚民法施行法》第6条等）。但从那时以后，对动产与不动产统一适用物之所在地法渐居于主导地位。例如英美等国过去被认为是统一适用物之所在地法这一原则的，只是在美国有些州的民法中，却保留着从1865年《意大利民法典》抄来的公式，如《加州民法典》就规定：“如动产所在地法无相反规定，应认为仍根据所有人而适用其住所地法。”（1872年、1942年修改后仍保留这种规定）中南美洲国家、亚洲国家，也都一直采用物之所在地法原则。把物之所在地法同样适用于动产物权也是前苏联、东欧社会主义国家及现在独联体、东南欧若干国家的基本主张。我国《民法通则》第144条规定：“不动产所有权，适用不动产所在地法。”但《民法通则》对动产的法律适用未作规定，而只在《继承法》中规定动产继承要适用死者的住所地法。可见，不动产适用物之所在地法是早已在冲突法中得到普遍承认的原则，但对动产物权适用物之所在地法则有一个发展过程。其原因主要在于19世纪末期，随着国际民商事交往的规模和频率的加强，流动资本增加，动产数目增大，跨国性的动产交易致使动产所有者住所地与动产所在地经常不一致，一个动产所有者的动产可能遍及数国，并涉及数国的经济活动，而动产所在地国也不愿意用所有人的属人法来解决位于自己境内的动产物权问题。这样，动产随人的规则遭到了许多学者的反对和批评，他们相继从不同方面指出这一原则的缺陷。如有的认为，在国际民商事交往中，物的所有人的住所经常发生变化，购买人或者受让人很难知道所有人的住所到底在什么地方，即使知道，也很难了解其住所地法的具体内容，不如亦适用物之所在地法更易于为当事人所掌握。且就一项权利归属有争议的动产来说，如双方当事人住所不在同一国家，究竟适用其中哪一人的住所地法，也不好确定。而在适用当事人的国籍国法做属人法时，在跨国贸易大量发生的情况下，动产所有人可能久与其国籍国没什么联系，仍得在有关交易中受其本国法的制约，此于所有人亦并不一定有利。加之物应受其所在国家的法律支配，也是国家主权原则的要求。拉沛尔还曾指出：物之所在地法不仅应为所有国家所尊重，而且应适用于所有财产，只有这个法律，才是最适合于解决所有财产的物权方面的问题的。① 萨维尼认为：不分动产与不动产，统一适用所在地法，早与法则区别说的“物法”观念相联系了。他认为：“该惯用语意在表明主要用于支配物权的法律将适用于位于立法者领域内所有的物，然而长期以来，这个正确原则的承认却受阻于一个武断的区分，而这种区分破坏了该原则固有的效力和一贯性。”他还指出：“对动产不适用物之所在地法而适用住所地法这种区分最不足之处总是被其维护者所规避和隐瞒。他们只说人的住所决定支配（动产）的本地法，但这里的‘人’指的是什么?”“毫无疑问，人是指与该物有法律上利害关系的人。但这是个非常模糊的概念，因此整个原则即使被承认，也是十分不确定、不明确的。对于利害关系人，我们也可以理解为所有者。但令人困惑的是，在财产转让中，它指的是以前的还是新的所有人？同样在财产关系中，有两个对立的当事人，均对财产提出主张，那到底谁是所有人？当然我们也可以完全放弃对所有人的考虑，但将物的占有者视为利害关系人，这固然可以使问题变得简单容易，但除了所有权外，还要考虑其他物权，每种物权在其存在或者其被主张时，又会产生一个新的物的利害关系人。由于

① 拉沛尔：《冲突法比较研究》，1958年英文版，第30～34页。

不同的利害关系人具有不同的住所，这样，指导我们的住所地原则，即使其本身有理由，也仍是非常模糊的，对问题的时间解决没有什么效果。”①

## 二、物之所在地法原则的理论依据

在理论上，物之所在地法原则的理论依据主要有主权说、法律关系本座说、利益需要说或实际需要说等主张。

齐特尔曼和弗兰根斯坦等主张物权适用物之所在地法是所在地国家主权的需要（故又被称为主权说）。他们认为这个原则是从自然本身得出的必然结论。因为，“在物与法律之间，除所在地的关系外，并没有其他法律上的关系存在”。持此说的人们还认为，任何国家都有自己的主权，而主权是不可分割的，物权关系适用物之所在地法即是主权在物权关系法律适用方面的体现。因为任何国家都不愿意让外国法适用于本国境内的物，否则，主权将丧失其不可分割的性质。

萨维尼则主张法律关系本座说。他从各个方面分析了物权关系的“本座”应是标的物之所在地法，任何人要取得占有、使用或处分其物，就必须依赖于物之所在地，并且自愿受制于关于物权关系的法律规定（故此说又被称之为“自愿受制说”）。

法国学者巴尔和毕耶等却主张利益需要说或实际需要说。他们认为，法律是为集体利益制定的，物权关系适用物之所在地法是维护社会的需要。如果包括动产和不动产在内的物权不受物之所在地法支配，则物权的取得、占有都将陷入不确定状态，对其保护也将是不利的，社会的利益也将因此遭受损害。主张此说的还认为，物权是具有“对世效力”的，即它应受到每一个人的尊重。如果土地所有权按照现在所有人的属人法来决定，则同一土地上的权利就将因所有人的不同或所有人住所的不同而随时发生变更，所有权附

① 萨维尼著，李元双等译：《现代罗马法体系》（第8卷），法律出版社1999年版，第74～79页。

随的权利与义务如相邻关系等，也会因上述情况的出现而发生改变，这显然是不符合公共利益和实际需要的。

在我国，有的学者认为，总的来说，上述各说都未能综合揭示物权关系适用物之所在地法的客观依据，尽管各说亦均从不同侧面说明了这一冲突规则的不同的理论依据。物权关系依物之所在地法，乃是由物权关系本身性质所决定的。首先，物权关系是一种最基本的体现所有制的法律关系，各国主权者无疑总希望用自己的法律严格控制位于其境内的物权关系；其次，物权关系的权利人要圆满地实现其权利，谋取财产上的利益，也只有适用物之所在地法最为合适；再次，物权关系也只能由物之所在地法提供最有利的保障；最后，就境内之物权法律关系去适用外国法，在技术上也有许多困难。①

我们认为，上述理论依据虽然不乏一定程度的合理性，但同时在某些方面也是值得商榷的。其中主权说认为物之所在地法之适用是基于国家主权，否则主权将丧失其不可分割的性质。如果依据这种理论，则将得出否定冲突法的结论。因为冲突法即是在适用外国法的基础上产生和发展起来的，如果不适用外国法，则也就没有必要存在冲突法。但依国家主权原则，国家对位于其境内的所有的人、物、行为行使管辖权，这样，发生于一国境内的所有的行为，不论是债权还是物权，对物还是对人的行为都将适用内国法。因此，以主权说作为物之所在地法适用的理论依据无疑是不科学的。法律关系本座说认为物权关系的“本座”应是标的物之所在地，任何人要取得占有、使用或处分其物，就必须依赖于物之所在地，并自愿受制于该地关于物权关系的法律规定。这种理论虽然有一定程度的合理性，但也是不全面的，事实上，人们在同物发生法律关系的时候，很多场合都不必依赖于物之所在地，例如，对于占有，人们可以对物进行现实占有，但也可以对物拟制占有，可以对物进

① 李双元等：《趋同之中见差异——论进一步丰富我国国际私法物权法律适用问题的研究内容》，载《中国法学》2002年第1期。

行直接占有，也可以对物进行间接占有，当对物进行拟制占有和间接占有时，则不必依赖于物之所在地。再如对物进行处分，有些国家法律规定必须交付标的物后才能对动产进行处分，但有些国家规定通过合同即可以对标的物进行处分，在这种情形中，对标的物进行处分也并不一定依赖于物之所在地。利益需要说或实际需要说认为法律是为集体利益而制定的，物权关系适用物之所在地法是维护社会利益的需要。物权是具有对世的效力的，即它应受到每一个人的尊重。但实际上有时候物权并不具有绝对的对世效力，它也并不影响到社会公共利益。例如有些国家的法律规定当事人通过合同约定即可以转移货物所有权，只是未经交付不能对抗善意第三人。在这种情形中，受让人取得未经公示的所有权并不具有对世效力，同时也并不影响到社会公共利益。

## 第三节　物权法律适用的分割制

涉外物权法律关系的适用中，长期以来一直居于主导地位的法律适用规则是适用物之所在地法。我国有的学者认为：由于物权和物权法的性质和特点，在物权领域制定或形成统一私法规范是极其困难的，因此，冲突法的方法将长期是甚至永远是调整和处理国际物权关系和国际物权问题的基本的和主要的方法。在这个意义上，我们或者可以说，物之所在地法也将长期是甚至永远是国际物权关系的“适当法”。[①] 但随着时代的发展，物权关系是不断发展变化的，同时，物权关系本身也是丰富多彩的，试图用一种冲突规则去解决所有的物权法律适用关系显然是不符合时代的发展要求，同时也是与物权关系本身的性质不相适应的，当代涉外物权之法律适用正呈现出分割化的走势，本节主要对涉外物权法律适用的分割之进行简要的探讨。

---

① 吕岩峰：《论物权关系的适当法——物之所在地法原则之理析》，载《吉林大学社会科学学报》2007 年第 1 期。

## 一、物权法律适用分割制的主要体现

涉外物权法律适用中的分割制主要体现在以下方面：

（一）物权的行为能力

对于物权的行为能力，日本概依《日本法例》第3条一般行为能力解决，即适用当事人属人法。但出于对本国贸易安全的保护，《德国民法施行法》第7条却主张可兼采行为地法。法国19世纪前半叶，还有就不动产设立抵押权的当事人行为能力适用物之所在地法的判例，但后来却改为用属人法来解决不动产行为能力问题。

（二）物权的行为方式

对于物权的行为方式，一般应适用物之所在地法，如1764年《希腊民法典》第12条规定：物权的行为方式适用物之所在地法。但英美法系国家则主张，物权的法律行为方式，例如登记或处分的法律行为方式（如土地抵押设定方式、房屋让渡方式、财产租赁方式等），概依行为地法。

（三）物权的保护

对于物权的保护，一般应受物之所在地法支配，但1999年《白俄罗斯民法典》第1123条规定：对于所有权及其他物权的保护，权利人可以选择适用财产所在地法或法院地法。在隔地动产买卖合同关系中，货物已交运而买主破产，货款未付，买主是否要求返还该货物？这种返还是否属于物权的内容？应该选择什么准据法？各国看法并不是完全一致的。据折茂丰说，依《日本法例》第10条精神，日本主张适用货物到达地法，是把它当做物权处理的，但英国主张适用契约准据法。还有人指出，这种情况，可视其他因素而分别处理，如只纯粹是取返权问题，可适用契约准据法，看它是否允许取返；如有第三者介入，则应适用物之所在地法。[①]

① 参见折茂丰：《国际私法各论》，1972年日文版，第100页。转引自李双元：《国际私法（冲突法篇）》，武汉大学出版社2001年版，第457页。

（四）损害赔偿请求

对于损害赔偿请求，德国《非合同债权关系与物权的国际私法》第44条规定：对于地产的侵权而产生的损害赔偿请求，应适用该法第40条第1款有关侵权行为法律适用的规定，那就是原则上要依侵权行为实施地法，不过受害人也可以要求不适用该法，而适用结果发生地法。1987年《瑞士联邦国际私法法规》第99条虽规定，不动产物权由不动产所在地法支配，但对不动产排放物引起的损害请求，却依该法关于侵权行为的有关规定处理。

（五）货物所有权转移

对于货物所有权转移的法律适用问题，有些国家规定所有权转移在当事人之间的效力由当事人选择的法律支配，而所有权转移对第三人的效力则必须适用物之所在地法，如南非、俄罗斯、日本、丹麦等国。

（六）船舶、飞行器等物权关系

对于船舶、飞行器等物权关系的法律适用，一般主张适用船旗国法或注册国法。如1978年《奥地利联邦国际私法法规》第33条对运输工具规定为：备案或登记一处的水上或空中运输工具的物权，除第2款另有规定外，依注册国法律。德国《非合同债权关系与物权的国际私法》第45条规定：对于飞机应适用其国籍国法，对于船舶应适用注册国法。1999年《白俄罗斯民法典》规定，关于交通工具及其他应进行国家登记的财产权与其他物权应适用登记国法。

（七）无体动产

从各国的法律制度来看，在发生以债权为客体的无体动产所有权的转让时，至少有以下四种准据法可供选择：债权本身的准据法、有关当事人的属人法（住所地法）、行为地法以及物之所在地法。1995年《意大利国际私法》第54条规定，无形财产权要适用使用地国法。1987年《瑞士联邦国际私法法规》第105条对无体动产如债权、有价证券或其他权利的抵押规定由当事人选择的法律支配（只是这种选择不能用来对抗第三人）。在当事人未选择法律时，债权与有价证券的抵押应由抵押债权人的习惯居所地法支配，而其他权利的抵押应由适用该权利的法律（即该权利的准据法）支配。

（八）运输中的货物

对于运输中的货物的法律适用，有的国家主张适用送达地法，如1987年《瑞士联邦国际私法法规》第101条，《意大利国际私法》第52条。有的国家主张适用发送地法，如1964年前捷克斯洛伐克《国际私法和国际民事诉讼法》第6条。有的国家主张适用所有人属人法，如1939年《泰国国际私法》第16条第2款。有的国家主张适用当事人约定的法律，无约定时适用发送地法，如1999年《白俄罗斯国际私法》。

（九）最密切联系原则在物权法律适用中的运用

在有些国家，最密切联系原则亦适用于涉外物权法律关系。如1999年德国《非合同债权关系与物权的国际私法》第43条规定了对物的权利的法律适用，第44条规定了房地产侵权的法律适用，第45条规定了运输工具的法律适用，该法第46条进一步规定，如果存在比依照第43条至第45条所确定的法律具有更密切联系的另一国法律，则适用该国法律。美国第二部《冲突法重述》把根据具体情况，当事人在某物中之权益，由就该特定争议依照（该重述）第6条规定所确定的与该物及当事人有最密切联系的州的法律或内州法来决定作为解决财产权关系的一般原则。

## 二、物权法律适用分割制的成因

如前所述，当代涉外物权法律适用出现了明显的分割化走势，物之所在地法虽然仍是涉外物权法律适用的基本原则，但物权法律关系的很多方面都突破了物之所在地法原则的适用。我们认为，这一走势主要是由于以下几个方面的原因所引起的：

（一）法律关系的竞合

所谓法律关系的竞合，是指同一种法律事实的出现导致不同法律关系的产生，从而导致不同的法律竞相适用。在涉外民事法律关系中，当一种涉外民事法律事实的出现导致不同的涉外民事法律关系产生时，会出现不同冲突规则都可以适用的情况。在物权领域，物权请求权既与物权法有关，也与侵权法有关。就狭义而言，物权请求权是指基于物权而产生的请求权，也就是说，当物权人在其物权被侵害或者有可能遭受侵害时，有权请求恢复物权的圆满状态或防止侵害；就广义而言，物权请求权除了基于物权而产生的请求权外，还包括占有人的占有保护请求权。① 侵权行为法是调整有关因侵害他人财产、人身的行为而产生的相关侵权责任关系的法律规范的总和。侵权责任关系以已有的法定民事权利义务关系为前提，只有当一方当事人的合法民事权益受到侵害时，才产生侵权责任关系。由此可见，侵害物权的行为既与物权法有关，也与侵权行为法有关，在涉外物权法律关系中，当发生侵害物权的法律关系时，受害人既可以提起物权请求权，也可以提起侵权行为请求权。如果受害人以侵权行为为依据提起诉讼，则应适用有关侵权行为的冲突规则，而侵权行为一般应适用侵权行为发生地法或损害结果发生地法，有的国家还引入了侵权行为自体法等法律适用规则，可见，如果适用有关侵权行为的法律适用规则，则会排除物之所在地法的适用。再如在有些国家，认为物权变动仅有债权行为还不够，还需要有独立于债权行为的物权行为。而物权行为系法律行为，因此，民法总则关于行为能力的规定，对物权行为均有适用余地。无行为能力人的意思表示无效。或虽为行为能力人，但其意思表示在无意识或精神错乱时所为者，亦无效。② 据此，既然物权行为系法律行为之一种，则有关法律行为能力的冲突规则亦可适用于物权行为能力，而当事人行为能力一般适用当事人属人法或行为地法，这样就很有可能会排除物之所在地法的适用。再如物权的得失、变更，往

---

① 王利明：《物权法研究》，中国人民大学出版社 2002 年版，第 101 页。

② 王泽鉴：《民法学说与判例研究》（第五册），中国政法大学出版社 1998 年版，第 13 页。

往由于物权行为而发生，但作为这种物权法律行为根据的可能是债权行为。因此，多主张对其中独立的物权行为（如物的交付、权利的登记等），其成立与效力依物之所在地法；而对因转移物权而产生债务的债权行为，则不应适用物之所在地法。1999年《白俄罗斯民法典》中关于国际私法的规定，更规定对“作为法律行为标的财产的所有权及其他物权”，其产生和消灭得适用行为地法。只有不是因某一法律行为而产生的财产所有权及其他物权（如因时效、继承等）才适用其时的财产所在地法。戚希尔和诺思的《国际私法》在讲到对有关财产在转让中发生的问题时，还指出二者是有不同性质的，诸如转让是否因无行为能力而无效？是实质无效还是形式无效？动产所有权是否已转移给受让人？出让人对动产是否还保留有留置权或停止运输的权利等，这些问题中既有合同性质的问题，又有物权性质的问题，也主张应分别适用合同准据法与物之所在地法。①

（二）物权客体的新发展

在适用物之所在地法这一冲突规则时，首先应当界定物权客体之所在地，因此，物权客体的界定对国际私法中物之所在地法的适用同样也有重要影响。我国目前国际私法有关物之所在地的确定是建立在传统物权法的基础上的，随着当代物权法中物权客体的发展，国际私法中物之所在地法的适用亦应发生一些相应的变化。一般认为，大陆法系关于物权的客体主要有三种立法模式：一是以《法国民法典》为代表，认为物权的客体兼指有体物和无体物（权利）。二是以《德国民法典》和《日本民法典》为代表，只承认有体物为物权客体，而不承认无体物为物权客体。三是以《瑞士民法典》为代表，例外的承认“自然力”是物。但自20世纪以来，随着社会观念和科学技术的不断发展，物权客体的概念和范围程序呈不断扩大化的趋势。当今世界是一个网络化时代，以网站、电子

① 参见［英］戚希尔和诺思：《国际私法》，1992年英文版，第967～968页。

邮箱、即时通讯、网络游戏以及搜索引擎为代表的互联网服务将人类带入了网络时代，同时产生了大量的网络虚拟财产。所谓网络虚拟财产，是指在网络游戏中为玩家所拥有的，存储于网络服务器上，以特定电磁记录为表现形式的无形财产。如网络游戏中的武器装备，QQ 钱币等都属于网络虚拟财产。同时，电子商务的发展催生了电子货币化，出现了虚拟货币和电子货币。自 20 世纪末，证券市场开始利用计算机网络技术，逐步进入到了证券电子化时代。

由上可见，在当代国际社会，物权客体正呈现出不断扩大化的走势。而虚拟财产的出现为物之所在地的确定提出了新的挑战。虚拟财产由于其本身的虚拟性，不可能像有体物一样以物理上的所在地为物之所在地，无法准确界定虚拟财产的具体所在地，因此涉外物权法律适用中的物之所在地法原则很难适用于虚拟财产的法律适用。而在以证券、债权等标的物作为物权客体的物权中，其中有些本身就具有债权与合同性质，而意思自治原则是涉外合同法律适用的基本原则，因此固然可以适用债权法律适用中的意思自治原则，有些则由于无法确定物之所在地，亦可以适用当事人意思自治原则。因此，物权客体的新发展必然使得涉外物权的法律适用突破物之所在地原则的适用，呈现出分割化的走势。

（三）物权法的一定程度的任意性

法律的分类方式之一是把法律分为强行法与任意法。强行法指的是不允许当事人随意改变，而必须强行适用的法律。任意法指的是可以通过当事人的约定而改变，当事人的约定可以排除法律的适用的法律。原则上，物权法属于强行法的范畴，这是因为物权是一种绝对权，具有绝对性和排他性，它能对抗世界上所有的人。据此，物权的种类与内容必须依照法律的规定，否则如果当事人可以任意创设排除第三人的权利的话，则第三人可能随时都会遭受当事人随意约定的物权的排斥，从而会危及交易安全，因此，物权法原则上是强行法。基于物权法是强行法这一特点，则必然会得出涉外物权法律关系适用物之所在地法的结论，因为如果涉外物权关系适用物之所在地以外的国家的法律，则意味着由外国法律调整发生于境内的物权关系，而外国物权法可能与境内物权法不同，这将等于是由当事人约定调整物权关系的法律，这无疑与物权法法定原则不符，与物权法的强行法特征相违背。因此，与物权法的强行法特征相适应，涉外物权关系将适用物之所在地法。但同时应当注意的是，既然物之所在地法的适用是基于物权法的强行法特征，那么，如果物权法在某些领域不具有强行法的特征的话，则将不一定要适用物之所在地法，因为物权法既然不要求对这一领域进行强行调整，则意味着可以让位于当事人的约定和外国法来调整，从而可以排除物之所在地法的适用。例如在货物所有权转移领域即是如此，许多国家的法律都规定当事人可以通过约定实现货物所有权的转移，如在英国、美国、澳大利亚、法国、日本、比利时、俄罗斯等国。在这些国家，既然当事人可以就货物所有权转移的时间进行约定，从法理上讲，这些国家的当事人也可以约定货物所有权依外国法所确定的转移方式实现转移，只要这种约定不违反该国的公共秩序。而如果当事人约定了以外国法为准据法确定货物所有权的转移，则无疑将排除物之所在地法的适用。

（四）物权公示方式的多元化

如前所述，涉外物权法律关系之所以应适用物之所在地法，最根本的原因是物权法属于强行法，物权法要坚持物权法定原则，而物权法坚持物权法定原则的根本目的在于维护交易安全。在物权法上，为维护交易安全而确立的制度是物权公示与公信制度，也就是物权的存在和变动必须以一种让社会第三人知晓的方式公示出来，而社会第三人能以该公示出来的物权为基础信赖该物权的存在和变动，即使该公示于实际存在的物权不一致时亦是如此。在物权的公示形式中，不动产以登记为公示方式，而动产一般以占有和交付为公示方式，但船舶、航空器等动产则以登记为公示方式。据此，在就船舶和航空器等以登记为公示方式的动产进行交易时，当事人所应调查的是该动产的登记状态，而不是该动产的实际占有状态。在涉外物权法律关系中亦是如此，由于各国几乎都将登记作为船舶、航空器等动产物权的公示方式，因此，涉外物权法律关系的当事人所关注的也将是该动产的登记状态，而不是该动产的实际占有状态。那么，既然当事人所关心的是船舶和航空器的登记状况，则涉外船舶和航空器等以登记为公示方式的动产物权当然应适用登记国法，因为如果适用这些动产的实际所在地法，由于实际所在地国可能并未对这些动产进行登记，因此很有可能会导致这些物权法律关系无效。再者，由于船舶和航空器经常处于不断移动的过程中，这些动产具体于哪一个地方发生纠纷都是当事人所不可预知的，如果这些动产适用物之所在地法的话，则将导致适用当事人所不可预知的法律，这会使当事人变得无所适从，这无疑会阻碍当事人就这些动产进行交易。

## 第四节 物权法律适用中的意思自治原则

如前所述，当代涉外物权之法律适用正呈现出分割化的走势，其中的分割化走势之一是意思自治原则不断出现在涉外物权法律适用的某些方面，本节主要对涉外物权法律适用中的意思自治原则进行简要的探讨。

### 一、物权法律关系适用意思自治原则的主要立法实践

在涉外物权领域中适用意思自治原则已经不再是一种理论上的探讨，许多国家都在其立法中规定涉外物权关系的某些方面适用意思自治原则，其主要表现在以下几个方面：

（一）财产所有权的取得与终止

对于财产所有权的取得与终止，许多国家的法律规定可以适用当事人意思自治原则。如《蒙古民法典》第 432 条第 4 款规定：除非当事人另有约定，取得和终止作为法律行为之标的的财产的所有权，依调整此等法律行为的法律。1963 年《哈萨克斯坦社会主义苏维埃共和国民法典》第 562 条规定：在从事外贸法律行为时，财产所有权的产生和终止在当事人没有其他协议时依照行为实施地法律确定。1975 年《德意志民主共和国关于国际民事、家庭和劳

动关系以及国际经济合同适用法律的条例》第 13 条规定：适用于合同的法律，也是动产所有权转让的准据。它同样适用于双方协议的担保。1987 年《瑞士联邦国际私法》第 104 条规定：当事人得使动产物权的取得和丧失受发送地国家或目的地国家的法律支配或受物权的取得和丧失据以发生的法律行为所适用的法律支配。此项法律选择不得用以对抗第三人。1971 年《美国第二次冲突法重述》第 244 条规定：当事人之间动产权益转让的有效性和效力，可适用据第 6 条原则确定的，当事人、动产及转让与之有最重要联系的那个州的本地法在该特点问题上的规定。当事人未作有效的法律选择，确定准据法时，对动产转移时的所在地，较之其他任何联系，将予优先考虑。2005 年《乌克兰国际私法》第 39 条第 1 款规定：所有权和其他物权的产生和消灭，依作为其产生或消灭之根据的行为或其他情形发生时该财产所在地国法，但乌克兰法律和国际条约另有规定的除外。该条第 2 款规定：作为法律行为标的之所有权和其他物权的产生和消灭的准据法，依本条第 1 款的规定，但双方当事人另有约定的除外。法律行为主体的法律选择不得损及第三人的权利。

（二）运输中货物的所有权

对于运输中货物的所有权，许多国家的法律规定可以适用当事人意思自治原则。如《蒙古民法典》第 432 条第 5 款规定：除非当事人另有约定，根据外贸法律行为正在路途中的财产的所有权，依此等财产被发送国的法律。《越南社会主义共和国民法典》第 833 条第 2 款规定：对于运输途中的财产的所有权由目的国法确定，当事人协议另有规定的除外。1963 年《哈萨克斯坦社会主义苏维埃共和国民法典》第 562 条规定，基于外贸法律行为而处于运输途中的物之所有权在当事人没有其他协议时依照该物发运地国法律确定。1992 年《罗马尼亚关于调整国际私法法律关系的第一百零五号法》第 53 条规定：运输途中的物受发送地国法律支配，但以下情况除外：有关当事人基于第 73 条和第 74 条选择适用另一法律。该法第 73 条规定：合同适用当事人协议选择的法律。该法

第 74 条规定：法律选择必须明示或在合同条款或实际情况中有清楚反映。1999 年《白俄罗斯共和国民法典》第 1122 条规定：基于某一法律行为而在运输途中的动产的所有权及其他物权在发送期间适用财产发送地国法，除非当事人在协议中有其他约定。1984 年《秘鲁民法典》第 2089 条规定：运送中有体动产的最后目的地为该物的所在地。当事人可以将运送中有体财产物权的取得与丧失置于支配法律交易并调整该物权的创设或消灭的法律之下。双方当事人选择的法律不能对抗第三人。2005 年《乌克兰国际私法》第 41 条规定：基于法律行为的在途中的动产所有权和其他物权，依该财产发运地国法，但双方当事人另有约定的除外。

（三）物权变动的基础法律行为

对于物权变动的基础法律行为，许多国家的法律规定可以适用当事人意思自治原则。如在德国，德国民法中的区分原则也适用于德国冲突法规则。据此，债法上的基础法律交易与这种交易在物权法上的效果必须区分。债法上的法律行为（例如，销售合同或者易货协议）受合同准据法支配。合同准据法由当事人通过自由选择法律决定，在当事人没有明示或默示选择法律时，则由与合同联系最为密切的国家的法律支配。这种交易在物权法上的效果，例如，取得进一步的法律处置行为，则由物之所在地法支配。在意大利，意大利法区分适用于合同义务的法律和适用于货物所有权转移的法律。合同义务适用合同准据法，所有权转移由货物所处的国家的法律支配。在荷兰，荷兰国际私法遵循销售的合同方面和财产方面之间的区分。据此，荷兰有不同的确定适用于合同的规则和确定适用于财产问题的规则。在瑞士，与对创设债务的行为和处分行为的区分相一致，对货物所有权转移的准据法规定了两条不同的规则。对于货物销售合同，要么是适用当事人选择的法律，要么是在当事人没有选择时，适用经营地法或者卖方的住所地法。此外，在不动产领域，虽然很多国家的法律规定有关不动产的合同受不动产所在地法支配。但在国际社会也有关于不动产的合同适用意思自治原则的实践，如 1980 年《合同义务法律适用公约》即允许当事人选择适用于处置和使用土地的合同的法律，在没有选择时，推定合同与土地所在地有密切联系。1987 年《瑞士联邦国际私法法规》第 119 条规定，有关不动产或其使用的合同，由不动产所在地的法律支配，但也允许当事人选择法律。

（四）货物所有权保留

对于货物所有权保留，许多国家的法律规定可以适用当事人意思自治原则。如《蒙古民法典》第 432 条第 6 款规定：对已提出保护其所有权之主张的所有人之权利，依照其选择，可适用此等财产所在国的法律、财产登记国的法律、提起诉讼之法院所在国的法律。1992 年《罗马尼亚关于调整国际私法法律关系的第一百零五号法》第 54 条规定：出口物品所有权之保留，其条件及效力适用出口国法律，除非当事人另有约定。

（五）有价证券

对于有价证券，许多国家的法律规定可以适用当事人意思自治原则。如 1992 年《罗马尼亚关于调整国际私法法律关系的第一百零五号法》第 59 条规定：在有价证券上所标明的法律适用于对于体现其中所标明的货物的有价证券是否存在限制条件。如果没有标明则有价证券的性质由证券发行企业所在地国法律确定。1987 年《瑞士联邦国际私法》第 106 条规定：证券所指定的法律决定该证券是否代表货物。证券无此种指定时，该问题适用签发人营业所所在地国家的法律。

（六）担保物权

对于担保物权，有些国家的法律规定可以适用意思自治原则。如 1987 年《瑞士联邦国际私法》第 105 条规定：债权、有价证券或其他权利的质押，适用当事人所选择的法律。此项法律选择不得用以对抗第三人。1971 年《美国第二次冲突法重述》第 251 条规定：当事人之间以动产中直接利益为担保，其有效性和效力，可适用第 6 条规定的原则所确定的法律即当事人、动产及担保权益与其有最重要联系的州的本地法在该特定问题上的规定。如果当事人未作有效的法律选择，确定何州法律适用时，担保权设定时动产所在地，通常较之其他任何联系，将予优先考虑。

## 二、物权法律关系适用意思自治原则的理论基础

如前所述，在涉外物权法律关系的诸多方面，许多国家都规定了意思自治原则。但在涉外物权法律适用领域，目前国际社会居主导地位的仍然是物之所在地法原则，大多数国家对涉外物权问题坚持只适用物之所在地法。相对于只有一个连接点的物之所在地法原则而言，当事人意思自治原则有很大的优越性，它有利于保证法律适用结果的可预见性和判决的一致性，实现司法任务的简化。能使同一案件在不同的国家都适用同一法律，有助于判决的一致。① 同时，同只规定了一个连接点的物之所在地法原则相比，当事人意思自治原则更能实现法律的实质正义。当代国际私法的发展趋势之一就是对传统冲突法及其学说改造的深化，用灵活的开放性的冲突规范代替僵硬的封闭性冲突规范，即逐渐把过去只在合同关系中适用的意思自治原则和最密切联系原则，扩大适用于其他领域的法律选择。② 可见，相对于物之所在地法而言，当事人意思自治原则具有一定的优越性。从这个意义上讲，涉外物权法律适用应尽量扩大意思自治原则的适用，但基于物权法的强行法性质，与合同法坚持合同自由原则不一样，物权法应坚持物权法定原则，因此，涉外物权关系更多的是适用物之所在地法。但当代物权关系出现了一些新的发展，这些新的发展使得物权关系中适用意思自治原则有了一定的理论基础，使得涉外物权领域适用意思自治原则有了可行性，这些使得涉外物权关系能适用意思自治原则的理论基础主要有：

### （一）物权法上的私法自治

一般认为，物权法属于强行法范畴，债权法属于任意法范畴，物权法之规定不允许当事人随意改变。物权法坚持物权法定原则，

---

① 许军珂：《国际私法上的意思自治》，法律出版社 2006 年版，第 23 页。

② 李双元主编：《国际私法》，北京大学出版社 2007 年版，第 67 页。

物权不得由当事人任意创设。但物权法并不是在物权的所有方面都坚持物权法定原则，我国有的学者认为，物权法多为强制性规定，极少允许当事人在法律规定之外“另行约定”，由此形成物权法背离私法自治的现象，尤其是私法自治原则，似将物权法之强行性格推至极端。但细加分析，结论有可能与此种表面印象完全相反。简单地以债权种类创设上的自由与物权种类创设上的不自由加以类比，进而得出“债权法是任意法，物权法是强行法；债权法实行私法自治，物权法不存在私法自治”的结论，显非妥当。① 私法自治在物权法中有诸多体现，如对于物权之变动方式，我国民法规定动产所有权变动方式得依当事人意思而定，或以合同成立为准，或以所有权变动条件成就为准，如当事人无特别约定，则以动产之交付为准。在法国民法中，不论是动产还是不动产，都可以依照当事人的意思而变动所有权。我国有学者认为，我国民法并不限制当事人在动产物权变动方式上的选择自由。为此，我国物权法上的物权法定原则，不应包括法律对物权变动形式的限制。② 再如，物权法定原则虽然剥夺了当事人创设物权的自由，但这一原则仅仅是限制了当事人选择物权种类的自由，但并未限制当事人选择物权本身的自由，在法定物权范围之内，要不要创设物权关系，设立何种物权关系，是否变动物权，以何种条件变动物权等都由当事人决定，因此，对于物权人而言，物权关系的创设同样也是实行意思自治原则。我国还有的学者认为，《物权法》上包含着类型丰富的法律规范，主要有：任意性规范、倡导性规范、授权第三人规范、纯粹裁判规范和强行性规范。其中任意性规范包括补充性任意性规范和解

---

① 尹田：《物权法理论评析与思考》，中国人民大学出版社 2007 年版，第 142～144 页。

② 尹田：《物权法理论评析与思考》，中国人民大学出版社 2007 年版，第 120 页。

释性任意性规范。[①] 在我国《物权法》上有些法律条文明确规定当事人“有约定的，按照约定”或当事人“另有约定的除外”。如我国《物权法》第80条、第96条、第97条、第98条、第116条第2款、第173条等。综上我们可以发现，《物权法》虽然在本质上属于强行法，但《物权法》在某些方面也存在意思自治，既然存在意思自治，那么在涉外物权法律关系中就应该允许存在法律选择的意思自治原则。因为当事人意思自治的理论基础就是“私法自治”理论，意思自治原则正是私法自治理论在合同法律适用中的表现。既然当事人有权通过协商，确定双方的权利和义务，他们在订立一个国际合同时，就可以采用一种简便的方法，选择一种已经对他们的权利义务作出了详细规定的法律，支配他们的合同。[②] 我国亦有学者认为，私法、公法的划分，即使在以后更发达的社会，仍有存在的必要。这是因为，如果不承认私法，不承认私法权利可由权利人自由处分，就根本没有市场经济存在的余地。这就产生了“契约自由”的制度，而“意思自治”或当事人可自由选择支配合同的法律，正如当事人在不违反法律规定的前提下，可自由处置自己的实体民事权利一样，是无可非议的。[③] 我国还有的学者认为，“私法自治”的理论在今天的情势下重新提起，有助于我们把本该由私方当事人自主约定之事项从国家强制性法律规范中解放出来，对这些事项宜制定大量的任意性规范。既然是任意性规范，则可留待当事人自主确定适用与否及其适用范围，也可由当事人选择另一国法律作为准据法。[④] 由上可见，法律选择中意思自治原则的理论

---

① 王轶：《物权法的任意性规范及其适用》，载《法律适用》2007年第5期。

② 王军、陈洪武：《合同冲突法》，对外经济贸易大学出版社2003年版，第44页。

③ 李双元：《国际私法（冲突法篇）》，武汉大学出版社2001年版，第528～529页。

④ 肖永平：《肖永平论冲突法》，武汉大学出版社2002年版，第191页。

基础在于私法自治，既然物权法在某些方面存在意思自治的空间，因此，涉外物权法律关系的某些方面适用意思自治原则是符合物权法本身的性质的。

（二）物权变动的区分原则

所谓区分原则，即在发生物权变动时，物权变动的原因与物权变动的结果作为两个法律事实，它们的成立生效依据不同的法律根据的原则。[①] 这一原则来源于德国法，德国法学家认为，买卖合同的成立生效与所有权的移转之间的区分，并不是人为的拟制，而是客观的事实。无论物权变动的原因是什么，原因的成立与物权的变动都不是一个法律事实，而是两个区分的法律事实。在原因行为中，当事人享受债权法上的权利，并承担债权法上的义务；而在结果行为中，当事人完成物权的变动，使得物权能够发生排他性的后果。[②] 根据这一原则，以发生物权变动为目的的基础关系属于债权法律关系的范畴，其成立与生效的依据是债权法及合同法，而关于物权的变动，则必须以动产的交付和不动产的登记为必要条件，不能认为基础关系的生效就会必然发生物权变动的效果。综上，在物权变动采取区分原则的国家，由于物权变动的基础行为是债权行为，自然应适用合同法律适用的基本原则，即当事人意思自治原则，而对于物权变动的结果行为，则可适用物之所在地法原则。

（三）对于运输中货物物权的法律适用问题

由于运输中的货物的所在地不断改变而不易确定，因此与其有关的物权关系难以适用物之所在地法，即使有时能够确定物之所在地，往往也会因为标的物与所在地仅有偶然联系而适用物之所在地法不合理。因此，对于运输中货物物权的法律适用问题，有的规定适用发送地法，有的规定适用目的地国法。对于运输中货物物权的法律适用，我们认为，单一适用任何一个国家的法律都不能全面地保护各方当事人的利益，同时，单一适用某一个地方的法律也不符

① 孙宪忠：《论物权法》，法律出版社 2001 年版，第 39 页。

② 孙宪忠：《德国当代物权法》，法律出版社 1997 年版，第 61 页。

合当代国际私法的发展趋势，因此，我们认为，基于如前所述的当事人意思自治原则的优越性，运输中货物的物权问题适用当事人意思自治原则会显得更为合理。

（四）物权客体的新发展

一般认为，大陆法系关于物权的客体主要有三种立法模式：一是以《法国民法典》为代表，认为物权的客体兼指有体物和无体物（权利）。二是以《德国民法典》和《日本民法典》为代表，只承认有体物为物权客体，而不承认无体物为物权客体。三是以《瑞士民法典》为代表，例外的承认“自然力”是物。但随着时代的发展，各国关于物权的客体正呈现出扩大化趋势，如《德国民事诉讼法典》把物扩展到有体物、无体物和权利。[①]《埃塞俄比亚民法典》则将无记名有价证券和自然力归入动产，扩展了物的客体的范围。近代以来民法物的范围不断扩大。[②] 我国有的学者认为，物权客体由有体物扩及无体物及权利，出现了无体物上的物权和权利上的物权，以及对票据、证券、知识产权等权利的物权。[③]随着物权客体的不断扩大，物权客体已不限于有体物，债权、虚拟财产等都有可能成为物权的客体，在以这些标的物作为物权客体的物权中，其中有些本身就具有债权性质，因此固然可以适用债权法律适用中的意思自治原则，有些则由于无法确定物之所在地，亦可以适用当事人意思自治原则。

（五）物权债权化与债权物权化现象

所谓“物权债权化与债权物权化”，其描述的是物权与债权相

① 参见梅夏英：《财产权构造的基础分析》，人民法院出版社2002年版，第95页。

② 杨立新、王竹：《论物权法规定的物权客体中统一物的概念》，载《法学家》2008年第5期。

③ 余能斌、王申义：《论物权法的现代化发展趋势》，载《中国法学》1998年第1期。

互渗透、相互转化或相互混合的现象。[①] 物权债权化是指物权逐渐具有了债权的某些特征，如意定性、相对性等。物权债权化主要体现在以下几个方面：首先，担保物权具有债权性，其效力附从于其所担保的债权的效力，其转让受债权限制。其次，物权的证券化，如仓单、提单、商品券、抵押证券等的出现，亦使这些证券所代表的物权绝对性质淡化。最后，分期付款买卖、融资租赁、租买及让渡担保等中受让人所享有的物权系基于合同产生，其内容、效力亦由合同决定，而非法律的直接规定。[②] 基于物权债权化的现象，物权具有了某些债权特征，这自然会使得在国际私法领域，在某些具有债权性的物权法律关系中适度扩大意思自治原则在物权领域的适用范围。

## 第五节　货物所有权转移法律适用之立法模式选择

通过前面对各国有关货物所有权转移法律适用规则的实践考察，我们可以发现国际社会有关货物所有权转移的法律适用主要有以下几种立法模式：（1）大多数国家都区分适用于货物买卖合同的法律和货物所有权转移的法律，二者受不同法律的支配。其中买卖合同本身受合同准据法的支配，而货物所有权转移则受物之所在地法支配。（2）对于货物所有权转移的法律适用问题，有些国家进行了进一步区分，规定所有权转移在当事人之间的效力可由当事人选择法律支配，而所有权转移对于第三人的效力则必须适用物之所在地法，如南非、俄罗斯、日本、丹麦等国。有的则不允许当事人进行法律选择，如西班牙、奥地利等国。（3）对于运输中货物

① 尹田：《物权法理论评析与思考》，中国人民大学出版社 2007 年版，第 67 页。

② 余能斌、王申义：《论物权法的现代化发展趋势》，载《中国法学》1998 年第 1 期。

的所有权转移，有的规定由目的国法支配，如意大利、日本等国。有的规定由船旗国法支配，如法国。有的规定当事人可以约定动产所有权的取得丧失受起运国法、目的国法及支配基础法律交易的法律支配，不过，这一选择仅在当事人之间有效，不能对抗善意第三人，如瑞士等国。有的国家规定适用货物于起运时所处的地方的法律，当事人可以约定适用收货地法律，如西班牙等国。有的国家规定适用货物起运地国法，但当事人可以另行作出约定，如俄罗斯等国。有的国家规定如果不能在某一特定时间确定运输中货物的所在地，则依最密切联系原则确定准据法，如奥地利等国。有的国家规定当货物处于运输途中，它们的所在地是临时的，不能确定时，则所有权转移的有效性和效果由转让自体法支配，转让自体法即与货物所有权转移有最密切、最真实联系的法律，如加拿大安大略等国家和地区。

对于货物所有权转移的法律适用，虽然货物所有权转移在本质上属于物权的法律适用问题，但如前所述，物之所在地法虽然在物权法律适用中居于主导地位，但不能将这一法律适用原则绝对化，物之所在地法并不适用于物权法律关系的所有方面。同时，主张物权法律关系的所有方面都适用物之所在地法的理论依据也是不完整的。那么，对于货物所有权转移的法律适用问题是否适用于区别说，也就是说，当事人能否自由选择法律支配货物所有权转移问题呢？我们认为，这一问题应从法律适用中的意思自治原则和货物所有权转移的法律性质两个方面进行分析。意思自治原则的产生具有非常悠久的历史，早在公元前120年至公元前118年间，古希腊颁布的有关希腊和埃及法庭管辖权的法令就允许埃及人在埃及法庭以埃及文字订立的合同对希腊人提起诉讼。这个法令暗含了一项法律选择规则，即在管辖权事项上把合同所使用的语言作为连接点，通过使用某些惯用语言，当事人能够挑选法院并进而选择准据法(即埃及法)。此外，在中世纪人际法律冲突问题上，当事人可以通过法律声明的运用，即通过声明属于某个特定的种族团体，就能在事实上指定他想适用的法律。合同领域内当事人意思自治的观念，在中世纪意大利学者萨利塞的著作中就已萌芽。而后期注释学派的最后代表朱斯库尔蒂乌斯开辟了合同法律选择的真正道路。他认为，合同之所以适用行为地法，是因为当事人同意适用该法，这就为当事人可以选择另外一种法律开辟了道路。[①] 16 世纪，杜摩兰在朱斯库尔蒂乌斯思想的基础上，明确提出了当事人意思自治原则。依胡伯在 1689 年所著的《论罗马法与现行法》一书中所列的原则二可得出结论：合同形式和内容都应该适用缔约地法，但当事人另有表示的除外。曼斯菲尔得勋爵（Lord Mansfild）在 1760 年的罗滨逊诉布兰德（Robinson v. Bland）一案中发表了具有里程碑意义的意见，他采纳了胡伯的观点，即合同首先是由当事人所设定的法律支配。曼斯菲尔得在判决中引用了《民法大全》和胡伯的论述，他说：一般规则是这样的，在合同的解释和履行问题上，居主导地位的是合同缔结地法而不是法院地法，但这项原则存在一个例外，即在合同于缔结之时考虑到另一个国家的法律时则不适用。英国法院于 1865 年通过对伊比利亚丰岛东方海运公司诉香德案（P. &O. Steam Navigation Co. v. Shand）和劳埃德诉古尔伯特案（L. loyd v. Guibert）的判决，确立了当事人意思自治在英国法上的支配地位。19 世纪，自由资本主义发展到鼎盛时期，当事人意思自治理论由于与资产阶级提倡的“契约自由理论”相吻合，得到了许多资产阶级法学家的赞同。德国法学家萨维尼和瓦西特尔、意大利法学家孟西尼、美国法学家斯托里都表示支持这一学说。由于孟西尼作为 1865 年《意大利民法典》起草委员会的成员之一所起到的推动作用，使其成为世界上第一部采纳意思自治理论的民法典。自此以后，当事人意思自治原则逐步确立了它在合同法律选择问题上的首要原则的地位。时至今日，它已为世界各国普遍接受。当事人意思自治原则确立于合同领域，并发展成为合同法律适用的首要原则。另一方面，它又逐渐不同程度地扩展到侵权、继承、婚

---

① 参见［法］巴迪福著，曾陈明汝译：《国际私法各论》，中正书局 1979 年版，第 277 页。

姻家庭等领域。[①] 对于意思自治的理论基础，孟西尼曾做过论述，孟西尼把法律划分为两大类别，一类应适用个人自由原则，对于后一类，应适用国家主权原则。这是因为，私法是和个人自由相结合的，而公法则只能服从国家的利益。在私法中，他又认为可以进一步划分为两部分，其中一部分为关于身份、亲等与亲属、法定继承等方面的规定，这些是私法中为个人所必需的部分，个人不得任意加以抛弃和改变，不管他是在国内还是国外，在解决法律冲突问题时应适用国籍原则。但在私法中，还有一部分是涉及个人的财产及其享用以及合同等方面的规定，这些是属于私法中自愿的部分，个人完全享有自愿处置的权利，既可以遵守他们的本国法，也可以适用外国法以外的法律，即在解决法律冲突时，适用个人自由选择原则。孟西尼指出："在他的自由是无害的范围内，我们应该尊重他的自由，而且国家也没有任何利害关系需要来阻止他们行使这种自由。"而在超出这一范围时，即可援用公共秩序原则加以排除。[②] 我国亦有学者认为，私法、公法的划分，即使在以后更发达的社会，仍有存在的必要。这是因为，如果不承认私法，不承认私法权利可由权利人自由处分，就会根本没有市场经济存在的余地。这就产生了"契约自由"的制度，而"意思自治"或当事人可自由选择支配合同的法律，正如当事人在不违反法律规定的前提下，可自由处置自己的实体民事权利一样，是无可非议的。[③] "私法自治"的理论在今天的情势下重新提起，有助于我们把本该由私方当事人自主约定之事项从国家强制性法律规范中解放出来，对这些事项宜制定大量的任意性规范。既然是任意性规范，则可留待当事人自主

---

① 参见肖永平：《肖永平论冲突法》，武汉大学出版社 2002 年版，第 186 ~ 192 页。

② 参见康弗鲁斯德：《国际私法的一般问题》，"学术理论是一个渊源"一节。转引自李双元：《国际私法（冲突法篇）》，武汉大学出版社 2001 年版，第 528 页。

③ 李双元：《国际私法（冲突法篇）》，武汉大学出版社 2001 年版，第 528 ~ 529 页。

确定适用与否及其适用范围，也可由当事人选择另一国法律作为准据法。[①] 由上可见，意思自治原则存在的理论基础在于适用意思自治原则的法律属于任意性法律，对于这些法律，当事人可以通过约定排除适用。那么，货物所有权转移问题是否能由当事人约定应适用的法律呢？这将取决于货物所有权转移问题是属于任意性规范还是强行性规范。如前所述，在有些国家，当事人可以通过合同约定确定货物所有权的转移，而在另一些国家，货物所有权转移问题属于强行法的范畴，当事人不能通过合同约定而改变它。据此，在当事人可以通过合同约定而确定货物所有权转移的国家中，由于货物所有权转移法属于任意法的范畴，因此，当事人无疑可以约定适用货物所有权转移的法律，如果当事人没有约定所应适用的法律，则应适用买卖合同缔结时的物之所在地法。而在当事人不能通过合同约定确定货物所有权转移的国家中，则应适用物之所在地法。另外，由于货物所有权的转移对第三人会产生影响，而第三人代表着整个社会的秩序，因此，货物所有权转移对第三人的影响不能由当事人随意约定，据此，货物所有权转移对第三人的影响应适用物之所在地法。

对于运输中货物的所有权转移问题，由于运输中的货物经常变换所在地，因此无法确定具体的所在地，从而使“物之所在地法”的适用不可能。有时，对于运输中货物所有权的法律适用不需确定物之所在地，因为如前所述，在有些国家可以就货物所有权在当事人之间的转移约定应适用的法律。但是，货物所有权转移对第三人的效果仍将适用物之所在地法，此外，有些国家不允许当事人约定适用于货物所有权转移的法律，强行规定适用物之所在地法，在这两种情况下，都必须确定物之所在地。对于运输中货物所有权的转移，我们认为，单一适用任何一个国家的法律都不能全面地保护各方当事人的利益，例如，如果适用货物的起运国法，则当货物运至

① 肖永平：《肖永平论冲突法》，武汉大学出版社 2002 年版，第 191 页。

目的国时，可能会对目的国的第三人不利，因为目的国的第三人并不知道起运国的法律，他可能依目的国的法律与出卖人进行交易，但该交易有可能因为不符合起运国的法律而无效。如果适用目的国法，则虽然可以在一定程度上保护目的国第三人的利益，但买卖合同的当事人可能是依起运国法律达成交易，而该交易可能并不符合目的国的法律，那么，该交易可能会因此而被宣告无效，这显然不符合出卖人和买受人的利益。如果适用船旗国法，则更不能全面保护各方当事人的利益，因为在船舶悬挂方便旗时，出卖人、买受人和第三人可能都不知道船旗国法的具体内容，这样对出卖人、买受人、第三人的利益都有可能造成影响。因此，我们认为，运输中货物的所有权转移可依最密切联系原则确定所应适用的法律，这样，可以针对具体情况确定所应适用的法律。

对于货物所有权转移的法律适用，我国目前的国际私法立法中还没有相关的规定。我国立法关于物权法律适用的规定，如果说不动产部分仅限于所有权，因而不够完善，那么，动产部分则因为一般原则——即使是普通动产所有权法律适用的基本原则都竟告阙如，所以好像大厦尚未奠基。[①] 中国国际私法学会起草的《中华人民共和国国际私法示范法》（以下简称《示范法》）则对有关动产物权的法律适用作了较为详细的规定。该《示范法》第 80 条规定，有形动产买卖中所有权的转移，有约定的，适用约定的法律，没有约定的，适用买方控制货物时物之所在地法。买方控制货物前，适用当时的物之所在地法。该《示范法》第 89 条规定，运送中的物权，适用目的地法。全国人大常委会法制工作委员会起草的《中华人民共和国民法（草案）》涉外法律适用篇第 35 条规定，动产所有权的转移，当事人对所适用的法律有约定的，按照其约定，当事人没有约定的，适用买受人控制动产时的动产所在地法律。买受人控制动产前的动产所有权，适用当时动产所在地法律。该草案

① 赵相林主编：《中国国际私法立法问题研究》，中国政法大学出版社 2002 年版，第 156 页。

涉外法律适用篇第 36 条规定，运输中的动产所有权，适用运输目的地法律。我们认为，《示范法》和《中华人民共和国民法（草案)》的这些规定是值得商榷的，通过前面的分析我们认为，货物所有权转移是否适用当事人约定的法律应视货物所有权转移的法律性质而定，如果货物所有权转移属于强行法性质，则应适用物之所在地法，而如果货物所有权转移属于任意法性质，则可以适用当事人约定的法律，如果当事人没有约定，则应适用买卖合同缔结时的物之所在地法。货物所有权转移对第三人的影响应适用物之所在地法。对于运输中货物所有权的转移应依最密切联系原则确定所应适用的法律。对于货物所有权转移的法律性质，从我国目前的立法来看是存在争议的，我国《民法通则》第 72 条和《合同法》第 133 条规定：标的物的所有权自交付时起转移，但法律另有规定或者当事人另有约定的除外。据此，货物所有权可以根据当事人的约定而实现转移。但我国《物权法》第 23 条规定：动产物权的设立和转让，自交付时发生效力，但法律另有规定的除外。可见，我国《物权法》的规定删除了之前《民法通则》和《合同法》中所规定的“当事人另有约定的除外”条款。由于前后立法规定之不同，由此引发了我国学界关于货物所有权转移是否允许当事人自由约定的争议。对于这两种观点，我们更倾向于货物所有权转移属于任意性法律规范。

# 第四章　提单的交付与货物所有权转移之法律冲突

提单，是用以证明海上货物运输合同和货物已经有承运人接受或装船，以及承运人保证据以交付货物的单证。提单在国际贸易中发挥着重大的作用，19 世纪以来，国际货物买卖中最常用的价格术语有三种，即 FOB、CIF 和 CFR。这三种贸易术语有一个共同的特点，即买卖双方承认提单的交付推定为货物的交付，买方必须向接受实际货物一样接受卖方提交的提单，并支付货款。在买方收到提单后，如果需要转卖货物，则通过交付提单即可完成，而无须实际交付货物。由上可见，国际贸易通过提单的交付即可完成，而国际贸易的主要目的之一即是实现货物所有权的转移，那么，提单的交付是否能实现货物所有权的转移呢？本章主要对这一问题进行探讨。

## 第一节　提单的交付与货物所有权转移法律冲突之实践考察

对于提单的交付与货物所有权的转移，由于各国基本上都规定提单的交付视为对货物本身的交付，因此，各国法律均规定提单的交付可以导致货物所有权的转移。但通过前面的分析我们可以发现，仅交付货物本身是不足以转移货物所有权的，除了交付这一事实行为外，还需要有意思表示，其中有的国家规定为债权意思表示，有的国家规定为物权意思表示。因此，仅仅交付提单是不足以导致货物所有权的转移的，此外，还须遵循各国有关所有权转移意思表示的规定，这也是各国的实践。

在澳大利亚，从表面上看，海运货物的所有权在货物交给承运人后从卖方转移至买方［见前面的澳大利亚实体规则部分5（2）规则］。不过，如果当事人表明了其他的意图的话，则以上规则不适用。如果双方当事人已在销售合同中明确地协议货物所有权将于何时转移，则这一明示的意图通常具有决定性。即使双方当事人没有关于货物所有权转移的明示协议，但如果他们是在提单或者其他运输单据是代表货物的单据这一惯例的基础上订立合同，则双方当事人也会被认为是表达了与规则5（2）相反的意图。据此，货物销售法规定，如果货物被装运、提单载明货物交付给卖方指定的人，则卖方被认为是保留了对货物的处置权。① 除非卖方是作为买方的代理人而收取提单，否则，卖方保留对货物的处置权。货物所有权并不因货物装运而转移给买方。（如果卖方是作为买方的代理人而收取提单，则货物所有权将于货物装运时转移至买方。②）卖方于货物装运后仍保留对货物处置权的通常理由是确保支付货款。当买方和卖方约定以支付货款换取提单（例如，如果货款依跟单信用证支付），则很明显，双方当事人意图在支付货款以后货物所有权才转移给买方。③ 当提单上记载由卖方指示时，则关于卖方保留对货物的处置权的制定法上的推定才适用。但如果提单上记载依买方的指示，则货物销售法中没有任何条款表明规则5（2）不适用，据此，货物所有权将于货物交付于承运人时转移至买方。不过，如果提单上记载依买方指示，但卖方仍然保留提单作为支付货款的担保，则只有当买方支付货款时，货物所有权才发生转移。④

---

① 见ACT－S24（3）；NSW－S24（2）；NT－S24（3）；QLD－S22（2）；SA－S19（2）；TAS－S2492）；VIC－S24（2）；WA－S19（2）。

② See James v. Commonwelth（1939）62CLR 339at 379，per Dixon J.

③ See Mcpherson，thom，Kettle & Co v. Dench Bros（1921）VLR437 at 444，per Schutt J: Jame v. commonwealth（1939）62 CLR 339 at 379，per Dixon J.

④ See James v. Commonwelth（1939）62CLR 339at 379，per Dixon J.

在实际情况中通常发生的情形是，提单在仅仅只是记载依指示而没有表明是依卖方还是买方的指示交付货物，则依卖方发货人的指示交付货物。①

在奥地利，依《奥地利商法典》第450条的规定，将提单转让给依提单被授权受领货物的人与转移货物一样，都能得到取得货物所有权的效果。这一规则亦适用于仓单，将仓单交付给依仓单有权收取货物的人与交付货物本身一样，都能达到取得货物所有权的效果（《奥地利商业典》第424条）。在这些情形中，货物所有权的转移通过《奥地利民法典》第427条所指的象征交付而进行。②

在比利时，依比利时法，提单有三个功能：它是发给发货人以表明收到货物的收据，它代表对所运货物的权利，及授予在目的地得到交付的权利。依《比利时商法》第89条的规定，只有合法的提单持有人，即以其名义签发的提单或者依其适当的指示背书的提单才有权请求交付货物，开始就承运人对货物的灭失或者损坏提起诉讼。依比利时法，提单代表货物，占有提单即代表占有货物。提单代表货物是因为它的可转让性，而海运单和空运单都不具有这一功能，它们都不能转让。在这个方面，1997年《比利时破产法》第104条亦规定：如果货物在到达目的地之前通过提单或者由发货人签发的发票及货运单无欺诈地出售，则货物不能被归还。要求归还货物的人必须尊重已经通过提单或者货运单占有货物的债权质权人的权利。③

在加拿大魁北克，货物所有权被认为依合同的约定或者依《魁北克民法典》中的规则而发生转移。当提单依魁北克省内的运

---

① See James v. Commonwelth (1939) 62CLR 339at 380, per Dixon J.

② See *Transfer of ownership in international trade*, edited by Alexander von Ziegler, Jette Ronoe, Charles Debattista, Odile Plegat - Kerrault. Published by Kluwer Law International. p. 45.

③ See *Transfer of ownership in international trade*, edited by Alexander von Ziegler, Jette Ronoe, Charles Debattista, Odile Plegat - Kerrault. Published by Kluwer Law International. pp. 69 ~ 70.

输合同而签发时，则该提单构成承运人按提单所载的货物的性质、数量及表面状况而收到货物的初步证据（《魁北克民法典》第2042条）。提单被认为是不可转让的，除非法律或者运输合同的当事人另有规定（《魁北克民法典》第2043条）。指示提单的转让通过背书和交付而完成。如提单为无记名提单，则仅通过交付即完成提单的转让。承运人有义务依运输合同将货物交付给记名提单中指定的收货人，在可转让提单中将货物交付给提单的占有人。收货人在收到货物或者提单以后，取得所有权利，并承担因合同而产生的义务，就好像他是合同当事方一样（《魁北克民法典》第2045条）。《魁北克民法典》并未规定提单构成对货物的实际所有权，仅仅是规定它“代表”前面所说的货物（《魁北克民法典》第2708条）。因此，虽然通过背书和交付或仅通过交付而转让提单可以表示货物所有权已经转移，但它并不是绝对性的，还必须考察提单转让的环境及当事人的意图。

在加拿大安大略，当货物被确定，并且无条件地划拨于合同项下后，货物所有权即转移至买方。如果卖方保留了处置货物的权利，直至某些条件得到满足，则只有当所规定的条件得到满足时，这些货物的所有权才能转移至买方。如果没有采取一些形式的保护措施，则将货物交付给独立的承运人将剥夺卖方对货物的所有权。此外，还将剥夺卖方的留置权或者《货物销售法》第38条所规定的保留货物的权利。《货物销售法》第19条通常使得货物所有权最迟于货物委托给承运人时发生转移，至于留置权或者扣留货物的权利则与卖方保留对货物的占有无关。依《货物销售法》第31（1）条的规定，将货物交付给承运人在表面上是被认为交付给了买方。通过将提单签发给卖方所指定的人，卖方能得到《货物销售法》第20（2）条所规定的利益，该条规定，当货物被装船，且依提单交付给卖方所指定的人或者他的代理人时，卖方在表面上仍保留对货物的处置权。不过，应该注意的是，依《货物销售法》第20（2）条的规定，依提单将货物交付给卖方所指定的人仅仅是卖方意图保留对货物的处置权的表面证据。

跨省货物运输合同中的提单将受普通法的支配，该法被水路货物运输法和提单法所修改。依提单法的规定，提单中指定的货物收货人及每一个受让货物所有权的提单被背书人或者基于收货，或者基于背书，享有并被赋予所有的诉讼权利，并应承受与那些货物有关的所有责任，就像提单中的合同是他亲自签订的一样。据此，依联邦法，与魁北克法和安大略法一样，所有权并不与提单的转让同义。它可能是货物所有权已经随着交付转移给背书人或者来人的一个好的迹象，但还必须考察提单据以转让的交易，以确定货物所有权是否“依或者基于”发货或者背书而转移。①

在丹麦，根据 1994 年《丹麦商船法》第 302 条的规定，可转让提单的持有人有权收取货物，除非他对其他人对货物的权利是基于恶意。如果发布了几份提单，一份提单即足以作出识别，使得他人在目的地交付货物。如果货物是在别的地点交付，则所有的提单都必须提交，或者提供提保。当由于另一个人被识别为提单的收货人，使得卖方不能处置货物时，希望行使停运权并阻止货物交付的卖方必须确保提单不交付给买方。当卖方仍然持有正本提单时，他能要求将货物交付于他，但他必须在买方要求交付货物之前这样做。当两个当事人同时要求交付货物时，承运人必须保持货物，直到问题得到解决。当卖方不持有提单时，证明其有中途停运权的卖方能阻止承运人交付货物。在这种情况下，承运人不能通过将货物交付给买方而解除其对卖方的义务，即使是买方持有所有的正本提单，这时，他应该保持货物，或者要求银行担保。不过，如果买方已经将可转让提单转让给了善意的第三方当事人，则卖方的中途停运权将终止。《丹麦商船法》第 307（2）条的规定，对于任何基于善意而从具有合法权利的人手中取得可转让提单的人而言，卖方

① See *Transfer of ownership in international trade*, edited by Alexander von Ziegler, Jette Ronoe, Charles Debattista, Odile Plegat - Kerrault. Published by Kluwer Law International. pp. 86 ~ 87.

丧失其中途停运权。①

在英国，划拨是货物所有权转移的必要条件，且划拨必须是无条件的，依《英国货物买卖法》第 18 条规则 5（2）的规定，如果划拨是有条件的，则货物所有权于货物装船时将不发生转移。《货物销售法》第 19（1）条使法院推定有条件的划拨要么来自合同条款，要么来自划拨本身的条款。这些有条件划拨的标志适用于出口销售，而不管货物从卖方转移至买方的运输方式如何。假设出口货物依提单采取海运方式，当合同本身并不明确表明货物所有权于何时转移时，法律特别提及提单在指明当事人关于转移货物所有权的意图方面所起的作用，法院可以从航运单据由承运人所发布及销售合同当事人所处理的方式中推断划拨是有条件的。英国 1979 年《货物销售法》第 19（2）条规定，当货物被装船，根据提单，货物依卖方或者他的代理人的指示交付，则卖方表面上被认为是保留了处置货物的权利。在适用这一条款时，应考虑三种主要情况：（1）由卖方指示的提单；（2）由买方指示的提单；（3）合同规定支付现金交换单据。这三种情况没有提供有关货物所有权转移的特别规则，而是确立了法院据以作出判决的推定。很难确切地预测法院能在每一个具体条件中推断出什么样的意图，因为判决将取决于许多的变化因素。不过，可以可靠而有用地认为，这些事实都是法院所使用的开始点：（1）由卖方指示的提单。当提单上记载由卖方或者他的代理人指示时，《货物销售法》第 19（2）条初步推定卖方试图保留对货物的处置权。当适用这一推定时，它并不像适用《货物销售法》第 18 条规则 5（2）一样，货物所有权于货物装船时发生转移，而是在支付货款或者发生法院解释的其他条件时发生转移。但另一方面，提单上记载由卖方指示并不必然排除货物所有权于货物装船时发生转移。据此，当卖方是作为买方的代理人而占

① See *Transfer of ownership in international trade*, edited by Alexander von Ziegler, Jette Ronoe, Charles Debattista, Odile Plegat - Kerrault. Published by Kluwer Law International. pp. 114 ~ 115.

有提单，或者提单上记载买方可以得到提单，则货物所有权将于货物装船时发生转移，尽管提单上记载依卖方的指示。(2) 由买方指示的提单。从 1979 年《货物销售法》第 19 (2) 条似乎可以推断出，当提单上记载由买方指示时，这表明双方当事人意欲使货物所有权于货物装船时起发生转移。不过，在具体案件中是否遵循那一结果将取决于在整体上考察事实。据此，卖方开出依买方指示的提单，但却依然占有提单，直至买方付款则可以认为货物所有权不是在货物装船时起转移，而是在提单转移时转移。(3) 合同规定支付现金交换单据。如果销售合同规定“支付现金交换单据”，则很明显，双方当事人试图使货物所有权于支付货款时发生转移。这一推定的效力很强，即使是提单到达卸货港之前货物已经实际交付给买方，这一推定仍然适用。① 据此，当卖方依合同开出依其指示的提单，规定支付货款以交换单据，后来卖方发出向买方交付货物的指示，授权买方从承运人处占有货物时，将货物交付给买方将不阻止货物所有权于支付货款时发生转移这一推定的适用。②

在法国，虽然在实践中有许多的运输单据，但提单通常被认为是海上运输合同的证明。提单被认为构成其所指货物的所有权的书面证明，提单签发后，允许收货人或者指定的代理人在他们约定的目的地收取货物。如果完成了所要求的条款，则提单被认为是某种形式的可转让单据，因为其名字出现在提单上的收货人可以合法的于中途运输中的任何时候转移货物所有权。有两种类型的提单，在指示提单（即指出某一个人的名字或者由他指示）中，货物所有权依背书或者转让而转移。指示提单可以用于许多的合同中，可以在不受限制的时间内背书给不同的所有人。不过，如果提单明确规

① See *Transfer of ownership in international trade*, edited by Alexander von Ziegler, Jette Ronoe, Charles Debattista, Odile Plegat – Kerrault. Published by Kluwer Law International. pp. 140 ~ 141.

② Ginzberg and Others v. Barrow Haematite Steel Company, Ltd. , and Mckeller (1966) 1 Lloyds Rep, 343.

定其是不可转让的（即货物只能交付给指定的人），则货物所有权只有将提单转移给指定的收货人才发生转移（或者转移给依民法典的规定将转移给他的人）。为了确保提单持有人在有关提单的转让中得到最大限度的安全，法国海上货物运输法为船只（即承运人）规定了两项指示：第一，他只能将货物交给收货人；第二，他必须认为收货人是源自提单的权利占有人。如果提单中所指的货物已经交付给了第三方当事人，则怎么办呢？《法国民法典》对这个问题的规定是：对动产的占有等同于权利（《法国民法典》第2279条）。如果一个人有义务给予或者交付给两个人的财产完全是有体物，则实际占有该财产的当事人享有优先权，他可以保留所有权，即使其单据签发在后，不过，其条件是占有必须是基于善意而取得（《法国民法典》第1141条）。据此，如果货物基于善意已被交付给第三方当事人，则对提单上记载的收货人的唯一补救方式是要求承运人承担损害赔偿的责任，不过，他将失去从已经占有货物的人手中重新获得控制货物的可能，后者将因此而取得货物所有权。①

在德国，德国商法规定六种不同类型的商业票据，即商业命令、商业承诺、运输保险单、内河提单、提单和仓单（《德国商法典》第363条）。所有这些票据都是依当事人的行为指示的票据，也就是说，如果它们记载有指示条款的话，则它们是指示票据。这些票据中有三种即内河提单、提单和仓单都是可转让所有权凭证，这意味着交付所有权凭证与交付体现在所有权凭证中的货物具有同样的法律效果（《德国商法典》第448条、第475条、第650条）。据此，转让体现在这些所有权凭证货物所有权要求：（1）通过转让协议和背书转让所有权凭证；（2）转让人和受让人相互同意货物所有权转让；（3）将所有权凭证交付给受让人；（4）所有权凭

① See *Transfer of ownership in international trade*, edited by Alexander von Ziegler, Jette Ronoe, Charles Debattista, Odile Plegat - Kerrault. Published by Kluwer Law International. pp. 165 ~ 166.

证发布人（承运人、仓库保管人）接收货物，他们必须占有货物。如果所有权凭证发布人已经丧失对货物的占有，则不能通过交付所有权凭证而转让货物所有权。即使是可转让的所有权凭证已经发布，货物所有权仍能依前面所述的基本规则而转移。①

在意大利，依照法律被确定为所有权凭证的提单或者其他运输单据的发布（和以后的适当转移）通常认为不影响货物本身所有权的转移，货物所有权转移仍然受民法典中一般规则的支配。意大利民法典载有几条关于单据销售的条款。《意大利民法典》第1527条规定，如果卖方已经交付代表货物的所有权凭证或者销售合同中规定的其他单证，则卖方被认为已经履行了其交付货物的义务。对于海上货物运输合同及其后果，即使是提单将要（或者已经）签发，与货物所有权转移相关的时间是：（1）如果销售的标的是特定货物，则是双方当事人达成协议时；（2）如果销售的标的是可替代货物，则是货物被识别时。不过，提单的（或者其他具有同一性质的同类运输单据）签发与确定货物识别的时间有关。如果如前所述的识别不在将货物交付给承运人或者货物转运时发生（因为货物与其他货物一道散装，将交付给其他收货人），提单的发布（和转让）通常被认为货物的识别。这一结论是依意大利法将提单视为代表货物的所有权凭证的必然结果。对单据的交付被认为与交付货物等同，其目的不仅在于转移对货物的占有及从承运人手中受领交付货物的权利，而且在于卖方履行其依销售合同而产生的交付货物的义务，这必然意味着货物所有权已经转移给买方。②

在日本，仅通过提单即可以处分标的物。在取得对货物行使权

---

① See *Transfer of ownership in international trade*, edited by Alexander von Ziegler, Jette Ronoe, Charles Debattista, Odile Plegat - Kerrault. Published by Kluwer Law International. pp. 190 ~ 191.

② See *Transfer of ownership in international trade*, edited by Alexander von Ziegler, Jette Ronoe, Charles Debattista, Odile Plegat - Kerrault. Published by Kluwer Law International. pp. 209 ~ 210.

利方面，交付提单与交付货物本身具有同样的效果。除要求交付提单外，不能要求交付货物。由上可见，当提单被交付的时候，提单所代表的货物的所有权将随之转移，除非当事人另有特别约定。虽然只有提单的持有人有权要求交付货物以交换提单，但善意的第三人能单独取得货物，得到无瑕疵的所有权。①

在荷兰，《荷兰民法典》第 8417 条确认提单的转移包括货物的转移。转让单据所有权特别是交付的要求取决于债务是记名、无记名还是依指示。记名之债通过由卖方签署的书面陈述及通知债务人而转移（《荷兰民法典》第 394 条）。无记名之债依适用于动产的规则，即通常是转移占有，通过转移可转让单据的所有权而转移（《荷兰民法典》第 390 条、第 395 条）。转移指示之债要求在可转让单据上额外背书（《荷兰民法典》第 393 条）。除了交付以外，还必须满足《荷兰民法典》第 384 条为货物所有权转移所规定的其他要求。据此，必须存在有效的权利以证明所有权的转移。②

在挪威，提单是海上运输开始时，当卖方将货物交给承运人时所收到的一张单据，其功能由商船法规定。提单的意旨是代表货物的单据，据此，提单的持有人能确保他与占有货物或几乎与占有货物同样的权利。因此，《挪威商船法》中的重要规则，即第 302 条规定，能出示提单的人有权收到货物。③

依俄罗斯法，提单有三种功能：（1）它是海上货物运输合同及其合同条款和条件存在的证据；（2）它确认了货物由承运人接

---

① See *Transfer of ownership in international trade*, edited by Alexander von Ziegler, Jette Ronoe, Charles Debattista, Odile Plegat - Kerrault. Published by Kluwer Law International. pp. 225 ~ 226.

② See *Transfer of ownership in international trade*, edited by Alexander von Ziegler, Jette Ronoe, Charles Debattista, Odile Plegat - Kerrault. Published by Kluwer Law International. pp. 251 ~ 252.

③ See *Transfer of ownership in international trade*, edited by Alexander von Ziegler, Jette Ronoe, Charles Debattista, Odile Plegat - Kerrault. Published by Kluwer Law International. pp. 273 ~ 274.

收；（3）提单的转移被认为是货物的转移，这意味着提单是所有权凭证。基于提单的这三种功能，当提单从货物的卖方转移至货物的买方时，买方成为货物的所有权人。这一规则对于原始买卖和随后的买卖都同样有效，但并不必然与买方实际控制货物的时间相吻合。①

依南非法，交付提单被认为是对货物的象征性交付。货物所有权因此而在背书及交付可转让提单后发生转移。②

依西班牙法，没有关于“提单”的法律概念，这一概念习惯于依其功能，即货物收据、运输合同和所有权凭证而形成。在提单的这些功能中，这里只关注提单作为代表货物的所有权凭证功能，特别是其可转让性。在这个方面，《西班牙商法典》第708条规定，任何收到提单的人对于提单上所载的货物取得所有来自转让人或者背书人的权利和诉讼。《西班牙商法典》区分记名提单，仅能通过转让证书而转移，无记名提单无须任何形式即可以转移，指示提单仅能通过背书而转移。③

在瑞典，提单授权其占有人处置货物。它们被认为代表货物。据此，通过转移可转让提单，对货物的间接占有也随之转移。④

在瑞士，当诸如提单之类的所有权凭证以代表已交付给承运人

---

① See *Transfer of ownership in international trade*, edited by Alexander von Ziegler, Jette Ronoe, Charles Debattista, Odile Plegat - Kerrault. Published by Kluwer Law International. pp. 312 ~ 313.

② See *Transfer of ownership in international trade*, edited by Alexander von Ziegler, Jette Ronoe, Charles Debattista, Odile Plegat - Kerrault. Published by Kluwer Law International. p. 333.

③ See *Transfer of ownership in international trade*, edited by Alexander von Ziegler, Jette Ronoe, Charles Debattista, Odile Plegat - Kerrault. Published by Kluwer Law International. p. 350.

④ See *Transfer of ownership in international trade*, edited by Alexander von Ziegler, Jette Ronoe, Charles Debattista, Odile Plegat - Kerrault. Published by Kluwer Law International. p. 381.

的货物的方式签发时，则对这些凭证的交付与交付货物本身具有同样的效果（《瑞士民法典》第925条第1款）。原则上，提单的交付被认为是转移占有及相应地转移所有权的一种方式，因为提单授权新的占有人指示代表以前的提单持有人占有货物的承运人现在代表新的提单持有人占有货物。据此，没必要直接转移对货物的占有，转移签发为所有权凭证的单据即足以允许运输途中货物的交易。不过，当提单被一方当事人善意占有，而货物被另一方当事人善意占有时，后者将取得优先于所有权凭证持有人的权利（《瑞士民法典》第925条第2款）。①

在美国，在讨论通过提单转移货物所有权之前，有必要了解美国是如何定义提单的，在美国，有两种类型的提单，可转让提单和不可转让提单。可转让提单必须被交付给提单持有人，或者依指示交付，印有“正本”字样，交付提单以换取货物。这有时被称为“指示”提单。不可转让提单（也称为记名提单、运单、空运单等）是对指明的收货人作出，不要求正本亦不必交付。可转让提单能转移货物所有权及其他基于提单而产生的权利。当通过转让可转让提单或者通过让与不可转让提单而转让权利时，收货人将成为运输合同的第三方利益人，接管发货人的剩余权利，而无须承担发货人的责任。如果货物（在承运人手中时）已遭受了在先销售、抵押或者质押，但卖方仍然占有提单，则不知道其他销售、抵押或者质押而基于善意受让提单的买方能取得完整的货物所有权。一般说来，任何没有得到瑕疵通知而基于善意而占有可转让提单的人都具有完全所有权。②

---

① See *Transfer of ownership in international trade*, edited by Alexander von Ziegler, Jette Ronoe, Charles Debattista, Odile Plegat - Kerrault. Published by Kluwer Law International. p. 405.

② See *Transfer of ownership in international trade*, edited by Alexander von Ziegler, Jette Ronoe, Charles Debattista, Odile Plegat - Kerrault. Published by Kluwer Law International. pp. 422 ~ 423.

## 第二节　提单的交付与货物所有权转移之立法模式选择

从以上各国关于提单交付与货物所有权转移的规则可以看出，各国都规定，提单的交付与货物本身的交付具有同样的法律效果。但同时，提单的交付并不必然意味着货物所有权的转移，货物所有权转移仍将受货物所有权转移一般规则的支配，也即除了交付提单之外，还须有转移货物所有权的合意（债权合意或物权合意）。对此，国际国内的许多学者也是承认的，如英国学者 Benjamin 认为，在普通法中，不存在 document of title to good 的权威定义。但是，一般认为，它是一份涉及贸易的凭证，其转让起到了转让货物推定占有的作用，而且可能达到转移货物所有权的作用。① 施米托夫认为：在商业实务及法律上，提单均被认为是其所载货物在法律上的表征，其交付与货物占有转移具有相同效力，而且出卖人如果愿意，也可借此将货物所有权转移于买受人。② 他还认为，物权凭证的实质是通过谈判而转让它所代表的物权。就发货人（卖方）向收货人（买方）转让的权利而言，如果是特定物或已无条件地划归合同项下的货物，则起决定作用的是当事人的意思。③ 在万泰特银行诉金（Wah Tat Bank v. Kum）一案中，马来西亚联邦上诉法院的魏崇杰（Wee Chong Jing）法官指出：关于物权凭证与流通票据或准流通票据之间的区别，不存在争议。对于两者间的区别，王室法律顾问柯尔法官在辩论此案时作了如下解释：前者（物权凭证）指那些按照任何行业或地方惯例、商人习惯法代表货物的单

---

① Benjamin, Sale of Goods. Sweet & Maxwell. 1992. 4th ed., p. 920.

② ［英］施米托夫著，陈猷龙译：《出口买卖法基本概念》，载《辅仁法学》第 9 期。

③ ［英］施米托夫著，赵秀文译：《国际贸易法文选》，中国大百科全书出版社 1993 年版，第 474 页。

据，因而，如果打算转让一般或特定财产的所有权，该项单据转让即为象征性交付。[①] 在英国的 Sanders bros v. Macleam &. Co. 案中，上诉法院法官在判决中认为：货物在海上处于承运人掌管时，不可能进行实际交付。在这段运输期间，提单为全球商界公认是货物的象征，提单的背书和交付起着象征性交付货物的作用。当事人的意图如系转移货物所有权，正如货物的所有权从实际交付起转移一样，货物的所有权也于提单背书并交付时转移。[②] 在 Swell v. Burdick 案中，法院认为，提单背书的法律效果，完全取决于背书当时的具体情况，不存在货物所有权随提单背书的一般规则，货物所有权的转移，取决于当事人转让提单的意图。[③] 在 Delfim 一案中，Mustill 法官指出：在这种情况下，提单并不具有其通常的含义。除了作为货物的收据以及托运人与船舶所有人运输合同的证明外，提单还具有两种证明的功能：（1）它代表对货物的拟制占有，并通过背书转让的方式转移拟制占有，它是可转让的"仓库钥匙。"（2）背书转让提单本身尽管不会直接移转提单项下货物的所有权，但是可以作为提单转让机制的一部分。[④] 在 CIF 合同下，买方在货物装船时起实际上便是被保险人，提单和保险单转让给他，即赋予了他有关货物灭失或损坏的诉权，同时自物装船时起便将货物的风险转归其承担。但是货物所有权可能并不，通常也不会在装船时转移，通常直至支付价款后才转移。所有权转移的时刻完全是一个自合同条款、当事人的行为及案件的具体情况推定当事人的意思的问题。在合同缺乏明示意思表示的情况下，1893 年《货物买卖法》（及 1979 年修订本）确立了一系列规则，以适用于推定或创设何

---

① 《劳氏报告》（第二卷），1967 年版，第 437～441 页。

② （1883）11 QBD327.

③ （1884）10 App Ca574.

④ （1990）1 Lloyds Rep. 252 at p. 268.

时转移货物所有权的意思表示。[①] Paul Todd 在其著作中指出，提单作为物权凭证：（1）它代表着货物，从而使买方当货物留在海上时即可依此进行交易；（2）它转让货物的推定占有；（3）它可以起转让货物所有权的作用，如果当事人愿意这么做。[②] John F. Willson 提出了依提单转让货物所有权的四项条件：（1）提单必须作成可转让的；（2）持有者必须自己有所有权；（3）双方有此意愿；（4）货物在运输途中。[③] 我国国内亦有学者认为，提单并非所有权凭证，那么，提单的交付当然并非意味着提单项下货物所有权亦随之转移。提单项下货物所有权是否转移，仍取决于其所有权转移的规则。[④]

由于提单的交付本身并不必然导致货物所有权的转移，因此提单并不是一种所有权凭证。正如我国有学者指出的：首先，虽然“提单代表货物本身”、“提单交付等于货物本身的交付”是提单区别于其他运输单证的显著特征，但“提单代表货物本身”只是对这一事实状态的说明，单纯的事实并不能产生权利，更不能说就产生了所有权，只有法律对一定事实加以保护才产生权利。其次，“提单代表着货物”，其占有或转让与货物本身的占有或转让效力一致，但提单的交付或转让并不绝对意味着提单所代表的货物所有权的转移。说提单是物权凭证只是说明提单可以代表货物本身，在满足一定条件时，提单的转移可能代表货物所有权的转移，但这只是一种可能性而非必然性。通过交付提单转移所有权，不能排除卖方的意图，不能绝对地从提单形式或提单交付与否得出结论。所有权并非由于背书而转移，而是由于合同而转移，背书不过是遵循合

---

① ［英］David M. Sassoon 著，郭国汀等译：《CIF 和 FOB 合同》，复旦大学出版社 2001 年版，第 281 页。

② ［英］Paul Todd 著，郭国汀、赖民译：《现代提单的法律和实务》，大连海运学院出版社 1992 年版，第 17 页。

③ John F. Willson：《海上货物运输》，1988 年英文版，第 145 ~ 146 页。

④ 余延满：《货物所有权移转问题的比较法研究》，载李双元主编：《国际法与比较法论丛》第二辑，中国方正出版社 2002 年版，第 126 页。

同而进行的。将提单视为所有权凭证剥夺了当事人自由约定所有权转移时间的法定权利，进而否定了所有权转移的法定规则。①

如前所述，提单的交付并不必然导致货物所有权的转移，提单并不是所有权凭证，那么，提单持有人与提单项下的货物是一种什么关系呢？提单是一种什么性质的凭证呢？在关于提单法律性质的争议中，一种分歧是关于提单是否是物权凭证的争议，在国际国内的理论与实践中，有关物权凭证的定义及提单是否是物权凭证的问题存在很大的分歧。而这一分歧的根本原因在于各国均未在立法上给物权凭证下一个明确的定义，也没有明确提单的物权凭证性质，因此，国际国内学者纷纷发表自己关于物权凭证及提单的物权凭证性质的看法。综合各学者有关物权凭证的定义，主要有三种观点：第一种观点是从提单的功能的角度去定义物权凭证，认为物权凭证代表货物本身，具有可让与性。第二种观点是从物权凭证的字面意义去定义物权凭证，认为物权凭证是证明单证的持有人对单证项下的物享有物权的凭证。其中又可分为两种观点，一种观点认为凡是能够证明物权归属的凭证都可以称为物权凭证；另一种观点认为物权凭证不仅应证明凭证的合法持有人对凭证项下的物享有物权，而且物权凭证项下的货物的实际占有应同物的所有权人分离。第三种观点认为，物权凭证是由国家授权的行政机关签发的，而提单并不是由行政机关所签发，因此，提单并不是物权凭证。我们认为，从提单的功能的角度去定义物权凭证在逻辑上是错误的，因为我们所要讨论的问题是提单是否是物权凭证，因此，我们首先要定义物权凭证，然后再确定提单是否符合物权凭证的定义。对于物权凭证的定义，由于国际国内均未在立法上进行界定，因此，我们只能在理论上，从字面意义的角度对物权凭证进行界定。从字面意义来看，所谓物权凭证，指的是能够证明凭证持有人对凭证项下的货物享有物权的凭证。根据这一定义，凡是能够证明凭证持有人对凭证项下

① 余延满：《货物所有权移转问题的比较法研究》，载李双元主编：《国际法与比较法论丛》第二辑，中国方正出版社2002年版，第114～115页。

的货物享有物权的凭证都是物权凭证，据此，它不应当以物权凭证项下的货物的实际占有应同物的所有权人分离为前提条件，也不应当仅限于由国家授权的行政机关签发。根据这一关于物权凭证的定义，我们认为，不记名提单和指示提单是物权凭证，因为它们都能证明提单的持有人对提单项下的货物享有物权。而记名提单则是一种有限的物权凭证，因为并不是任何记名提单的持有人都对提单项下的货物享有物权。对于记名提单，只有在记名提单上载明的收货人持有提单时，他才对记名提单项下的货物享有物权。如果记名提单的持有人不能证明自己是提单上的记名收货人，则即使他是合法或善意的持有提单也不能对提单项下的货物享有物权。因此，相对于持有记名提单的记名提单上记载的收货人而言，记名提单仍然是物权凭证，因为它能证明持有记名提单的收货人对提单项下的货物享有物权。值得注意的是，国内有一种观点将记名提单是否是物权凭证与记名提单是否应凭单放货联系起来，认为由于记名提单不具有可转让性，不属于物权凭证，记名提单无须凭单放货。我们认为，这一观点是值得商榷的，记名提单是否应凭单放货应取决于法律规定，而不应当取决于记名提单是否具有物权凭证性质。我国《海商法》第 71 条明确规定，提单是指用以证明海上货物运输合同和货物已经由承运人接收或装船，以及承运人保证据以交付货物的单证。提单中载明的向记名人交付货物，或者按照指示人的指示交付货物，或者向提单持有人交付货物的条款，构成承运人据以交付货物的保证。根据这一规定，记名提单下承运人交货不仅应由收货人出示提单，而且应查明收货人的身份。再者，可转让性是否是物权凭证必须具备的特征，二者是否互为因果关系还需进一步探讨。我们认为，记名提单虽然不能转让，但它对于持有记名提单的记名提单上记载的收货人而言，仍然是一种物权凭证。

在关于提单法律性质的争议中，有一种观点认为，提单是占有权凭证。该说认为，提单不代表货物的所有权，而只代表其项下货物的占有权，其理由主要有：（1）尽管提单的移转在判断所有权转移时也并非毫无意义，因为在当事人有明示或默示约定时，提单的转移可能会代表所有权转移，即使没有约定时，提单的转移也因其与货物的交付的关系而可能对货物所有权的判断产生影响，但是货物所有权并不必然随提单的转移而转移，因而提单并非所有权凭证。(2) 因为"提单代表货物本身"的假定本来就包含占有货物的意思，而"提单的交付等于货物的交付"，交付的本来意思即占有移转。英美法主张"提单是物权凭证"，而"物权凭证"即表明单据代表货物的推定占有。因此，认定提单代表货物的占有权既符合商业现实，也与各国立法的一般趋势一致。① (3) 提单持有人凭提单要求承运人交货的权利，是基于提单持有人对货物的占有权。提单代表着货物，因而谁持有提单，谁就取得了占有货物的权利。② 在占有权说中，有的学者坚持间接占有权说，有的学者坚持推定直接占有权说。

间接占有权说认为，提单代表的占有权是货物所有人的间接占有的性质，是将无形的间接占有用有形的提单表彰出来，除此之外，提单不代表其他物权。其理由主要有：(1) 间接占有是直接占有的相对状态，但不能说直接占有是间接占有的前提或者基础。所谓的承运人不直接占有货物，提单转让不转让货物占有，是对提单物权效力中代表说的理解所得出的结论，间接占有本身并不产生这种效果。就民法理论而言，承运人不直接占有货物，并不导致间接占有权的消灭。就代表说而言，它已成为普遍接受的学说，即使是英美法对此也予以承认。况且，对代表说进行修正，承运人暂时失去直接占有，并不致提单转让不发生转让占有的效力。(2) 作为用益权人、质权人、用益承租人、使用承租人、受寄人或基于其他类似法律关系而占有其物的人，由于此关系对他人暂时享有占有权利和义务时，该他人也是占有人（间接占有）。间接占有人对第

① 参见郭瑜：《提单法律制度研究》，北京大学出版社 1997 年版，第 82 页、第 86 页。

② 参见吴焕宁主编：《海商法教程》，中国政法大学出版社 1996 年版，第 69 页。

三人有上述关系时，该第三人也是间接占有人。《汉堡规则》和我国《海商法》区分了承运人和实际承运人，承运人向货物托运人签发提单，实际承运人则向承运人签发提单。这时，实际承运人是直接占有人，而承运人则是间接占有人，托运人也是间接占有人。托运人只能通过承运人向实际承运人提货，而不能直接向实际承运人提货。承运人作为提单持有人就提单所享有的物权效力，也仅仅基于承运人的间接占有而存在。这种区分对象确定，责任明确，逻辑清楚，增强了对提单持有人的保护，促进了提单转让，标志着海商立法技术的巨大进步。（3）间接占有表现为占有返还请求权，间接占有的让与是货物占有转移的方式之一，提单交付即间接占有和货物占有的交付。（4）间接占有人将物的返还请求权让与他人时，其间接占有即转移于他人。间接占有人如处分其权利，并非仍需通知直接占有人。在物权的返还请求权之让与，不以对于第三占有人的通知，为让与行为生效的要件。拟制说显然受提单物权效力绝对说的影响。然而提单物权效力应以承运人能够恢复货物占有为必要界限。而且，如果承认提单要因性和非严格要式性，则必须承认提单与货物并非绝对同一，必须承认货物权利对提单的优先性。再者，我国《担保法》专设包括提单在内的权利质押，且与动产质押并列。可见，提单质押与货物质押仍有区别。我国法律并不像英国法律那样认为提单质押是货物质押。国际上也不存在将提单视为货物的惯例。不将提单拟制为货物，就间接占有理论完全适用于提单物权凭证性质及提单物权效力。①

推定直接占有权说认为，提单的物权效力是提单签发人和托运人之间依其意思表示所特别独立创设的权利，提单持有人享有货物的权利，与货物的现实占有无关，是民法占有理论外一种特别取得原因。因而，法律可以直接将提单表彰的物权明确规定为一种“推定直接占有权”，这种权利和提单本身结合在一起，持有提单

---

① 参见邢海宝：《海商提单法》，法律出版社1999年版，第198~199页。

即享有这种占有权，丧失提单也就丧失了这种占有权。并认为间接占有理论存在以下困难：（1）间接占有必须以直接占有为基础，如果承运人没有直接占有货物，提单的转让也就没有转让占有的效力。(2) 海运实践中，无船承运人较多，签发提单的承运人与载货的承运人经常不同，如果再区分载货的承运人为直接承运人，而签发提单的承运人为另一间接占有人，法律关系势必不稳定。(3) 间接占有说仅注重对货物的返还权（提货），却无法说明为什么运输途中的货物买卖双方以交付提单作为交付货物。(4) 间接占有仅有一种对占有物的返还请求权，其权利源于直接占有人与间接占有人的法律关系，间接占有人如处分其权利，仍需通知直接占有人。而转让提单，则无须通知承运人。因此，应吸收英国法中的拟制占有制度。拟制占有具有以下三层含义：其一，提单在法律上被拟制为货物；其二，占有提单等于占有货物；其三，转让提单即转让对货物的占有。①

我们认为，要确定提单是否是占有权凭证，持有提单是否意味着对提单项下的货物享有占有权，首先要弄清楚什么是占有。在罗马法上，占有（possessio）一词由“posse”（权力、掌握）和“sedere”（设立、保持）二字合成，指对物件有事实上的支配和管领。占有在古罗马上与所有权并无明显的区别。但占有与可据以占有的权利，尤其是所有权发生冲突时，大法官在权利确定之前，往往发布暂时维持占有现状的命令，因而占有与所有分离的观念逐渐产生，占有与所有权逐渐分类而成为一项独立的制度，其意旨在于维护社会的和平秩序，以防物的秩序因私力而受到破坏。罗马《十二表法》第六表为“所有权和占有”，共 11 条，另在第七表“土地和房屋（相邻关系）”和第八表“私犯”、第十二表中也有关于占有的规定。Gewerbe 是日耳曼法上的占有。在日耳曼法中，占有（Gewerbe）与所有权并未严格区分，因日耳曼土地上的权利

① 赵德铭：《提单作为权利凭证的物权属性》，载梁慧星主编：《民商法论丛》第 7 卷，法律出版社 1997 年版，第 116 页、第 113～115 页。

不易确定，须以占有状态表彰权利，以占有推定某种权利的存在。Gewerbe具有公示性，权利被包裹于Gewerbe之内，所有的物权均借Gewerbe的外形来体现，故Gewerbe又称为权利外衣。因此，在Gewerbe下，占有具有公信力。占有与本权为不可分离的结合体，由占有的一面看是占有，从另一面看则是本权。在德国民法制定过程中，民法学者对于占有曾有激烈争论。现行德国民法兼采罗马法上的possessio和日耳曼法上的Gewerbe，创造了混合的占有制度，但以日耳曼法上的Gewerbe较占优势。其影响及于瑞士、日本及我国民国政府制定的民法典。在英美法上，占有（possession）是一个含义可变的法律概念。它用在不同的上下文中有不同的含义，有时它用于表示人对财产的实际控制或实际扣留，而不涉及任何法律权利的问题；有时它也可以表示人对财产的受到法律承认和保护的合法占有。对某项财产享有实际占有权的人，被推定对该项财产拥有所有权，除非有人能证明他对该项财产享有更高的产权。即使实际占有该项财产的人对其占有的财产并无占有权，他也享有排除陌生人或侵权人占有该项财产的权利，并且可以要求有权占有该项财产的人给予补偿。①

对于占有的性质，即占有究竟是一种事实还是一种权利，自罗马法始，一直存在争论。罗马古代的法学家一致认为，占有是事实，但具有一定的法律效果。帝政后期，有的学者开始主张占有是一种权利，也像物权一样，可以援用救济程序加以保障。主张占有为事实的，认为占有完全是事实行为，故违法行为也可取得占有，法律行为的无效并不影响占有的移转。前者如盗窃等，后者如要式买卖之证人不合格等。主张占有为权利的人认为，权利的要素一为利益，一为法律的保障。占有使占有者得利用其物并受令状的保护，便已取得了权利的要件。在德国，关于占有的性质，学者间也甚有争论。有的学者将占有解为权利，但通说认为占有系事实。我国台湾学者通说认为占有为一种事实而非权利。

① 《牛津法律大词典》中文版，光明日报出版社1988年版，第703页。

在法律上，占有可作出多种分类，其中的分类之一是把占有分为直接占有和间接占有。直接占有和间接占有的概念源自德国民法。所谓直接占有，指直接对物有事实上的管领力。间接占有，指自己不直接占有其物，但基于一定的法律关系，对于直接占有其物之人有返还请求权，因而对物有间接管领力。在罗马法，交易观念认为对于出租物行使管领力的，不是承租人，而是出租人，故将possessio归于出租人，由其享有占有权利。反之，在日耳曼法，对于物占有的Gewerbe仅系承租人。德国继受罗马法时，这两种见解发生冲突。为了调和，德国民法将日耳曼法上出租人的地位规定为间接占有（《德国民法典》第868条）。法律之所以扩大占有概念，将间接占有包括在内，系因其具有两项主要功能：（1）使民法上关于占有的规定原则上亦得适用于间接占有，尤其是在取得时效和占有保护请求权。（2）使动产的交付（尤其是所有权的移转）得依占有改定为之，便利物的交易。

从以上关于直接占有和间接占有的概念可以看出，提单的持有人对提单项下的货物享有间接占有权，而承运人则对提单项下的货物享有直接占有权。在提单法律关系中，承运人直接对货物为事实上的管领，而提单持有人则基于提单而有权要求承运人向其交付货物。

# 第五章　提单的交付与货物所有权转移之法律适用

## 第一节　提单的交付与货物所有权转移法律适用之实践考察

提单的交付与货物所有权转移的法律适用规则主要涉及两个问题，即提单是否为所有权凭证的法律适用规则和提单转让的法律适用规则。对于这两个问题，各国的规定有所不同。

在澳大利亚，提单不是一份赋予货物权利的凭证，持有提单本身即表明提单持有人对货物享有财产权，提单代表着对货物的权利。虽然占有提单授权占有人占有货物，但货物所有权问题最终由一般的动产法律规则支配，换句话说，提单是所有权转移的象征，而不是货物所有权据以转移的实际工具。在国际贸易中，该理由即足以将提单视为所有权凭证。在澳大利亚，通常认为提单是所有权凭证的理由是基于“商人习惯”［这一词最早来源于古老的英国判例：Lickbarrow v. Mason（1974）5 TR 631；101 ER 380］。由于这一习惯是一项国际性的习惯，因此对于这一问题即使有冲突，也是很少的。基于这一理由，至今未有关于澳大利亚法院要求考虑由什么法律支配提单作为所有权凭证的功能的案例报道。不过，可以设想在一些案件中有必要考虑提单是否及如何作为所有权凭证这一先决法律冲突问题。如果有一批运往或者来自其国内法不将提单视为所有权凭证的国家的国际货物销售，澳大利亚法院可能必须考虑是否适用那一个国家的法律。在这种情形中，澳大利亚法院可能会将其自己的法律作为法院地法适用。其理由是承认习惯属于程序问题，而这一问题通常由法院地法支配。澳大利亚法院地法承认将提单视为所有权凭证的“商人实践”，也许这就是这一问题的终结。如果法院把该问题视为实质问题，而不是程序问题，则有可能适用通常的法律选择规则，物之所在地法，即货物于转移时所处的地方的法律。如适用这一规则，确定提单性质和功能的准据法将是提单在交易发生时所处的国家的法律。Nyph 也支持这一观点，他认为：涉及提单的交易由交易时提单所处的地方的法律支配，即使是提单项下的货物仍处于运输途中。①

在奥地利，《奥地利联邦冲突法》第 31 条的规定是强制性的，据此，它们适用于通过提单及其他运输单证而产生的货物所有权的转移。②《奥地利联邦冲突法》第 31 条规定，有体产物的取得和丧失，包括占有应该依导致取得和丧失的事实状态完成时有体物所处的国家的法律支配。

在加拿大，如果提单或者其他运输单据在发布的时候依货物所处的地方的法律被视为所有权凭证，则它们在加拿大将被视为所有权凭证。所有权凭证转移的有效性由单证转移时的所在地法支配。③

在丹麦，当可转让提单发布的时候，是由提单的所在地，而不是由货物的所在地，决定与卖方和买方的债权人有关的准据法，其理由是提单是一种所有权凭证。当有关货物的交易的达成与提单无关时，纠纷发生时货物的所在地法可能是确定准据法的因素，除非

---

① See *Transfer of ownership in international trade*, edited by Alexander von Ziegler, Jette Ronoe, Charles Debattista, Odile Plegat - Kerrault. Published by Kluwer Law International. pp. 19 ~ 20.

② See *Transfer of ownership in international trade*, edited by Alexander von Ziegler, Jette Ronoe, Charles Debattista, Odile Plegat - Kerrault. Published by Kluwer Law International. p. 45.

③ See *Transfer of ownership in international trade*, edited by Alexander von Ziegler, Jette Ronoe, Charles Debattista, Odile Plegat - Kerrault. Published by Kluwer Law International. p. 87.

买方意识到货物是由提单所代表。如果不同提单之间发生冲突，则发生冲突时货物所处的地方的法律将被推定为确定准据法。如果对单据的性质发生争议，则将由适用于基础法律关系的法律确定单据的确切性质。当发布不可转让的提单时，则适用冲突发生时货物的所在地法。①

在英国，将由凭证发布时货物所处的地方的法律决定某一凭证是否是所有权凭证。②

在法国，于1966年6月18日颁布的《海事法》明确规定了法国法应当适用的情形及适用于离开或者到达法国港，而不由国际条约支配的海事运输。一般认为，这一原则是以公共政策为基础制定，据此，如果装货港或者目的港在法国，则当事人不能以一种与这些明确排除适用外国法的规则相违背的方式订立合同。如果法国法得到适用，则作为所有权凭证的提单将赋予它的占有者对有关货物行使权利。虽然1966年法国法并未明确表明提单是一种所有权凭证，但大多数著名学者都认为提单具有这一地位。③

在德国，必须区分诸如提单之类的可转让有价凭证和这些凭证所代表的权利或者资产。凭证本身的转让受凭证所在地法支配。而这种转让对凭证所代表的权利或者资产所产生的法律效果则由适用于特许权利的法律所支配。对于有关货物所有权的凭证，则是由货

---

① See *Transfer of ownership in international trade*, edited by Alexander von Ziegler, Jette Ronoe, Charles Debattista, Odile Plegat – Kerrault. Published by Kluwer Law International. pp. 113 ~ 114.

② See *Transfer of ownership in international trade*, edited by Alexander von Ziegler, Jette Ronoe, Charles Debattista, Odile Plegat – Kerrault. Published by Kluwer Law International. p. 142.

③ See *Transfer of ownership in international trade*, edited by Alexander von Ziegler, Jette Ronoe, Charles Debattista, Odile Plegat – Kerrault. Published by Kluwer Law International. p. 167.

物所在地法支配。[1]

在意大利，当要确定代表货物的提单的性质时，提单也由提单中所规定的法律支配。如果提单中没有提到准据法，由于提单依意大利法主要被视为一种所有权凭证，依1995年5月31日经改革的意大利国际私法，将适用提单被发布的国家的法律。[2]

在日本，当诸如提单之类的货物所有权凭证的当事人在凭证中指定了特定法律作为准据法时，则该被选择的法律将支配单据的性质和功能。如果没有这种准据法条款，则所适用的法律将依《日本基本法律适用法》的基本规则确定。据此，日本法院将首先适用支配基础运输合同的法律（东京地区法院，1967年10月17日，Kaminshuu，No. 18，Vol. 9、10，p. 1002）。如果这一法律不明确，则法院将考虑合同缔结地等因素，以此确定当事人的意图（《日本基本法律适用法》第7条）。[3]

依荷兰国际私法，对于某一凭证是否能称为所有权凭证的问题，由凭证签发人的营业地所在国法律支配。对于凭证上的所有权如何转移的问题，适用凭证转移时所在地法。应该注意的是，原则上，货物所有权由凭证所在地法支配而不管货物本身位于何处。据此，在已对货物发布所有权凭证时，并不会发生对适用于运输中的货物的法律不明确的问题。有可能某人主张在提单范围之外，直接取得了依提单运输的对货物的权利。如果该人是基于善意而不知道提单的存在的话，则该人是否确实取得该权利将由货物所在地法支

① See *Transfer of ownership in international trade*, edited by Alexander von Ziegler, Jette Ronoe, Charles Debattista, Odile Plegat – Kerrault. Published by Kluwer Law International. p. 190.

② See *Transfer of ownership in international trade*, edited by Alexander von Ziegler, Jette Ronoe, Charles Debattista, Odile Plegat – Kerrault. Published by Kluwer Law International. p. 209.

③ See *Transfer of ownership in international trade*, edited by Alexander von Ziegler, Jette Ronoe, Charles Debattista, Odile Plegat – Kerrault. Published by Kluwer Law International. p. 225.

配，否则将优先适用支配提单的法律。①

依俄罗斯法，转让提单或其他所有权凭证被认为是与转让货物等同（《俄罗斯联邦民法典》第224条第3款）。提单是海上货物承运人发布的一张凭证，据此，提单的法律地位由适用于海上货物运输合同法的法律支配。这种法律选择取决于运输合同当事人的协议。如果当事人没有就准据法的选择达成一致，则适用承运人的主营业所所在地法。当所有权凭证的占有者和货物的实际占有者发生冲突时，前者向后者要求货物的可能受货物所在地法或者向其提交诉讼请求的法院的所在地法支配。选择权由货物的所有人，即所有权凭证的持有人行使。②

南非没有关于适用于确定有关所有权转移中提单的性质和功能的法律的判例法。法院最可能采取的裁决与解释提单有关的问题是依提单合同的自体法，该法是提单当事人选择的法律（通常是在标准提单格式中承运人选择）。其他诸如提单的转让问题将可能依提单所在地法律支配。可能但未必会发生的是提单问题将由提单所代表的货物的所在地法律支配。③

在瑞典，提单与其他凭证一样，都将由凭证自体法支配。不过，物之所在地法可能会有效地支配有关货物的凭证的法律效果，

① See *Transfer of ownership in international trade*, edited by Alexander von Ziegler, Jette Ronoe, Charles Debattista, Odile Plegat - Kerrault. Published by Kluwer Law International. p. 251.

② See *Transfer of ownership in international trade*, edited by Alexander von Ziegler, Jette Ronoe, Charles Debattista, Odile Plegat - Kerrault. Published by Kluwer Law International. pp. 311 ~ 312.

③ See *Transfer of ownership in international trade*, edited by Alexander von Ziegler, Jette Ronoe, Charles Debattista, Odile Plegat - Kerrault. Published by Kluwer Law International. p. 333.

例如有关通过占有提单而处置货物的问题。[①]

在瑞士，有关对货物的所有权凭证问题，凭证中提到的法律将决定凭证是否代表货物。如果凭证中没有指定准据法，则由凭证发布方的主营业所所在国法支配。如果凭证代表货物，则对凭证和对货物的物权支配由有关动产所有权的所有权凭证的法律支配。如果几个当事人都对货物主张物权，其中一些是直接的通过实际占有，其他的以所有权凭证为基础，则适用于货物本身的法律决定他们诉讼请求的优先性（《瑞士国际私法》第106条）。[②]

《国际有体动产买卖所有权转移法律适用的公约》于1958年4月15日订立于海牙。第3条规定，在出卖代表出卖物的单据时，如果买受人收到单据时的所在国，其国内法确认买受人已取得所有权，则买受人仍取得其所有权。第4条规定，在出卖代表出卖物的单据时，出卖人就买受人尚未付款的出卖物上享有的权利，对买受人的债权人是否有抗辩权，依最先提出有关要求或扣押时单据所在地国家的内国法。第5条规定，第三人对标的物主张所有权或其他物权时，买受人可否向该第三人提出抗辩应依提出该主张时，该出卖物所在地国家的国内法。但是，买受人已占有该出卖物，而依该出卖物所在国的国内法又确认买受人所取得的各种权利时，则买受人的权利仍保持不变。在出卖代表出卖物的单据时，如果买受人收到该项单据时的所在国确认买受人已取得这些权利，则买受人的权利仍保持不变，但出卖物所在国的国内法所给予现在占有出卖物的第三人的各种权利，不在此限。

---

① See *Transfer of ownership in international trade*, edited by Alexander von Ziegler, Jette Ronoe, Charles Debattista, Odile Plegat - Kerrault. Published by Kluwer Law International. p. 380.

② See *Transfer of ownership in international trade*, edited by Alexander von Ziegler, Jette Ronoe, Charles Debattista, Odile Plegat - Kerrault. Published by Kluwer Law International. p. 404.

## 第二节 提单的交付与货物所有权转移法律适用之立法模式选择

从以上各国关于提单的性质和提单转让的法律适用的规定中可以看出，对于提单性质的法律适用，有的国家规定适用提单在交易发生时所处的国家的法律，如澳大利亚。有的国家规定适用提单发布时货物所处的国家的法律，如加拿大、英国、德国。有的国家规定使用决定基础法律关系的准据法，如丹麦、俄罗斯。有的国家规定适用凭证签发人的营业地所在国法，如荷兰。有的国家规定适用当事人选择的法律，如日本、意大利、瑞士。如果当事人没有作出选择，则日本将适用支配基础运输合同关系的法律，如果这一法律不明确，则法院将考虑合同缔结地等因素，以此确定当事人的意图。意大利将适用提单被发布的国家的法律。瑞士将适用凭证发布方的主营业所所在国法。有的国家规定适用提单合同的自体法，如南非、瑞典，有的国家强行规定适用内国法，如法国。对于提单转移的法律适用，大多数国家规定由提单转移时的所在地法支配，如加拿大、丹麦、德国、荷兰、南非。以下对国际社会有关提单性质法律适用的各种实践进行简要的评析：

### 一、提单在交易发生时所处的国家的法律

这种法律选择规则是将提单性质的法律适用问题作为物权法律适用问题来处理，适用物权法律适用的基本冲突规则。对于物权的法律适用，有“统一说”和“区别说”两种不同的主张和实践。前者认为不论动产、不动产，均应适用物之所在地法，而后者认为不动产固应适用物之所在地法，而动产却不应如此。但目前，适用最为广泛而且起着主要作用的冲突规则还是“物之所在地法”原则。依照物权法律适用的“物之所在地法”原则，提单性质法律适用固然应适用提单在交易发生时所处的国家的法律。但应当注意的是，在前面第三章关于货物所有权冲突规则的论述中，我们发

现，涉外物权关系并不是在所有方面都应适用物之所在地法，与合同法律适用一样，物权法律适用也呈现出一种分割化走势，如果物权法中的某些规范具有任意法的性质，则也可以适用当事人意思自治原则，由当事人选择所应适用的法律。我们认为，提单的性质问题虽然属于物权法问题，但提单的性质主要涉及托运人、承运人、提单持有人之间的法律关系，这种法律关系并不涉及社会第三人的公共利益，因此，当事人可以自主就提单性质的法律适用进行选择。

## 二、提单发布时货物所处的国家的法律

这种法律选择规则也是将提单性质的法律适用问题作为物权法律适用问题来对待，适用物之所在地法，只是对于物之所在地的确定与第一种冲突规则不同，将物之所在地确定为提单项下货物的实际所在地。

## 三、决定基础法律关系的准据法

这种法律选择规则是将提单性质的法律适用与作为提单法律关系基础的运输合同关系的法律适用连为一体，提单性质的法律适用被运输合同关系的法律适用所吸收。各国普遍规定运输合同适用当事人所选择的法律，在当事人没有选择时，则根据最密切联系或特征履行说确定所应适用的法律。因此，依据这种冲突规则，提单性质的法律适用即是适用当事人所选择的法律，在当事人没有在运输合同中作出选择时，则是适用与运输合同有最密切联系的国家的法律。由于提单的法律性质主要涉及托运人、承运人、提单持有人之间的法律关系，因此，这种冲突规则是较为可取的。

## 四、凭证签发人的营业地所在国法

我们认为，这一冲突规则是不可取的。这种冲突规则实际上是适用凭证签发人的属人法，而属人法一般适用于解决人的身份、能力及亲属、继承方面的法律适用问题。属人法中的法人属人法常用

来解决法人的成立、解散及权利能力与行为能力方面的一些问题。提单的性质问题显然不属于上述范畴，因此，提单的性质适用凭证签发人的营业地所在国法无疑是不妥的。此外，凭证签发人的营业地所在地有时与提单的实际签发地、提单项下货物的实际所在地不一致，凭证签发人的营业地所在地有时与提单的性质仅具有偶然联系，而并不具有最密切联系，因此，以一个与提单的性质仅具有偶然联系的法律作为提单法律适用的准据法也是不妥的。

## 五、当事人选择的法律

通过前面的分析，我们认为，提单性质的法律适用可以由当事人作出法律选择，但在当事人没有进行法律选择时，各国之规定又有所不同。在国际社会，在当事人未作选择时，大多采用“最密切联系原则”作为当事人未选择法律的补救方法。而在判定“最密切联系原则的法律”时，已多采特征履行说了。

特征性履行实际上是推定最密切联系的根据。它要求法院根据合同的性质，以何方的履行最能体现合同的特征而决定合同的法律适用。从一定意义上说，它很像是“本座说”在当今时代合同法律适用的翻版，或者至少可以说，在这种理论中可找到“本座说”的影子。它是为了克服“合同由与其有最密切联系的法律支配”这种较为广泛的规则所带来的法律适用的不稳定性和不可预见性等缺陷而诞生的。特征履行说早在 1902 年即由哈伯格（Harburger）在研究双务合同的法律适用问题时便提了出来，到 1955 年海牙国际私法会议在其关于有体动产的冲突法公约中，正式被采用。依据“特征履行说”，在双务合同中，当事人双方各须向对方履行义务，其中一方的义务通常是交付物品、提供劳务等，而另一方的义务则通常是支付金钱。通常认为，在这两重履行中，交付物品、提供劳务等的非金钱履行为特征履行，因为它们体现了该合同的特征。合同准据法即应是承担特征履行义务的一方当事人的住所地法或惯常居所地法，如果该当事人有营业所，则应是营业所所在地法。通过以上关于特征履行说的分析，我们认为，在当事人没有就提单性质的法律适用作出选择时，可以适用提单发布方的营业所所在地国法。

## 六、提单合同的自体法

这种法律选择规则认为提单性质的准据法与运输合同的准据法应分开，二者适用不同的法律。提单作为一种权利凭证，一经产生后就不再依赖于运输合同，因此，提单性质自然不能适用运输合同的准据法，而应有自身的准据法。

合同自体法是英国国际私法学家所提出的，是英国法学家们对国际私法的一大贡献。但对于什么是合同自体法，即使是在英国的学者之间也存在分歧。韦斯特勒克在其所著的《国际私法》一书中指出，合同自体法就是支配合同内在生效性和效力的法律，它就是与合同有最真实联系的法律。而戴西却认为合同自体法应该由当事人意思自治来决定。他在1896年所著的《法律冲突》一书（第一版）中认为，所谓合同自体法，就是合同双方当事人打算，或能合理地认为他们打算使合同受其支配的那一个或那几个法律。到该书第九版（1973年），修订者莫里斯则试图把韦斯特勒克的客观论和戴西的主观论融为一体，把proper law of contract解释为当事人意欲使合同受其支配的法律，而在当事人无此明示选择且不能依情况推定当事人选择的意图时，应是那个与合同有最密切、最真实联系的法律。莫里斯指出，合同自体法可分解为三个规则：（1）当事人已明示选择了法律，该法律一般应被适用；（2）当事人无明示选择法律，但依情况可以推断出他们所选择的法律时，该法律应被适用；（3）当事人未明示选择，由不能依情况推断出他们所选择的法律时，适用与合同有最密切最真实联系的法律。尽管英国国际私法学家们对proper law仍未消除主观论和客观论的对立，但从整体来看，在当前，英国学者们大多数倾向于采主观说为主同时兼顾合同的客观情况来确定合同的proper law。根据以上关于合同自体法的界定，提单合同的自体法首先应是当事人在提单中所选择适用的法律，如果当事人没有在提单中指定所应适用的法律，也不能推断出当事人所意欲适用的法律，则适用与提单合同有最密切、最真实联系的法律。

## 七、适用内国法

采用这种做法的国家认为提单的性质属于一国的公共政策，因此应排除外国法的适用，而适用内国法。

公共政策又称为公共秩序，它主要是指依法院国自己的冲突规则本应适用某一外国法，而因其适用会危及法院国的重大社会或公共利益或法律与道德的基本原则即可排除其适用的一种保留制度。此外，各国法律中还包含一些体现自己国家重大利益、基本政策和道德与法律的基本理念和基本原则的立法规定，它们因其自身的重要性而必须在涉外民事关系中直接适用（即不必依冲突规则的指引），因而同样具有排除外国法适用的公共秩序保留制度的效力。提单性质适用内国法属于后一种情形。就英美法的观点来看，公共政策主要是指法院不得强制执行一个其履行会与国家的基本道德原则相抵触，或与社会重大公共利益相违背的契约或义务。从本质上看，公共政策主要从两个方面来实现其排除外国法适用的职能的，即：一方面，国际私法中的公共政策起着一种对外国法防范的或否定的，安全阀的作用，因为在原则上，依据内国的冲突规则，有关问题本应适用某外国法的，现在由于其适用会与内国的公共政策发生抵触而不予适用；另一方面，国际私法中的公共政策还起着一种对内国法积极的或肯定的作用，即对于某些案件，法院在援用公共秩序时，并不是首先表明依冲突规则本应适用外国法，而是直接认定，由于该案件与法院国有某种重要的联系，因而它的某些强行法是必须直接适用的，在这时，法院可以对自己的双边冲突规范完全弃之不顾。基于国际私法上公共政策的上述两方面的含义与作用，法典中借公共秩序排除外国法适用的规定有三种不同的方式：第一种是间接限制外国法适用的立法方式，在采取这种立法方式时，在有关法律中，需要明确规定该国内立法是强制的直接适用于有关涉外民事关系的，从而表明，它具有排除外国法适用的效力。如

《法国民法典》第3条规定："关于警察与治安的法律，对于居住在法国境内的居民均有强行力。"即是这种立法方式的例证。第二种是直接限制外国法适用的立法方式。在采取这种立法方式时，则在冲突法中规定，凡外国法的适用如与内国公共秩序相抵触时，即不得适用该外国法。第三种是合并限制的立法方式。在采取这种立法方式时，在国内法中，既有关于某些法律具有直接适用的强行性的规定，又有赋予法院在出现立法不能预见或未能预见的情况时，援用公共秩序来排除本应适用的外国法的自由裁量的规定。

从以上关于公共政策的分析可以发现，一国只有在涉及其本国重大社会、公共利益时才会援引公共政策。我们认为，提单的性质问题主要涉及托运人、承运人、提单持有人之间的私人关系，虽然在提单法中有一些强行性规定，但它并不涉及重大社会、公共利益，因此，规定提单的性质问题一律适用内国法是不妥的。

对于提单性质与提单转让的法律适用，中国国际私法目前没有相关的规定。《中华人民共和国国际私法示范法》第82条规定，动产物权凭证，适用该凭证上指定应适用的法律。没有指定的，适用持证人使用凭证时的行为地法。我们认为，这一规定在某些方面是值得商榷的，对于动产物权凭证的性质适用凭证上指定应适用的法律是可以的，但在没有指定时，根据合同法律适用中的特征履行说，应适用提单发布方的营业所所在地国法。而对于动产物权凭证的转让，由于涉及第三人的利益，为维护第三人的交易安全，应适用动产物权凭证转让时的所在地法。

# 第六章　货物所有权保留之法律冲突

## 第一节　货物所有权保留法律冲突之实践考察

货物所有权保留是指出卖人和买受人在买卖合同中约定，买受人虽先占有、使用标的物，但在合同约定的特定条件（通常是价金的一部分或全部清偿）成就前，货物所有权仍由出卖人保留，直至条件成就时，才转移给买受人。所有权保留买卖适用于买卖、互易、赠与等领域，但以买卖合同中的所有权保留条款最为常见。

与民法中的其他法律制度一样，货物所有权保留法律制度亦具有悠久的历史。据学者研究，罗马法上曾有类似制度，德国普通法亦承认之。① 古罗马《十二表法》第6表第8条规定："出卖的物品纵经交付，非在买受人付清价款或提供担保以满足出卖人的要求后，其所有权并不转移。"该条规定的内容与现代所有权保留极为类似。但据学者研究，该条指的是用"拟弃诉权"方式出卖物品而言，其办法是买卖双方带着标的物或其标志到长官前伪装诉讼，由买受人为原告，主张该物为他所有，出卖人为被告，对买受人的主张加以承认或默不抗辩，遂由长官把标的物判归买受人所有。可见，"拟弃诉权"是利用诉讼程序来转移所有权的方式，与所有权保留制度有着根本性的区别。罗马共和国末年，为适应商品流通快节奏的需要，受万民法的影响，罗马法出现买卖等典型诺成合同。而且，分期付款买卖方式在罗马帝国时期也已出现，买卖合同的出

---

① 王泽鉴：《民法学说与判例研究》（第一辑），中国政法大学出版社1998年版，第124页。

卖人为使买受人到期付款，可以附加专门的担保性简约。与现代所有权保留相似的主要有两种：一种是“所有权保留简约”，出卖人可以保留标的物所有权直到价款交付后再转移；另一种是“解除约款”，如果买受人在一定期限内不付清货款，应认为买卖被解除，出卖人有权收回标的物，即“到期不付，解除买卖”。乌尔比安在《论萨宾》第28篇中认为：如果出售土地的契约中附有解除约款简约（该简约规定，如果在一定期限内买方未支付价款，那么，就认为买卖契约解除，出售标的物归还卖方），那么，这似乎更像是附条件解除契约的出售，而不是附条件的出售。① 1794年的《普鲁士地方普通法典》（简称普鲁士邦法）对上述罗马法中的“买卖附解除约款”作了重大修正，规定只有在出卖人重新占有了出卖物时，卖方所附的解除约款才有效。这就在客观上增加了出卖人提起“所有权返还之诉”的难度。

所有权保留制度虽然源于罗马法，但长期以来极少被利用，并未引起人们的重视。直至19世纪，伴随着工业革命而来的信用经济的兴起，分期付款买卖成为欧美各国流行的交易方式，所有权保留与分期付款买卖相结合的担保方式才成为最活跃、最理想的动产担保方式，其在实践中的作用甚至超过了动产质押。德国学者赖纳·斯罗德指出：“这种担保方式（所有权保留）对于当事人双方均有好处。在买受人不践行债务时，出卖人可以取回标的物；买受人则能在不必立即支付买卖价金的情况下获得对标的物的使用，尤其通过对标的物的再转卖或再加工，买受人往往才有能力来偿还价金债务。由于具有其他担保方式所无可比拟的这些优点，所有权保留的担保方式在交易生活中发挥着重要作用。”② 基于货物所有权保留制度对促进各国的经济发展有着重要的作用，现代各国立法普遍

---

① 参见［意］桑德罗斯其巴尼选编，丁玫译：《契约之债》，中国政法大学出版社1994年版，第69～70页。

② ［德］赖纳·斯罗德著，张双根译：《德国物权法的沿革与功能》，载《法学家》2000年第2期。

规定了所有权保留制度，但各国关于所有权保留制度之具体规定却并不完全一样。以下笔者就各国有关货物所有权保留的法律冲突进行简要的阐述。

## 一、澳大利亚

英国的货物所有权保留制度对当时的英联邦国家产生了重要影响，澳大利亚的货物所有权保留制度即是以英国法为蓝本制定的。在澳大利亚，自英国上诉法院在 Aluminium Industrie Vaassen BV v. Romalpa Aluminium Ltd. ［1976］1 WLR 676 一案中的判决后，所有权保留条款通常被称为 Romalpa 条款。自这一条款于 1970 年在澳大利亚首次被接受以来，它们变得越来越详细和复杂了。最简单的 Romalpa 条款形式为卖方保留货物所有权直至买方支付货款，即使是货物已经交付给买方。比较复杂的所有权保留条款试图包括以下情形：（1）当买方将货物重新销售给第二个买方时，该条款规定买方是代表卖方而占有第二次销售所得，其范围是买方所欠卖方的债务。（2）当卖方将货物生产成其他货物，或者将货物并入其他产品中时，该条款规定最终产品的所有权不转移至买方，直至买方履行完对卖方的债务。依澳大利亚法，虽然所有权保留条款或者 Romalpa 条款一般被认为有效，但每一个案件依保留条款的具体用词及具体的案件事实而定。在澳大利亚，原则上，所有权保留条款是可以生效的，因为货物销售法允许当事人自由选择确定货物所有权从卖方转移至买方的时间。当事人选择的基本自由被特别允许卖方保留对货物的处置权，直至某些条款得到满足的法律条款进一步加强。① 结果很明显，在澳大利亚，依条款的具体内容，所有权保留条款将生效。不过，Everett 强烈地争辩道，依澳大利亚法，唯一能生效的条款是最简单地保留卖方权利直至付款的条款，她认为前面所描述的比较复杂的所有权保留条款不生效力，不能使卖方保

---

① Kenneth Sutton, *Sales and Comsumer Law*, 4th ed, LBC Information Service, Sydeny, 1995, p. 414.

留对货物的所有权，而不管在所有权保留条款中使用了什么形式的文字。Everett 认为，在将货物交付给买方后卖方保留货物所有权的能力取决于双方当事人的意图，不过，意图不仅仅取决于双方当事人所使用的词语，而且取决于合同条款，当事人的行为及案件的具体环境。一旦买方有权独立于卖方毁坏货物或者重新销售货物，并且是为其自己的目的和利益，则整个环境将妨碍双方当事人约定由卖方保留货物所有权的真实意图。当仔细分析的时候，已裁决的案件确认一旦赋予了这种程度的绝对所有权，则货物所有权将转移至买方，甚至是简单的所有权保留条款亦无效。① 在 Puma Australia Pty Ltd. v. Sportsmans Australia Ltd（No 2）（1994）2 Qd R 159 和 Style Finnish（Qld）Pty Ltd. v. Abloy Security Pty Ltd［1994］2 Qd R 203 中可以发现对以上论点的一些支持，它们认为当买方在向卖方支付货款前再出售货物时，货物所有权直接从卖方转移至第二个买方，第二个买方所取得的权利不是通过第一个买方传来取得。不过，当货物仍然可以识别，并且仍然由买方占有时，则所有权保留条款将生效，这是没有什么疑问的。② 如果货物已由买方转售，澳大利亚衡平法规则规定，若买方与卖方之间存在信托关系，则卖方仅能对销售货物所得（或者从原始货物生产出的货物中）主张权利。如果所有权保留条款规定任何转售所得都是卖方的财产，则法院可以认为买方对卖方负有就所得作出满意的交代的信托义务。③ 不过，如果所有权保留条款旨在赋予卖方对货物被并入或者被附合后的财产行使权利，则它对那些财产产生责任，但它对澳大利亚的

① Di Everett. "Romalpa clause: the fundarmental flaw"（1994）68 Australian Law Journal 404 - 413.

② See Chattis Nominees Pty Ltd v. Norman Ross Homeworks Pty Ltd.（in liq）（1992）28 NSWLR 338 at 334, per Cohen J.

③ See Len Vidgen Ski & Leisure Ltd v. Timaru Marine Supplies（1982）Ltd.（1986）1 NZLR 349.

公司买方不产生效果，除非其依《公司法》第262条进行了登记。[①]

## 二、奥地利

在《奥地利民法典》中，不存在关于所有权保留的一般法律定义。《奥地利消费者保护法》第24条使用了这一词，但没有作出定义。我国有的学者指出，在现行《奥地利民法典》的框架下承认所有权保留的效力是没有问题的。奥地利学说与判例普遍承认所有权保留制度，而且现在《奥地利消费者保护法》第297a条和第24条第1款第9项已经承认了所有权保留制度。[②] 在奥地利实践中，所有权保留条款通常在国内和国际贸易中使用，法学理论与法院判决对合同中的所有权保留条款确立了坚实的理由。依法学理论，奥地利有三种类型的所有权保留条款，即“简单”的所有权保留，“扩张”的所有权保留，“延长”的所有权保留。所有权保留是《奥地利民法典》第1063条规定的例外，该条规定：“如果财产在买方没有同时支付货款时由卖方交付给买方，则该财产是基于信用而出售，财产所有权立即转移至买方。”据此，所有权保留必须由双方当事人在合同中约定。使卖方保留所有权，直至所售货物被完全和及时的支付货款（也即简单的所有权保留）的所有权保留条款通常被包含在合同中规定的卖方的一般贸易条件中。虽然对所有权保留的规定没有正式的要求，但奥地利法院适用相对较高的证明标准。如果双方达成所有权保留，而买方未能依合同支付全额货款，则卖方可以起诉买方，要求返还所售的货物，偿还收取为部分货款的金钱，再减去因使用而减少的部分或者损害赔偿金。通过这种行为，销售合同即终止。“扩张”的所有权保留条款规定卖

---

① See Associated Alloys Pty Ltd. v. Metropolitan Engineering and Fabrication Pty Ltd. (1988) 16 ACLC 1633.

② 参见申卫星：《期待权基本理论研究》，中国人民大学出版社2006年版，第173页。

方保留被售货物的所有权，不仅直到货款全部支付，而且直到买方对于卖方的其他额外义务得到满足。这种做法不仅在于担保买方支付货款的义务，而且在于担保其他的额外义务。这种“扩张”被认为是无效的。“延长”的所有权保留是合同规定额外担保已依所有权保留条款销售货物的卖方，例如，预先转让买方对于其所售商品的顾客的诉讼请求。在这种情形中，如果卖方授权买方转售货物，则卖方将丧失他的财产权；或者在商人之间的贸易中，如果第二个买方基于善意购买货物，则卖方也将丧失他的财产权（《奥地利商法典》第366条、第367条、第371条）。这种规定是有效的，不过，只有当支付购买货款的义务已经依转让条款被转让时，这种规定才能强制执行。①

## 三、比利时

比利时法认为所有权保留条款在合同当事人之间是有效的，但它不能在多数债权人相冲突的破产案件中对其他债权人援引。不过，有几个下级法院判决判定在多数债权人相冲突的破产案件中，所有权保留条款能对抗其他债权人。其条件是多数债权人权利相冲突的现象形成以前，卖方已经明确地援引了该条款。② 如果多数债权人权利相冲突的现象基于破产而引起，则适用《破产法》第101条。所有权保留能对破产受托人提起，条件是：（1）在货物交付给买方之前，所有权保留以书面形式写出；（2）货物依然存在，并且能在破产财产中识别出来（它们没有并入其他货物，或者与其他财产附合）；（3）货物必须在诉讼请求检验程序终结前要求归还。不过，破产受托人有可能拒绝将财产返还给卖方，其条件是他

① See *Transfer of ownership in international trade*, edited by Alexander von Ziegler, Jette Ronoe, Charles Debattista, Odile Plegat – Kerrault. Published by Kluwer Law International. pp. 46 ~ 47.

② See Antwerp Court Of Appeal, March 1, 1988, R. W. 1988—89, 575.

已经依卖方和买方在合同中的约定支付了货款。[①]

## 四、加拿大

在加拿大，在破产法的限制下，动产的卖方可以依《魁北克民法典》第1741条认为销售终止，并且要求收回财产。为了使这一权利能够行使，销售必须设有一个条款，即现金销售。卖方必须证明买方违约，财产必须仍然构成一个整体，且居于同样的状态，财产必须没有转让至第三者购买人或者抵押债权人。被协商进销售合同的取回权只能通过司法程序行使。卖方可以保留被售货物的所有权，即推迟货物所有权的转移，直至未来某一不确定事件的发生（《魁北克民法典》第1497条）。在这一事件发生的时候，卖方有义务转移财产所有权，除非当事人已同意所有权转移自动发生（《魁北克民法典》第1507条）。对于分期付款销售亦是如此（《魁北克民法典》第1745条），卖方可以在解除条件下转移货物所有权，即当未来发生不确定事件的时候，财产可以返还给卖方。

在加拿大安大略省，卖方保留货物所有权的能力取决于合同条款。英国上诉法院在 Aluminum Industrie Vaasen B. V. v. Romalpa Aluminum Ltd [1962] 2 All E. R. 552 一案中的判决认为卖方可以以这样的方式签订合同，即他不仅有权作为持续所有人收回货物，而且有权得到原始货物的收益，而不受相竞争的诉讼请求的限制。加拿大法院已经遵循了 Romalpa 案，但其制定法仍未明确。值得注意的是，在受安大略法支配的交易中，如果卖方意图保留货物所有权，直至支付货款，则这将被认为是有利于卖方的货物担保利益。据此，为保护其担保利益，卖方必须依动产担保法的要求“完善”

---

① See *Transfer of ownership in international trade*, edited by Alexander von Ziegler, Jette Ronoe, Charles Debattista, Odile Plegat - Kerrault. Published by Kluwer Law International. pp. 70 ~ 71.

其担保。①

## 五、丹麦

在丹麦，商事销售中所有权保留条款的生效必须以卖方和买方之间明确而不含糊的协议为基础。所有权保留可以从销售和交付的一般条款中显现，但条件是所有权保留必须明确和被强调。据此，卖方不能通过在发货单上背书而取得所有权保留。没有要求对所有权保留应当采取书面形式，但应当产生前面所说的证据，当然，所有权保留条款采用书面形式符合卖方的利益。所有权保留最迟于货物交付给买方时作出是所有权保留生效的前提条件。所有权保留可以仅包括与销售有关的特定货物，可能仅担保依协议而产生的请求。以上提到的一些要求已被包含在丹麦消费者信用保护法中。当涉及被卖方用于转售的货物时，丹麦法的基本规则是不能作出所有权保留，除非满足了所谓的转让销售要求。即使如此，卖方也只能保留所有权至货物被转售时。除了前面提到的所有权保留的通常要求外，转让销售中的卖方必须保持对货物的足够的控制和叙述，以确保买方只能依当事人之间的协议处置货物。此外，买方应该按生效的销售的比例与卖方达成一致，且分开银行账户。转让给银行的附有所有权保留的购买协议必须以一种满意的方式确保对银行权利的通知，特别是所有权保留给予了买方，否则，如果货物卖给了善意的第三方，则丹麦法院将拒绝撤销所有权保留权。②

## 六、英国

在英国，从19世纪开始，所有权保留条款在商业实践中出现，

① See *Transfer of ownership in international trade*, edited by Alexander von Ziegler, Jette Ronoe, Charles Debattista, Odile Plegat - Kerrault. Published by Kluwer Law International. pp. 89 ~ 90.

② See *Transfer of ownership in international trade*, edited by Alexander von Ziegler, Jette Ronoe, Charles Debattista, Odile Plegat - Kerrault. Published by Kluwer Law International. pp. 116 ~ 117.

只是由于买方能从借贷机构获得融资，卖方没有必要提供信用而在实践中不被经常使用，也就没有引起法官和学者的注意。但随着所有权保留条款在其他欧陆国家的流行，英国的商贸实践中出现了大量含有所有权保留条款的货物进口合同。1976 年 Aluminium Industrie Vaassen BV v. Romalpa Aluminium Ltd 一案就是具体涉及一个荷兰公司向英国罗马尔帕铝公司出售铝箔并附有所有权保留条款的案件，这就是著名的罗马尔帕案（Romalpa）。在该案中，两公司在合同中约定，卖方即荷兰公司应交付给买方即英国公司铝箔的所有权，只有在买方清偿了因各种原因欠卖方的全部债权金额时，所有权才转移。卖方依合同约定向买方交付了铝箔，后来买方的债权人指定了接管人，接管人将尚未与其他材料混同的卖方供应的部分铝箔予以出售，并存入了单独的账户上，但还剩余大量铝箔没有出售。卖方知道后申请法院宣告他有权在卖得的金额上主张担保权益，并要求向他支付未出售的其他铝箔或向他支付价金。英国上诉法院的判决支持了荷兰公司依所有权保留条款所主张的权益，允许它追回转售其货物所得的金额，并认为它对尚未出售的铝箔享有所有权。但判决对当事人所约定的“卖方就与具体货物无关的其他请求也保留所有权”的条款是否有效，以及在加工后或混合的货物上是否成立所有权保留等问题，并未作出说明。① 这一裁决在“法律界金融界引起的震惊难以形容”。② 所有权保留条款因而也被称为“罗马尔帕”条款。虽然该案例未被纳入官方的《法律报告书》，但许多法律评论家很快理解了这个判决的重要性，从此，所有权保留问题越来越受到关注和重视。1970 年《货物买卖法》第 19 条第 1 款确立了所有权保留条款在成文法上的根据，该款规定，卖方在特定条件成就之前，保留处置货物的权利（reserve the right

① 参见沈达明：《买卖合同上的所有权保留条款》，载《国际商务》1996 年第 2 期。

② 何美欢：《香港担保法》（上册），北京大学出版社 1995 年版，第 201 页。

of disposal of goods)，在这种情况下，尽管货物已被交付给买方或者负责转交给买方的承运人、保管人，但在买方附加的条件实现之前，货物的财产权（the property in the goods）不转移于买方。该条款中的财产权（the property in the goods）一般用来指所有权（the right of ownership）。①

在英国，最简单的所有权保留条款形式是保留对特定货物的所有权，直到这些货物的货款得到支付。不过，正如已经看到的，卖方通常用一种或者两种方式起草提高他们担保的条款，也就是通过将担保扩张于已经生产的货物及源自所售货物的收益，或者使用担保手段不仅保护未支付的货款，而且保护其他过去或者未来的债务。英国法院承认一些，而不是所有的"Romalpa"条款，据此，当该条款有效时，使卖方的"真实"诉讼请求优先于破产买方的债权人。这种条款的有效性取决于诉讼确定的标准，主要取决于所有权被保留的程度及第三方当事人的利益可能被这种保留条款损害的程度。对这些问题的观点可以概括如下：（1）对于原始货物的所有权保留条款，卖方可以取回货物，其条件是：①货物被识别为卖方所有；②货物分开储藏，没有与属于买方或者第三方的类似货物相混合（Aluminium Industrie Vaassen v. Romalpa Ltd. [1976] 2 All ER 552）。（2）对于涉及原始货物收益的所有权保留条款，则只有当这些收益与属于买方的其他资金分开保存于不同账户时，卖方才可以对所售原始货物的收益提出请求（Aluminium Induitrie Vaassen v. Romalpa Ltd.）。（3）对于涉及原始货物的产品及收益的所有权保留条款，法院一致认为，由于价值已被添附到原始货物上，双方当事人不能认为财产仍然继续赋予卖方，因为这将使卖方获得未期待的利益。据此，法院拒绝承认涉及原材料而生的产品及原材料收益的所有权保留条款。法院将这种条款解释为试图创造应该依 1985 年《公司法》第 396（1）条登记的浮动费用［Re

① See Gerand McComack, reservation of Title, Sweet & Maxwell, pp. 228～229、73、9.

Peachdart Ltd.（1984）Ch. 131；Borden（U. K）Ltd. v. Scottish Timber Products Ltd.（1981）Ch. 25；Re Bond Worth Ltd.（1979）3 All ER 919］。（4）涉及买方对卖方所有负债的所有权保留条款于 Armour v. Thyssen［1990］3 All ER 481 一案中得到承认。①

此外，英国法上的租买制度也是所有权保留行使的重要形式，该制度相对于德国法上的分期付款买卖。根据租买合同，租买人以分期支付租金的方式来接受标的物，并在租赁期满时享有是否取得购买人地位的选择权。而租卖人在租买人行使选择权的有效期内，不得将该标的物出售给第三人。

## 七、法国

1804 年的《法国民法典》并未明确规定所有权保留，但是学者们认为，所有权保留在该法典中可以找到其合法性根据，这就是《法国民法典》第 118 条关于附停止条件的规定和第 1183 条关于解除条件的规定，以及契约自由原则。1980 年 5 月 12 日法律确认了所有权保留条款在裁判上的清理（1985 年 1 月 25 日法律将之改为“裁判重整”）中的效力，从此这一条款得到普遍采用。②

在法国，由于民法典关于货物所有权转移的规定不是强制性的，当事人可以在他们的合同中自由约定买方承担风险，卖方可以保留货物所有权直至买方支付货款。法国法于 1980 年 5 月 12 日的一部法令引进所有权保留的概念。1994 年 6 月 10 日的法令修改了适用于所有权保留条款的立法。以前的立法规定所有权保留条款必须用书面形式，最迟应于货物被交付时。不过，法院以前要求这种条款出现在每一个交付指示中，而现在，这种条款出现在双方当事人明示同意的基本销售条件中即足够了［1985 年 1 月 25 日法令第

---

① See *Transfer of ownership in international trade*, edited by Alexander von Ziegler, Jette Ronoe, Charles Debattista, Odile Plegat - Kerrault. Published by Kluwer Law International. p. 145.

② 尹田：《法国物权法》，法律出版社 1998 年版，第 455 页。

121（2）条]。此外，在被收回货物的识别方面也有一些变化，一方面，“当同一种类和质量的货物现在由买方占有时”，现在可以对可替代物提出请求（法令第 121 条）。下列条款最后于 1996 年 7 月 1 日被并入 1994 年法令第 121 条，即“所有权保留条款对买方和所有其他债权人都是有效的，除非当事人已书面同意修改或者忽视它”。其次，如果几个供应商的诉讼请求超过了存在于债务人财产中的未识别货物的价值，则货物的返还有可能以“首先到达，首先返还”为基础，不过法律并没有对这一问题作出规定。此外，对于收回已被并入其他财产中的动产的诉讼，如果收回动产不会对货物造成损害，则可以提出这种诉讼。自从颁布新的法律后，可以依法国规则通过公告方式发出所有权保留条款的通知。据此（且只有到那时）提起诉讼的债权人可以免去必须确立权利及执行所有权保留条款的义务，可以直接提起收回货物之诉。如果债权人未能给予所有权保留条款的通知，则他应该提起收回货物之诉，并且在专业的报纸上于 3 个月内公布命令破产的裁决，证明他对货物的占有和控制有专属的权利。① 在法国，由于所有权保留制度容易设定，花钱少，不给当事人带来麻烦，而在法国的商事活动中占有重要的位置，被法国学者 Cabrillac 称为法国 20 世纪末期的明显。②

## 八、德国

德国是较早对所有权保留制度作出规定的大陆法系国家，在普通法时期就有类似于现代所有权保留的制度。因其未得到广泛运用，故没有引起法律界的重视。19 世纪，由于德国的经济状况极不景气，买方很难从金融机构获得贷款，供应商们为保护自己的利

---

① See *Transfer of ownership in international trade*, edited by Alexander von Ziegler, Jette Ronoe, Charles Debattista, Odile Plegat - Kerrault. Published by Kluwer Law International. pp. 168 ~ 169.

② 参见沈达明：《法国/德国担保法》，中国法制出版社 2000 年版，第 148 页。

益，纷纷放弃以往在合同中附“解除约款”的做法，直截了当地在合同中表明：在买方付清价款之前，卖方保留所有权。这种条款在当时被大量运用，法官迫于客观实践的需要，不得不承认这种条款的效力。1898年德国民法第二次委员会鉴于当事人之间约定所有权保留往往失之暧昧且不完全，容易产生争端与疑义，遂决定增设一条解释规定加以补充。当时有三个提案，第一个提案为：“动产出卖人为担保基于买卖契约所生之请求权而保留所有权，其标的物已交付于买受人者，视为保留因不履行之契约解除权。”第二个提案为：“动产之出卖人于价金清偿前保留所有权者，有疑义时，应认为所有权之移转系以清偿全部价金为停止条件。买受人给付迟延时，出卖人得解除契约。”第三个提案建议将第二个提案中的“停止条件”改为“解除条件”。委员会经再三研究，决定采用第二个提案，此即现行《德国民法典》第455条第1项规定。

依德国现行民法，销售合同当事人可以明示或者默示保留所售货物的所有权，直至买方支付了全部货款（《德国民法典》第455条）。在这种情况下，转让人和受让人相互同意动产所有权从转让人转移至受让人要受支付货款的停止条件的限制。如果这一条件得到满足，则所有权转移自动生效。直到那时，卖方仍然是动产的所有人，而买方仅对物权享有一种未来利益，不过，这一利益已经可以转让。德国法没有关于所有权规定的正式要求。特别是关于所有权保留的登记不得而知。依德国法，买方依所有权保留条款可以受不同方式的保护：（1）如果所售动产的所有人在存在所有权保留条款时于过渡期内对货物作出有利于第三人的处分，若条件得到满足，即货款已被支付，则这种处分是无效的（《德国民法典》第161条第1款）。（2）附条件的购买人在其占有动产时受《德国民法典》第986条第2款的保护。（3）如果附条件的卖方的债权人想依所有权保留条款执行被售的动产，则附条件的买方可以依《德国民事诉讼法》第771条对执行提起第三方当事人诉讼。如果附条件的买方在过渡期内破产，则破产受托人可以选择履行销售合同，即支付剩余的货款以为破产债权人而取得的动产的所有权，也可以拒绝支付货款（《破产法》第107条第2款）。在后一种情形中，附条件的卖方有权分离并且收回动产（《破产法》第147条）。如果附条件的卖方在过渡期内破产，则占有动产的附条件的买方可以要求履行销售合同。销售合同当事人也可以约定延长所有权保留条款，据此，当被销售的货物被重新出售或者由买方加工时，卖方可以取得进一步的权利。例如，如果卖方授权买方转售货物于他的客户，则买方将转让基于转售而产生的未来诉讼请求于卖方，以为货款的支付提供担保。① 在所有权保留中的卖方破产时，其破产管理人是否享有选择权在德国曾存在很大的争议，但1999年1月1日开始生效的《支付不能法》第107条第1款明确取消了卖方破产时其破产管理人的选择权，从而更好地保护了买受人的利益。当所有权保留中的买方支付迟延时，《德国民法典》第455条规定了卖方的解除权，而且此项解除权的行使不需要事先警告。此外，卖方还可以坚持支付请求权，设法取得强制执行的权利，并且对债务人的财产可以通过以所有权保留的形式出卖标的物本身予以强制执行，也可以确定一个延后的宽限期，并且可以基于不履行而要求损害赔偿。

2002年1月1日生效的《德国债法现代化法》对《德国民法典》中所规定的所有权保留制度作了一定的修改，所有权保留制度由第455条改为第449条，其内容由两款改为三款，将原来第1款的内容分为两款，原来的第2款变为第3款。新法第2款规定，出卖人只有在解除合同之后，方可依所有权保留请求标的物的返回。

## 九、意大利

《意大利民法典》承认分期付款销售合同中所有权保留条款的

① See *Transfer of ownership in international trade*, edited by Alexander von Ziegler, Jette Ronoe, Charles Debattista, Odile Plegat - Kerrault. Published by Kluwer Law International. pp. 191 ~ 192.

有效性（第1523条至第1526条）。在这种情形中，依《民法典》第1523条的规定，当货物交付给买方时，风险转移至买方，但货物所有权直至买方全部支付货款时才发生转移。未得到货款支付的卖方可以解除合同，取回货物（《民法典》第1526条），返还买方已经支付的分期付款数额。如果所有权保留条款采取了书面形式，并且是在货物被扣押之前达成，则所有权保留条款能抗辩买方的债权人（《民法典》第152条第1款）。如果财产，即使是动产，在公共登记簿上登记了，则所有权保留条款也必须登记（《民法典》第1524条第3款）。①

## 十、日本

依日本法，当事人可以自由约定作为销售合同标的的货物所有权由卖方保留一段时间（以作为担保）。在当事人之间不需要正式的形式（例如登记）。如果保留的是动产的所有权，这种条款无须登记也对第三人有效。不过在某些情况下，善意第三人可以从买方获得完全所有权（《日本民法典》第192条）。在日本，除了某些有限的领域，如分期付款销售合同（主要是为了保护消费者）外，所有权保留的概念是通过现实的需求及判例法而发展，但没有制定法基础。不过，所有权保留条款基本上被日本法院，包括破产程序所承认。② 日本学者还承认扩大的所有权保留，即在继续的买卖关系中，基于全部买卖商品与全部价金债权的牵连关系，为担保全部债权而保留全部买卖商品的所有权。这被日本学者称为“限所有权保留”或“无限所有权保留”。对于所有权保留的适用范围，日

---

① See *Transfer of ownership in international trade*, edited by Alexander von Ziegler, Jette Ronoe, Charles Debattista, Odile Plegat - Kerrault. Published by Kluwer Law International. p. 211.

② See *Transfer of ownership in international trade*, edited by Alexander von Ziegler, Jette Ronoe, Charles Debattista, Odile Plegat - Kerrault. Published by Kluwer Law International. p. 227.

本学者认为，在不动产买卖的情况下也存在所有权保留，但《宅地建筑物交易业法》第43条在一定情况下禁止所有权保留。所以，在日本常见的主要是动产的简单所有权保留。①

## 十一、荷兰

依荷兰法，只有在担保依销售合同或者以前及未来的销售合同而交付的货物的货款（或者违约损害赔偿）时，才允许使用货物所有权保留条款（《荷兰民法典》第392条）。附有所有权保留条款的当事人被认为依完全支付货款这一前提条件而转移货物所有权，这一条件的完成就意味着货物所有权于条件成就时自动地从卖方转移至买方。虽然存在所有权保留条款，但卖方可以允许买方在正常的商业流程中将货物销售给第二个买方，这一允许通常解释为依另一个先决条件，即转售货物而转移货物所有权。即使是没有得到许可，买方也可能将货物卖给第二个买方。如果第二个买方是基于善意，也就是说如果他不知道所有权保留，或者有理由认为买方将向卖方付款，则第二个买方可以依《荷兰民法典》第386条的保护而得到所有权。如果依所有权保留条款而销售的货物依附于其他货物，或者通过改变或者混合的过程而失去了它们的性质，则尽管存在所有权保留条款，则买方仍可取得货物所有权（《荷兰民法典》第34条、第514条、第515条、第516条）。将所有权保留扩张至第二个买方的债务或者至改变后的产品的可能受到了极大的限制，扩张至收益则完全不可能。依荷兰法，买方能将其未来顾客的债务转让给卖方，但其条件是能预先通知未来债务人（《荷兰民法典》第394条、第397条），如果转让仅是为了担保货款的支付，则《荷兰民法典》第3239条规定了进一步的限制。即使在某些情形中可能符合制定法的要求，但它也很不现实。只有当被加工成一件或更多新货物是依主人的委托而设计及由其承担风险时，这些货

① 参见申卫星：《期待权基本理论研究》，中国人民大学出版社2006年版，第174～175页。

物的所有权保留才可能。在正常的销售合同中，改变货物导致货物所有权转移至买方，即使是存在所有权保留条款（《荷兰民法典》第516条）。①

## 十二、挪威

挪威法对所有权保留条款的有效性所规定的要求并不多，主要的规则是该条款必须用书面形式。如果在销售合同缔结时该条款没有用书面形式，则当事人必须在货物交付以后尽快用书面形式确认。依挪威政府关于挪威抵押权法的立法历史，在货物预订的时候很少对制定条款有正式要求，例如，货物可以通过电话预订及交付。在这种情况下，如果卖方的基本交付条件合理的话，则交付可以以此为基础作出。如果卖方在其基本交付条件中载有所有权保留条款，则它通常会被认为是当事人的协议所致，这种交付条款通常载有所有权保留条款。《抵押权法》第3（17）条规定了另一个要求，即实际货物必须能在协议中明确识别，被担保的货款也必须能明确识别。挪威法对消费者合同规定有特殊的所有权保留条款，在这一领域，在此之前或最迟于货物的占有转移至买方之前必须准备书面协议。依《抵押权法》第3（15）条的规定，如果卖方知道并且接受买方转售货物，则所有权保留条款将不生效。如果买方决定在他占有货物之后转售这些货物，则依《抵押权法》第3（16）条的规定，没有享有所有权保留的卖方的接受，买方不能转售这些货物。如果卖方没有接受时货物被转售，则新的买方通常会基于善意而取得完全的货物所有权。②

---

① See *Transfer of ownership in international trade*, edited by Alexander von Ziegler, Jette Ronoe, Charles Debattista, Odile Plegat - Kerrault. Published by Kluwer Law International. pp. 255 ~ 256.

② See *Transfer of ownership in international trade*, edited by Alexander von Ziegler, Jette Ronoe, Charles Debattista, Odile Plegat - Kerrault. Published by Kluwer Law International. p. 275.

## 十三、俄罗斯

俄罗斯联邦民法典关于货物所有权于货物交付给买方或买方指定的人时转移的规定具有可选择性质，因为只有与当事人没有其他约定时才适用这一条款（《俄罗斯联邦民法典》第233条第1款）。据此，合同当事人可以自由约定由卖方保留货物所有权，甚至是在货物交付之后，除非一些特定条件得到履行（例如支付货款）。此外，《俄罗斯联邦民法典》第491条明确规定了在货物销售合同中载入所有权保留条款的可能性。该条规定：当销售合同规定卖方将保留对交付给买方的货物的所有权，直至货款已经交付或者其他情形发生时，则买方只有当货物所有权转移于他时才能转让货物或者以其他方式处分货物，除非法律或者合同另有规定，或者是基于货物的名称或者特征。当在合同规定的期限内，货物所有权据以发生转移的货款没有支付或者其他条件没有发生，则卖方有权要求买方将货物返还于他，除非合同另有规定。据此，所有权保留条款在合同当事人之间的基本效果是禁止买方处置货物，直至货物有权发生转移。不过，如果买方将货物卖给第三方当事人，而第三人是一个善意的购买方（也就是说在缔结合同的时候他不知道，也不可能知道交易相对方没有货物所有权），则货物所有人将丧失对该人的诉讼请求，因为货物所有人是自愿将货物委托给转售货物的第一买方管理的。在这种情况下，货物所有人和货物善意购买人之间的冲突依有利于后者而得到解决（《俄罗斯联邦民法典》第302条）。①

## 十四、南非

在南非，当事人可以明示或默示地约定卖方保留货物的所有

① See *Transfer of ownership in international trade*, edited by Alexander von Ziegler, Jette Ronoe, Charles Debattista, Odile Plegat - Kerrault. Published by Kluwer Law International. pp. 314 ~ 315.

权。据此，卖方所有人可以通过取回所有权的诉讼从第三方当事人处取回货物。不过，取回所有权诉讼受到一些限制，将阻止卖方所有人从善意的第三方当事人那里取回货物。这些限制包括禁止翻供、销售执行中的货物，及时效（普通法上的时效法）。如果制造商将他所不拥有的零部件生产出另一件产品，而最终产品不能还原成零部件，则制造商将基于加工而成为货物的所有人。在这种情形中，零部件最初所有人的所有权保留将无效。不过，如果制造商使用他不享有所有权的零部件（受所有权保留条款的限制），但在使用后可使零部件还原，则对于后来所生产商品的购买者而言，零部件所有人的所有权保留有效，所有权将不发生转移。但基于具体事实，禁止翻供的规则可改变这一状况。①

## 十五、西班牙

适用于动产销售和货物所有权转移的西班牙民法和商法制度都不特别调整所有权保留。不过，依合同自由的原则，当事人约定的条款在当事人之间是有效的。卖方将保留货物所有权，直至买方遵守其付款义务。但是，将产生这些条款不对第三方当事人的权利产生效力的问题。所有权保留条款对第三方当事人的效果由 1965 年分期付款销售合同法特别调整，该法规定了分期付款销售登记作为保护第三方当事人权利的制度。据此，所有权保留条款是否能针对第三人执行将取决于分期付款销售是否记载入登记簿。②

## 十六、瑞典

在瑞典，虽然买方接受货物以后，卖方对货物的权利以合同和

---

① See *Transfer of ownership in international trade*, edited by Alexander von Ziegler, Jette Ronoe, Charles Debattista, Odile Plegat - Kerrault. Published by Kluwer Law International. pp. 334 ~ 335.

② See *Transfer of ownership in international trade*, edited by Alexander von Ziegler, Jette Ronoe, Charles Debattista, Odile Plegat - Kerrault. Published by Kluwer Law International. pp. 350 ~ 351.

合同条款为基础，但这种合同权利也能约束买方的债权人。有关1915年《信用购买法》的“准备工作资料”解释了物权的效果，认为在那些情形中，卖方并没有放弃他的“所有权”，即他对货物的物权。为防止在普通的信用交易中不适当地使用所有权保留条款，依瑞士法创立的所有权保留担保严格限制于依有关销售合同而产生的请求。据此，这种条款不适用于不是产生于销售合同的卖方对买方的诉讼请求，例如依其他的销售合同而产生的请求，具有这种效果的条款和条件在当事人之间也是无效的。瑞典法对当事人同意的所有权保留并不要求书面形式，当事人之间的口头协议即足够了。[1] 协议必须于买方收到货物之前作出。解除合同，并返还货物的买方可以保留他的扣留权，以担保卖方返还购买所得。不过，依瑞典法，对于所有权保留条款的有效性也有几项例外：（1）如果在所有权保留条件下所购买的货物被建造进了不动产，则所有权保留通常将因并入而无效（《瑞典不动产法》第二章），其他需登记的物体，如船舶和飞机也类似。（2）当并入与不动产无关时，如果货物被并入的标的物被认为是主要标的物，例如车轮或发动机被装入汽车，则所有权保留的有效性将受到损害。（3）如果从其被并入的标的物分离出货物将导致标的物价值的重大减损，则对于意图被分离的货物的所有权保留是无效的。（4）后一结论也与买方已经转移给第三方当事人的货物（至少如果第三方当事人对于卖方的所有权保留是基于善意时是如此）或者以其他方式消费的货物有关。如果买方的行为没有卖方的同意，则卖方对货物的利益可以被转换为针对买方债权人的物权保护利益——以代替这种货物（通常是对第三方提起诉讼）。（5）如果销售合同允许买方通过销售、并入及消费处置货物，则所有权保留条款对于第三人来说是无效的。不过，这种条款在当事人之间依然有效。在这种情形中，所有权保留不被认为是合法的，因为它仅仅是为卖方提供针对买方债权人的担保，而没有限制买方作为“所有人”使用货物。在许多

---

① 1971年《瑞典最高法院法律报告》，第228页。

情况，载入的所有权保留条款本身将阻止买方处置货物的权利。(6) 所有权保留要求作出所有权保留时，与权利有关的货物能被适当地识别，并且仍然可能识别。据此，如果货物与其他货物混合，或者其性质因其他原因而变得不明确，则所有权保留的法律效果将受到损害。①

## 十七、瑞士

在瑞士，当事人可以同意所有权不于货物交付时从卖方转移至买方，而继续由卖方保留。《瑞士民法典》第四编物权法的第715条第1款规定，保留让与他人动产的所有权，须在受让人住所地的主管官员的登记簿上进行登记始生效力。因此，依据瑞士法，只有当所有权保留合同进入受让人住所地的公共登记簿，并且由适当的债务收取及破产局保管时，所有权保留合同才有效。这种所有权保留登记必须于对买方的资产发布可能的破产宣告之前作出。如果没有正确地采取并正式的完成这一措施，则所有权保留将不能强制执行（瑞士联邦最高法院的判决9622171）。②

## 十八、美国

在美国，所有权保留早在18世纪就已出现，当时被称为附条件买卖。交易双方约定，在买方支付最后一笔货款之前，买受人虽然已经占有、使用所购买的货物，但出卖人仍保留所有权，直到货款付清后所有权才转移。美国学者普遍认为，美国法上的附条件买卖即相当于德国法上的所有权保留买卖。1911年，美国统一州法

---

① See *Transfer of ownership in international trade*, edited by Alexander von Ziegler, Jette Ronoe, Charles Debattista, Odile Plegat - Kerrault. Published by Kluwer Law International. pp. 382 ~ 384.

② See *Transfer of ownership in international trade*, edited by Alexander von Ziegler, Jette Ronoe, Charles Debattista, Odile Plegat - Kerrault. Published by Kluwer Law International. pp. 405 ~ 406.

全国委员会颁布了《统一附条件买卖法》，用38个条文对附条件买卖作了规定，但它并没有引起各州的广泛重视。1952年，该委员会制定出《统一商法典》，专设第9篇“担保交易”集中对物的担保制度作了全新的规定。它一改以往担保类型固定的法律传统，放弃了普通法和制定法上的动产抵押、附条件买卖、信托收据、质权、应收账目的让与，现场仓库等各种担保类型的名称和形式，而用“担保权益”这一概念来表述上述各种物的担保，运用“附着”这一概念来界定担保权益在当事人间的有效性，并通过对担保权益完善化的程序来界定担保权益在当事人之间的有效性，并通过对担保权益完善化的程序设计，巧妙地解决了担保权益对第三人的效力及其优先顺序，从而最大限度地统一了物的担保立法。对于这一法律制度，我国有的学者认为，它有效地克服了大陆法系物权法“物权类型强制”和“物权内容固定”的弊端，在一定程度上将契约自由的机能引进了物权法上的类型强制，使该法在一切当事人通过契约所创设的担保权益上均可适用。① 对于所有权保留制度，该法典第1—201（37）条规定，卖方在货物已装船发运或交付给买方后对货物进行的所有权保留，在效力上相当于对“担保权益”的保留。根据第9—107条的规定，若这种担保权益是为了担保标的物的价款的部分或全部，则构成“价款担保权益”，该法第9—302（1）条明文规定设定在除机动车辆、不动产附着物外的消费品上的担保权益不需登记即自动完善，也即担保权益自成立起就完善了。自20世纪初，附条件买卖作为担保手段在美国大规模地予以适用，时至今日，美国几乎所有的州都已将附条件买卖作为一种重要的担保手段予以承认，并与动产抵押制度形成并驾齐驱的态势。②

---

① 参见王轶：《所有权保留制度研究》，载梁慧星主编：《民商法论丛》第6卷，法律出版社1997年版，第598～599页。

② 参见申卫星：《期待权基本理论研究》，中国人民大学出版社2006年版，第180页。

不过，由于所有权制度与担保权益制度之间的区别，也有学者认为，在美国，如果使用了提单，则所有权保留条款将不再生效，因为这种条款阻碍了提单的转让或者让与。即使货物所有权转移不是通过提单进行，依美国统一商法典，也不允许所有权保留。卖方保留所有权的唯一有效的方式是保留可转让提单，但当达到合同约定的所有权转移之时，将恢复到担保利益。一旦不知道所有权保留的善意有偿购买人得到货物时，所有权保留即无效。依美国统一商法典，卖方仅能保留对货物的担保利益，但该担保利益也能因不知道担保利益的善意有偿购买人而无效。①

## 十九、韩国

《韩国民法典》虽未规定所有权保留制度，但早在1965年汉城高级法院即在判决中承认了所有权保留，限制韩国的判例与学说都接受了所有权保留制度，并且1991年12月31日公布的韩国《分期付款法》第2条和日本法一样，规定在以分期付款方法销售指定商品时，在价金完全付清之前，推定所有权保留于出卖人。②

## 二十、中国

我国《合同法》第134条规定了货物所有权保留制度。该条规定，当事人可以在买卖合同中约定，买受人未履行支付价款或者其他义务的，标的物的所有权属于出卖人。此外，我国《民法通则》第72条第2款及《合同法》第133条均规定，动产标的物的所有权自交付时起转移，但法律另有规定或者当事人另有约定的除外。但我国《物权法》第9条规定，不动产物权的设立、变更、

---

① See *Transfer of ownership in international trade*, edited by Alexander von Ziegler, Jette Ronoe, Charles Debattista, Odile Plegat - Kerrault. Published by Kluwer Law International. pp. 424 ~ 425.

② 参见申卫星：《期待权基本理论研究》，中国人民大学出版社2006年版，第175页。

转让和消灭，经依法登记，发生法律效力；未经登记，不发生效力，但法律另有规定的除外。第 23 条规定，动产物权的设立和转让，自交付时发生效力，但法律另有规定的除外。可见，我国《物权法》的规定删去了《民法通则》及《合同法》中规定的“当事人另有约定的除外”。那么，根据我国《物权法》的规定，我国立法是否还允许存在所有权保留呢？一种观点认为，正是由于《民法通则》第 72 条第 2 款以及《合同法》第 133 条允许当事人就所有权转移进行约定，该规定为所有权保留制度的存在提供了空间：当事人可以就所有权转移附条件。如果删去“当事人另有约定的除外”，似乎也就排除了所有权保留制度的存在可能性。① 但也有学者认为，《物权法》中规定的“法律另有规定的除外”中的“法律”系仅指解决“因物的归属和利用而产生的民事关系”的《物权法》本身，抑或是亦包括规范债权债务关系的《合同法》在内的其他法律？换言之，《合同法》确定的当事人约定所有权保留的约款是否有效则不无疑问。在笔者看来，只要法律规范是用来确定物权变动行为的，则不论其表现形式如何，均应当被解为前述之“法律”。② 我国还有的学者认为，不同的物权变动模式下，所有权保留制度如何具体构成，属于物权变动模式立法选择的体系效应问题。换言之，物权变动模式的立法选择不同，只会带来所有权保留法律构成上的差异，并不会出现特定物权变动模式下该项制度无法完成法律构成的问题。③ 我们认为，我国法律应继续认可货物所有权保留法律制度，这是因为：第一，货物所有权保留是一项很有价值的法律制度，在现实生活中有很大的适用空间，如果否定货物所有权保留法律制度，不仅会对现存法律秩序造成损害，而且也不能

① 参见田士永：《物权行为理论研究》，中国政法大学出版社 2002 年版，第 168～171 页。

② 翟云岭、孙得胜：《论所有权保留》，载《法学家》2010 年第 1 期。

③ 王轶：《论所有权保留的法律构成》，载《当代法学》2010 年第 2 期。

满足人们对货物所有权保留法律制度的现实需要。第二，我国《物权法》并未明确规定废止《合同法》中所规定的货物所有权保留法律制度，《物权法》也并未明确规定的“法律另有规定的除外”中的“法律”系仅指解决“因物的归属和利用而产生的民事关系”的《物权法》本身，因此，可以将其中的“法律”解释为包含合同法在内。

## 第二节 货物所有权保留的性质与类型

### 一、货物所有权保留的性质

所有权保留的性质是一个颇有争议的问题，主要有部分所有权移转说、附停止条件所有权移转说、所有权移转与特殊质权产生说、所有权移转与担保权益产生说、担保性所有权说、限制所有权说等几种学说，以下对这些学说进行简要的述评：

（一）部分所有权移转说

该说认为，在所有权保留买卖中，出卖人将标的物交付于买受人时，所有权的一部分也随之移转于买受人，于是，形成出卖人与买受人共有一物的所有权形态。这种部分性的所有权移转，乃按部分价金的给付同时，作分量上“阶段性的移转与买受人”。或者说，在分期付款买卖的所有权保留过程中，对于标的物的归属关系，乃属于浮动状态的继续，出卖人与买受人均不得谓为具有完全的所有权，亦不得认为全然未具有所有权，此可解为，“所有权像削梨似的，由出卖人一方逐渐地移到买受人一方。买受人具有的这种过渡阶段的所有权为完全所有权的同质缩型”，这种具有物权性质的期待权与出卖人的余留所有权作为上下阶段分属于同一所有物上，而且买受人的期待权是取得完全所有权的前阶段。这种完全所有权要待买卖价金的付清而形成，在过渡期间，买受人与出卖人同具有一物所有权，但所谓享有期待权的买受人的所有权权能，优先于出卖人的权能，出卖人的权能因被削弱，故出卖人的所有权权能为除去买受人权能后之余存部分。

部分所有权移转说为德国学者赖札所创。现代一些德国和日本学者（如铃木、几代教授）主张此说。我国大陆亦有学者持有类似观点，如有的学者认为，所有权保留既有债权性又有物权性。就其发生而言，所有权保留条款是买卖合同中的条款，而买卖关系当然是债的关系。在买卖中出卖人的主要义务是移转标的物的所有权，买受人的主要权利是取得标的物的所有权。由于有了所有权保留的约定，当事人对买卖合同的履行在移转所有权上就附加了条件，从而出卖人在条件成就前未将所有权移转于买受人也不为违约。正因为所有权保留具有债的性质，所以各国法上一般都将之规定于债法中，而不规定于物法中。就其功能和当事人双方对物的权利而言，所有权保留具有物权性。因为在买卖合同履行中，出卖人交付标的物后，当事人双方对标的物都享有一定的权利，买受人不能如同因交付而移转所有权的买卖那样完全的取得标的物的所有权，出卖人也不能如未交付前那样完全享有所有权，双方都在一定程度和范围内支配着物，而如此权利结构目的是为了担保价款债权的实现。应当将所有权保留与所有权保留中买受人权利区分开。买受人的期待权并非指在附所有权保留约款的买卖关系中的权利，而是指出卖人交付标的物而保留所有权时，买受人对于标的物的权利。这种权利并不是完全物权，但是，因为买受人已经获取了对标的物的占有，而且这种权利又是所有权的取得权，故这种权利也有一定的物权性质。在现代条件下，已演变为一种不完全所有权，且其已在实务中存在，法律上应当加以确认，以不完全所有权理论解决买受人期待权的性质，应为最佳选择。① 我国大陆亦有学者对部分所有权移转说持反对意见，如有的学者认为，部分移转所有权说存在以下难以克服的缺陷：（1）观点前后矛盾。一方面认为出卖人与买受人对出卖物构成共有关系，即出卖人与买受人依时间先后

---

① 郭明瑞：《担保法》，中国政法大学出版社 1998 年版，第 287～290 页。

共有标的物的所有权；另一方面又认为出卖人仍应以所有人待之，而买受人所享有者仅为“所有权之期待权”。(2) 有悖于当事人的初衷或意思。买卖合同的所有权保留条款表明在所附条件成就前，标的物所有权不发生转移，出卖人绝不想在标的物交付后至所附条件成就前与买受人共有一物。(3) 与所有权本质相矛盾。所有权本质上是所有人对物的全面支配权，所有权的移转实际上是此种支配权的移转，而这种支配权是一种抽象的不可分割的权利，这就决定了所有权只能“整卖”，而不可能“零售”，“削梨”似的移转所有权在客观上是不可能的，部分移转所有权或不完全移转所有权根本不能成立。①

对于部分移转所有权说，我们认为应从两方面来看：一方面，德国学者赖札所创的部分移转所有权说是以英美法系中的所有权理论为基础的，而英美法系中的所有权是可以分割的，同一个标的物上可以存在两个或两个以上不同的所有权，因此，若以英美法系中的所有权理论为基础来解释部分移转所有权说，则该学说无疑有其合理的一面。② 另一方面，如果以大陆法系的所有权理论来看待该学说，则其无疑与大陆法系的所有权理论相悖，因为大陆法系坚持的是一物一权原则，根据一物一权原则，一个物上只能设立一个所有权而不能同时设立两个以上所有权。③

（二）附停止条件所有权移转说

该说认为，依私法自治原则，只要不与社会的一般共同观念相违背，同时又不违背强行法或公序良俗，当事人自能就法律行为附以条件，使其效力的发生或消灭系于将来客观不确定事实的成就与否。买卖合同的当事人在合同中就所有权移转问题作出出卖人附条

---

① 余延满：《货物所有权移转问题的比较法研究》，载李双元主编：《国际法与比较法论丛》第二辑，中国方正出版社 2002 年版，第 155 ~ 156 页。

② 对英美法系所有权理论的阐述详见本章第四节买受人期待权的物权性质。

③ 王利明：《物权法研究》，中国人民大学出版社 2002 年版，第 79 页。

件以保留所有权的约定，并不违反法律的禁止性规定，自应承认其效力。因此，所有权保留在法律性质上为一种附停止条件的所有权转移。具体地说，在以德国法为代表的肯定物权行为理论的国家或地区，附条件的是标的物所有权移转的物权行为，而不是其债权行为。当事人于买卖契约已约定所有权保留的，虽于交付标的物时尚未再约定保留所有权，解释上仍应认为移转所有权的物权行为附有停止条件。反之，在以法、日民法为代表的不承认物权行为的理论的国家，是所有权移转的效果因买卖契约附有停止条件而受到限制。① 我国台湾地区学者王泽鉴认为，就《动产担保交易法》所规定之附条件买卖制度而言，买卖契约系完全成立，而以保留所有权为其约款，其本身并不附任何条件，附条件者，系物权行为。按以转移标的物所有权为目的之物权行为，系由合意与交付两个因素构成之。标的物虽先交付，由买受人占有，但当事人约定于价金一部分或全部清偿前，出卖人仍保留所有权，整个物权行为之效力系于将来不确定之事实。② 我国大陆亦有学者指出，所有权保留属于物权行为附条件，不属于债权行为附条件。其原因在于，买卖契约之发生效力，出卖人与买受人互负给付义务，该给付义务，并不以当事人是否有关于所有权转移附条件之约定为要件。③ 我们认为，所有权保留属于物权行为附条件还是债权行为附条件涉及是否承认物权行为的独立性问题，正如我们前面所分析的，我们认为所有权转移中独立的物权合意并不存在，因此也就不存在物权行为附条件，保留所有权的意思表示属于债权意思表示的一部分，包含在合同一部分的所有权保留条款中。正如我国有的学者所指出的，物权行为

---

① 参见刘得宽：《民法诸问题与新展望》，中国政法大学出版社 2002 年版，第 6 页。

② 参见王泽鉴：《民法学说与判例研究》（第一辑），中国政法大学出版社 1998 年版，第 131 页。

③ 参见田士永：《物权行为理论研究》，中国政法大学出版社 2002 年版，第 170 页。

本质上是债务履行，在买卖合同中业已包含了当事人之间利益关系的全部安排。履行债务（物权行为）对于当事人之间利益关系的调整，理应以买卖合同的调整为前提。①

附停止条件所有权移转说为德、法、日和我国台湾地区等之通说。我国大陆绝大多数学者亦持此说。我们亦赞同这一学说。在立法上，附停止条件所有权移转立法例一直为大陆法系和英美法系的绝大多数国家或地区所采用。如《德国民法典》第455条、《瑞士债务法》第715条、《日本分期付款买卖法》第7条、1979年《英国货物买卖法》第19（1）条、《美国统一附条件买卖法》第1条、我国台湾地区“动产担保交易法”第26条和我国《合同法》第134条等的规定。

对于所有权保留中移转所有权所附条件是停止条件还是解除条件有疑义时如何认定，立法与学说未尽一致。如普鲁士邦法规定，当事人约定出卖人于价金清偿前仍保留所有权者，有疑义时，视为附解除条件。德国普通法时代，学者亦有主张应以解除条件较为适当。德国民法第二次委员会虽亦有“附解除条件”的建议，但现行德国民法明文规定，有疑义时，应认为所有权的移转系附停止条件。② 现在德国学界普遍认为所有权保留所附条件应是延缓条件。③ 我国台湾地区“动产担保交易法”亦采用此种立法例。此外，美国《统一附条件买卖法》更明确规定，买卖标的物的所有权与买受人清偿价款的全部或一部，或履行约定义务或特定事件发生时，始移转于买受人，亦系附停止条件。所谓附停止条件民事行为是指民事行为效力的发生以特定条件的成就为原则。附解除条件

① 参见王轶：《物权变动论》，中国人民大学出版社2001年版，第69页。

② 王泽鉴：《民法学说与判例研究》（第一辑），中国政法大学出版社1998年版，第132页。

③ 参见申卫星：《期待权基本理论研究》，中国人民大学出版社2006年版，第190页。

的民事行为是指已经生效的民事行为，于特定条件成就时失去法律效力。我们认为，在载有货物所有权保留条款的合同中，双当事人意思表示一致时合同已经成立并生效，当事人应当按照合同的约定履行合同，而如果买受人不按合同的约定履行合同支付价款给出卖人，则出卖人可以解除合同，取回标的物，因此，货物所有权保留中所有权移转所附条件应是解除条件。

（三）所有权移转与特殊质权产生说

该说认为，在保留所有权买卖中，买受人因物之交付而取得所有权，出卖人的所有权随之丧失，只是取得一种担保权。出卖人所保留的所有权，论其性质，与质权系属相同，买受人因物的交付而取得所有权，出卖人所取得者，系不占有标的物，附有流质约款的质权，并借此以担保其未获得清偿的价金债权。出卖人附条件移转所有权的目的，即在担保未获清偿的价金债权，则其所保留者，应非系所有权，而系担保物权，论其实质殆与质权无异。该说为德国学者 Blomeyer 所倡。这一学说为绝大多数学者所反对，因为这一学说与民法禁止流质契约的强行规定相悖，也与不得以占有改定的方式设定质权的规定相悖，同时也与当事人约定由出卖人保留所有权的意思表示不符。

（四）所有权移转与担保权益产生说

该说认为，出卖人之所以保留所有权，其主要目的在于为其价金债权提供担保，而并非像租赁、寄售一样仅是为买受人的使用或转售，从这个角度而言，保留所有权具有担保物权的性质，因此，人为的将保留所有权与担保物权区分不符合商业实际。在所有权保留中，出卖人更感兴趣的，不是对标的物行使所有权，即要求买受人返还标的物。而是要求价金的支付，因而对出卖人而言，所有权保留的意义在于买受人破产时他可能享有的优先于买受人其他债权人受偿的权利。普通法学家 Glog 和 Irvine 认为，“有效规定这些条件的效力，实际上在于为出卖人在其不占有的货物上设定动产担保权益”；Smith 认为，“出卖人在付款前仍保留所有权的条件下，将财产权移转于买受人，其优先权类似于担保权益”，因此，“法律不应孤立地对待所有权保留，而应从功能上将其视为债权人竞争和担保方法这个混合问题的一部分”。①

所有权移转与担保权益产生说为英美法学者所主张。我国有的学者亦持这一学说，如有的学者认为，《美国统一商法典》所采取的所有权移转与担保权益产生说是符合现代商事交易的实践需要的，因为出卖人将货物转移给买受人占有，他就成为买受人的债权人，在合同中约定保留所有权仅仅是为了保障出卖人债权的实现，因此，保留所有权的出卖人的地位仅仅是相当于有担保的债权人，如果仅因为出卖人约定了保留所有权而取得优先于其他担保债权人的权利，而无论其设立的先后，显然与担保物权顺序受偿原则相矛盾。而且担保物权作为物权，法律多要求公示以保护第三人，所有权保留具有担保物权的功能，如不作为担保物权处理，不要求公示，则亦与物权公示原则相背离。再言之，如果出卖人因保留了所有权而可以依所有人的意思对已交付的货物进行处置，亦有违于所有权保留买卖中提供信用的本质，不利于买受人正当权益的维护。因此，采取所有权保留对所有权转移不产生影响，效力上仅相当于担保权益的学说与立法，在实践中有较大的优越性，它既可以通过担保权益的设置，使出卖人愿意向买受人提供信用，又可因所有权转移于买受人，使买受人享有对货物的处置权，从而促进物质的流通，使物尽其用、各取所欲，满足市场经济的需要。②

所有权移转与担保权益产生说在立法实践中被《美国统一商法典》所采纳，根据《美国统一商法典》第1—201（37）条及第2—401（1）条的规定，出卖人在货物已发运或已交付给买受人后所保留的对货物的所有权（财产权），效力上只相当于保留担保权益。并且，其第9—202条明确规定：“无论担保物的所有权属于受

① 参见余延满：《货物所有权移转问题的比较法研究》，载李双元主编：《国际法与比较法论丛》第二辑，中国方正出版社2002年版，第149~150页。

② 参见刘郁武：《所有权保留研究》，载《法学家》1998年第2期。

担保方还是属于债务人，本篇有关权利、义务和救济的条款都均可适用。”如出卖人赊销货物给买受人，规定在买受人付清货款前出卖人仍保留所有权，该项保留并不妨碍货物所有权转移给买受人，实际上只是出卖人在货物上设定另外一项担保权益，这项交易受第9篇调整。

我们认为，所有权移转与担保权益产生说与当事人的意思表示相违背，当事人在合同中约定所有权保留条款的目的即是买受人满足一定条件前仍由出卖人保留货物所有权，如果当事人的目的是要在买卖标的物上设定担保物权，则当事人完全可以通过约定设定担保物权的方式来达到这一目的，而无须借助于所有权保留。

（五）担保性所有权说

该说认为，在所有权保留买卖中，买受人虽不享有法律上的所有权，但实质上与所有人无异，其对标的物的权利因为债的关系而产生，却绝不是债权可以包容的。出卖人保留的所有权在法律上虽为完全所有权，但事实上相当于担保权，因此，已跨越所有权与担保物权的界限，兼具所有权与担保权的若干特点。考虑到所有权保留的经济实质与法律形式，出卖人保留的所有权应为担保性所有权，买受人的权利则为受担保权限制的，因欠缺所有权法律形式而不具有处分权的、与所有权类似的特殊权利——但这种权利的保护有待于法律的特别规定。这样界定所有权保留的性质，不仅可以防止所有权构成理论中出卖人可利用其保留所有权谋取不正当利益的缺陷，达到保护买受人的目的，也可避免传统担保权构成论不顾当事人的意思表示将买受人认定为所有权人的尴尬，并减少买受人擅自处分标的物的可能性，以维护出卖人的担保利益。所谓担保性所有权，即根据当事人的约定为担保其债权实现而由债权人享有的所有权。担保性所有权以担保债权为目的，本质上应归入担保物权，属于限制性物权，因此与一般所有权不同。担保性所有权除了受到法律对一般所有权的限制外，还受到法律基于其担保性所作出的限制，其内容的确定要看法律对所有权担保交易中双方权利义务的规定。担保性所有权以担保债权为目的，本质上是一种担保权。在所有权保留买卖中，在价金清偿以前，出卖人仍是法律上的所有人，但其所有权为担保性所有权，应受到担保目的的限制，而买受人虽然有取得所有权的期待权，并且享有类似所有权人的地位，但他并不是法律上的所有人。可见，双方当事人的权利相互制约，谁都不享有完整的所有权。①

我们认为，担保性所有权说虽然看到了所有权保留买卖中出卖人的目的在于担保其价金的清偿，但担保性所有权的概念与大陆法系关于所有权的基本原理相矛盾，不符合大陆法系物权法的物权法定原则，因此，这一学说虽然值得借鉴，但不宜采纳。

（六）限制所有权说

该说认为出卖人所保留的所有权为受到限制的所有权，卖方保留所有权的目的在于确保自身价金的清偿，与其他担保物权功能并无二致。唯就法律观点言之，所有权人地位与担保物权人的地位显然不相同，就当事人主观意思言之，卖方保留所有权的目的亦在于期望得以所有权人的地位行使权利。② 我国有的学者赞同这一观点，如有的学者认为，作为一项完整的所有权应该包括占有、使用、收益、处分四项权能。而在所有权保留买卖中买受人虽不是所有权人却占有、使用标的物，对标的物进行收益。对于出卖人而言，其虽是所有权人，但却只享有一项处分权能。这种处分权能主要体现在当买受人不清偿价款或不履行其他条件时，可行使取回权，行使取回权后如果买受人不回赎，则出卖人可以将标的物再出卖以实现价金债权。由此可见，出卖人保留所有权的目的并非对标的物占有、使用、收益，而是为了担保价金债权。另外，当出卖人破产时，出卖人虽然对标的物享有所有权，但买受人可以自己的期待权与之对抗，破产管理人不得取回标的物，只能以未清偿的价金

① 邓娟瑞：《论所有权保留的性质——担保性所有权》，载《法商研究》2002 年第 3 期。

② 刘春堂：《动产担保交易法研究》，台湾辅仁大学丛书 1999 年版，第 107 页。

作为破产债权。所以，出卖人所享有的所有权的权能与效力均受到限制，此时出卖人行使所有权只能以实现担保利益为目的。①

我们认为，限制所有权说无疑与所有权保留中出卖人所保留的所有权的权利状态是相吻合的，但应当注意的是，完整的所有权虽然应包括占有、使用、收益、处分四项权能，但所有权的这四项权能与所有权分离的情形也是普遍存在的，如在所有权上设定他物权即是典型的例子，但我们并不能因为所有权上设定了他物权而否定其为一种通常意义上的所有权，因此，限制所有权说虽然有一定的事实基础，但与所有权理论不符。

## 二、货物所有权保留的类型

关于所有权保留的类型，从其发展历史来看，早期只承认简单的所有权保留，即双方当事人在买卖合同中约定，出卖人虽先将标的物交付于买受人占有，但在买受人支付标的物的全部价金之前，标的物的所有权仍由出卖人保留。在简单的所有权保留中，卖方保留所有权的客体仅限于买方根据合同所占有的特定标的物，而不包括买方的转售所得及其对该特定标的物进行加工、混合、附合所产生的添附物，所保障的价金债权也亦以该特定标的物的价金为限。在简单的所有权保留中，买受人于条件成就之前不能对标的物进行处分，但如果买受人是中间商或制造商，则买受人又不得不对标的物进行处分，为了调和这种矛盾，所有权保留的类型出现了多样化、复杂化的趋势。德国有学者认为，《德国民法典》第455条对于简单所有权保留的规定为不完美的规定，故在实践中又产生了其他形式的所有权保留。② 在当代，除了简单的所有权保留外，还有扩张的所有权保留、延长的所有权保留等类型。

① 柴振国、史新章：《所有权保留若干问题研究》，载《中国法学》2003年第4期。

② 参见翟云岭：《分期付款买卖中的受益人利益保护研究》，法律出版社2007年版，第51页。

（一）扩张的所有权保留

扩张的所有权保留是指当事人在合同中约定，所有权保留所保障的债权不仅包括本合同所产生的价金，而且还包括出卖人或者其关联方因其他合同或者基于其他理由而产生的债权，在所有这些债权全部清偿前，出卖人保留对标的物或其转售所得、添附物的所有权。在德国，尽管此种形式的所有权保留受到学者的质疑，但是司法判例却予以确认，它通常发生在商人之间的交易中。①

扩张的所有权保留又可以分为往来账户的所有权保留和康采恩式的所有权保留。往来账户的所有权保留是指当事人在合同中约定，在出卖人对买受人的全部债权获得清偿前，出卖人仍将保留对标的物的所有权。在往来账户的所有权保留中，只要买受人对出卖人欠有价款，则出卖人即可对其出售给买受人的货物保留所有权，而不管是哪一批货物。这种所有权保留的对出卖人的好处是其不必辨认买受人占有的货物中哪些是本合同项下的货物，哪些不是本合同项下的货物。这种所有权保留多在买卖双方有经常性业务往来时使用。

康采恩式的所有权保留是指当事人在合同中约定，在合同标的物的价款以及买方集团（买方及其母公司、子公司）对卖方集团（卖方及其母公司、子公司）所负全部债务清偿以前，出卖人仍将保留对标的物的所有权。② 德国司法实践中只有一件判例公开认同了康采恩式所有权保留，德国学术界指称此种形式的所有权保留违背了《德国民法典》第 138 条规定的善良风俗。因为康采恩式所有权保留不能确定，使所有权关系难以证明和确定；同时将第三人拉入保留买卖的约定中，造成对于出卖人担保过甚，而限制了买受人的经济活动自由，并实际上免除了出卖人的所有权移转义务。学

① 参见翟云岭：《分期付款买卖中的受益人利益保护研究》，法律出版社 2007 年版，第 51 页。

② ICC, Retention of Title: A practical guide to 19 national legislations, ICC Publishing SA (1989), p. 24.

界的反对导致自1999年1月1日起，新增加的《德国民法典》第455条第2款确定，如果约定所有权保留是以买受人清偿第三人，特别是与出卖人具有关联关系的企业的债权，此种所有权保留约定无效。①

（二）延长的所有权保留

延长的所有权保留是指当事人在合同中约定，如果买受人将标的物转售或者加工、混合、附合，则所有权保留的客体扩大到买受人所得的收益或买受人对被转售人的价金债权或添附物。延长的所有权保留一般适用于买受人为中间商或制造商等情况。

延长的所有权保留又可以分为追索的所有权保留和聚合的所有权保留。追索的所有权保留是指当事人在合同中约定，如果买受人转售标的物，则出卖人取得买受人转售所得利益或者买受人对被买受人的价金债权。聚合的所有权保留指当事人在合同中约定，如果买受人将标的物与其他物品一起加工生产成新产品，则出卖人对该产品的全部或按生产过程中合同标的物所占的比例对该产品的一定份额享有所有权。

在上述各种类型的所有权保留中，各国普遍承认简单的所有权保留是没有疑问的，但对于复杂的所有权保留之承认，则各国立场不一，有的承认复杂的所有权保留，如英国、澳大利亚、德国、荷兰、奥地利等国。在承认复杂的所有权保留类型的国家中，其承认程度也不一样，如澳大利亚国内还存在争议，奥地利认为扩张的所有权保留无效，英国也只承认一些，而不是所有的所有权保留条款，荷兰法规定将所有权保留扩张至第二个买方的债务或者至改变后的产品的可能受到极大的限制，扩张至收益则完全不可能。有些国家对是否承认复杂的所有权保留未置可否，如比利时、俄罗斯、中国等国。

我们认为，所有权保留在本质上属于当事人自由约定的范围，

① 参见翟云岭：《分期付款买卖中的受益人利益保护研究》，法律出版社2007年版，第52页。

因此，只要当事人自由约定的所有权保留类型不侵害善意第三人的利益，不违反社会公共利益，则应当认定为有效。

## 第三节 货物所有权保留的设定

### 一、货物所有权保留设定的方式

所有权保留设定的方式主要有明示和默示两种，在这两种设定方式中，各国都允许采用明示方式是没有疑问的，但对于是否允许采用默示方式，则各国或地区的立法及司法实践做法不一，理论上也存在较大的分歧。

有的国家法律规定所有权保留的设定必须采用明示形式，如丹麦、法国、挪威等国。《丹麦分期付款买卖法》第 34 条第 1 款第 22 项规定，所有权保留应当在明确和易于理解诸方面满足某些标准，所有权保留条款应当被有效地载于买卖合同中，而且还应当在发票上注明所有权保留条款。法国以书面形式作为订立所有权保留条款的基本要求，遇有非书面形式的所有权保留条款，出卖人要求恢复占有标的物的请求将不为法院支持。在奥地利，在涉及消费者分期付款买卖合同中，所有权保留条款若不以书面形式记载，则出卖人将被视为实施了不公平的竞争行为而受到罚款处罚。在德国，则要求当事人应当明示所有权保留的类型，即确定所有权保留系简单的所有权保留还是延长的所有权保留、扩大的所有权保留抑或是复合的所有权保留的哪一种类型，否则，法院应作出严格解释，认定其仅属于简单的所有权保留。我国台湾地区“动产担保交易法”明确规定所有权保留以明示为必要。

但也有的国家的法律规定所有权保留之设定可以采用默示形式，如南非。依《日本分期付款买卖法》，对于分期付款销售政令中规定的指定商品，即使当事人没有为所有权保留设定约款，亦可推定所有权由出卖人保留。[1] 日本的有力说（我妻荣：《债权各论（一）》）以及判例（大判 10、7、9，判决全集第 2～1040 页）之旁论中亦有同旨之记载，同时日本的《割赋贩卖法》第 7 条中亦有明文规定“至全部履行分期货款之给付义务时为止，该货物的所有权被推定保留于分期付款业人者”。[2] 在英国，从 1979 年《货物买卖法》第 19 条关于处置权的保留的规定来看，所有权保留原则上应以明示的方式作出，例外亦可采用默示的方式，即“货物需要海运的，通过提单，货物按照卖方或其代理人的命令可以交付的，卖方表面上被视为保留货物的处置权”。[3] 从英国的司法实践来看，对此经历了一个变化与发展的过程。在 1976 年英国上诉法院就“罗马尔帕铅公司”所作的判决中，为维持初审法院对卖方有利的判决，尽管“罗马尔帕”中的条款（所有权保留条款）完全没有提及原物的收益，但仍把下列默示条款加插入合同：（1）买方有把铅片原装出售的资格；（2）买方负起把收益分割并为此交代的义务。“罗马尔帕”判决颁布后不久，卖方依赖着较简单的条款提出权利主张。法庭的立场是，若要成功，卖方的权利主张必须设在明文的合同条款上。他在法律上没有权利，而法庭不愿意以加插默示条款的方式协助他。在“博尔登”案和“安得贝尔公司”案两项协议中突出了这个立场。[4]

在理论上，亦有学者认为所有权保留可以采取默示的方式，如有的学者认为，所有权保留的特约，非必明示的表示，以默示方法

---

① 邓曾甲：《日本民法概论》，法律出版社 1995 年版，第 251 页。

② （台）刘得宽：《民法诸问题与新展望》，中国政法大学出版社 2002 年版，第 5 页。

③ 余延满：《货物所有权移转问题的比较法研究》，载李双元主编：《国际法与比较法论丛》第二辑，中国方正出版社 2002 年版，第 160 页。

④ 何美欢：《香港担保法》（上），北京大学出版社 1995 年版，第 204～207 页。转引自余延满：《货物所有权移转问题的比较法研究》，载李双元主编：《国际法与比较法论丛》第二辑，中国方正出版社 2002 年版，第 160 页。

为之亦无不可，例如，所有权之转移以登记为生效要件者，标的物虽经交付，但未为转移登记时，可解为有默示的所有权保留特约。但连默示的特约皆无时，例如对动产所有权之归属未作任何表示，将该物交付与买受人，则该所有权与交付同时转移于买受人；或待至付清全部价金方始转移与买受人？对此问题，学术界议论纷纷未有定论。我认为后者（所有权保留式）为妥，即，推定其所有权于付清全部价金同时转移与买受人。盖以立于出卖人之立场言，所有权保留为其最好的方法；并且买受人也对之有所觉悟，常自意识着，价金之犹未付清以前，还未能成为完全的所有人。不论解释上作何推定，或法律上是否有明文记载，社会上大多数由当事人的意思来订定所有权保留特约，能够借此加强买受人对于价金债务之负荷意识，而促其按期履行货款。① 在我国大陆，亦有学者认为所有权保留的特约，并不以明示特约为限。以默示方法特约所有权保留的，亦无不可。② 但亦有学者认为，从我国《合同法》第 133 条和第 134 条的规定来看，所有权保留意思表示的方式显然是以明示为限。③

我们认为，所有权保留意思表示的方式原则上应以明示为限，如果当事人在合同中没有所有权保留的约定，则货物所有权将于出卖人将货物交付于买受人时转移于买受人。事实上，从各国有关货物所有权转移的立法实践来看，几乎没有一个国家规定货物所有权将于买受人支付价款时才转移。至于口头形式问题，考虑到当事人在履行合同过程中，难以口头形式维系相互之间的权利义务关系，在我国目前商业信用缺失的背景下，从方便解决争议与完成举证责

---

① （台）刘得宽：《民法诸问题与新展望》，中国政法大学出版社 2002 年版，第 5 页。

② 梁慧星主编：《中国物权法研究》，法律出版社 1998 年版，第 1078 页。

③ 余延满：《货物所有权移转问题的比较法研究》，载李双元主编：《国际法与比较法论丛》第二辑，中国方正出版社 2002 年版，第 162 页。

任的角度出发，应当排除口头形式，同时此亦得以防止滋生欺诈行为。[①] 但同时应该强调的是，如果从当事人缔约过程的行为中可以明显地推断当事人有保留货物所有权的意思表示，则应认定卖方保留有货物所有权。

## 二、货物所有权保留设定的形式

所有权保留意思表示的形式主要有意思主义、书面主义、登记主义、书面成立—登记对抗主义、折中主义—有限制的登记对抗主义等。

意思主义认为所有权保留仅凭当事人的意思即生效，至于采用何种形式则在所不问，采用这种模式的国家有俄罗斯、瑞典等国。

书面主义认为所有权保留之约定除须当事人意思表示一致外，还须采取书面形式，采用这种立法模式的国家有挪威、比利时等国。

登记主义认为所有权保留之生效除当事人合意外，还须履行一定的登记方式，采用这种立法模式的国家有瑞士等国，《瑞士民法典》第715条第1款规定，保留让与他人动产的所有权，须在受让人住所所在地的主管官员的登记簿上登记，始有效力。

书面成立—登记对抗主义认为所有权保留之约定不采用书面形式不能成立，且非经登记不得对抗第三人。我国台湾地区采取这种立法模式，我国台湾地区“动产担保交易法”第5条规定，动产担保交易，应以书面订立契约，非经登记，不得对抗善意第三人。我国台湾地区法律对所有权保留采登记对抗主义，一方面，在于维持交易上之便捷；另一方面，亦在使当事人能斟酌情事，决定是否申请登记，以保障自己的权益。[②] 当事人办理登记，应向登记机关

---

① 王磊：《所有权保留制度的设定与公示论》，载《新疆社会科学》2004年第2期。

② 王泽鉴：《民法学说与判例研究》（第一辑），中国政法大学出版社1998年版，第136页。

提交合同或其副本。登记机关在合同或其副本上，记明收到日期，存卷备查，并备登记簿，登记合同当事人的姓名、住居所或营业所，订立合同日期，标的物产地、价格、担保债权额、终止日期等事项，登记簿具有索引，合同当事人或第三人可随时查阅或抄录。

折中主义—有限制的对抗主义认为所有权保留条款有的须登记，有的则无须登记，应登记而未登记者不得对抗善意第三人。英美法系和大陆法系的某些国家如意大利等国采用这种立法模式。在《美国统一商法典》中，所有权保留被视为担保权益的一种，这种担保权益有的不需要登记，有的则要求登记。除汽车、不动产附着物以外的消费品价款担保权益，不要求登记，该类担保权益实质上是以担保消费品（汽车、不动产附着物除外）价款支付的所有权保留。这种所有权保留只要在当事人之间有效成立，无须登记就可对抗善意第三人。这是因为在美国，消费品分期付款盛行，且消费品多供个人和家庭使用，一般不会转售，即使转售，美国人一般也不会因为相信该消费者为完全权利人而购买，① 因此无登记公示之必要。其他的所有权保留作为担保权益都需要通过登记制度而完善，即产生对抗第三人的效力，否则所有权保留只可能在当事人之间有效。《美国统一商法典》所规定的登记是通过登记融资报告来完成的。融资报告由债务人签署，须注明债务人和担保人的姓名与地址、担保物的种类，其内容十分简单，仅仅是一个提醒第三人融资报告描述的某类财产上可能有一个先存的担保权益的通知，从中无从知晓被担保的债权债务的关系的具体情况以及哪些具体的财产上设有担保。除登记融资报告外，当事人还可以通过登记担保协议来完成登记，但用于登记的担保协议必须具备法典要求的融资报告的内容并必须由债务人签署，此时担保协议可以看做是融资报告。当与债务人交易的有利害关系的第三人需要了解关于债务人的债务状况和财产担保情况等更多的细节时，他可以通过债务人向债权人

---

① Ray D. Henson, Secured Transactions under the Uniform Commercial Code, West Publishing (1973), p. 63.

（担保权人）了解这些信息。法典第 9—208 条规定，债务人可以要求担保权人认可或修改并回复债务人签署的载明他认为尚未偿还的债务的债务报告。如果担保物能被保存于担保权人处的担保协议或任何其他记录所证明，他还可以要求担保权人认可或修改其发送的担保物清单。担保权人在收到债务人的上述债务报告或担保物清单后必须在两星期内回复，若没有合理理由而违反此义务，就必须对债务人因此所受的损失负责。法典还规定，6 个月内，担保权人免费答复债务人一次，超过一次时，每次他可要求债务人支付 10 美元以下的费用。①《意大利民法典》第 1524 条第 2 款规定："如果买卖契约以机械为标的物且价格超过 3 万里拉，则保留所有权可抗辩第三买受人，但以保留所有权的约款在对机械物有司法管辖权的法院文书室的特别登记簿上进行了登记并自第三人处得到机械物时，该物尚在实施登记之地为限。"

上述诸种立法模式有利有弊，意思主义手续简便，有利于交易便捷，但欠缺公示性，不利于交易安全。

书面主义能使当事人之权利义务关系趋于明确，且能在一定程度上防止欺诈，但亦欠缺公示，不利于交易安全。同时，它的创设没有任何外部表现，债权人不能确定，在债务人占有的财产中哪些属于他自己，哪些不属于他自己。②

登记主义的优点在于个人或信用机构可于贷与信用前，阅览登记簿，从而有利于保障交易安全。但其会暴露当事人的经济状况，此为工商界所不愿意的，另外，如果所有的所有权保留都须登记，而动产有种类繁多，因此而会给当事人增加额外的负担，同时还不利于交易便捷。

对于登记对抗主义，学者们评价不一，有的学者认为，应该说登记对抗主义具有上述三种立法例无法具备的优点：首先，它确立

① See UCC9—208，9—402 and its official comment.

② 参见［德］罗泊特霍恩等著，楚建译：《德国民商法导论》，中国大百科全书出版社 1996 年版，第 205 页。

了所有权保留登记制度，以解决其公示性问题。其次，它有利于维护交易上的便捷。因为进行所有权保留买卖的动产种类繁多，且交易频繁，若将登记作为所有权保留买卖的必要程序，就不仅会增加当事人的负担，而且会给查阅登记簿的有利害关系的第三人带来劳神费力之苦，这有损于法律的效益价值。采用登记对抗主义，将是否登记的选择权赋予交易的当事人，使当事人斟酌行事，决定是否进行登记，有利于交易的便捷和提高交易的效率。再者，在一定程度上平衡了债权人与第三人的利益冲突。由于交易的当事人有是否进行交易的选择权，一般而言，标的物价值重大者，当事人多会申请登记，借以保护其权利，第三人则可因登记而明了标的物的实际权属状态。如未经登记则不得对抗善意第三人，这显然有利于维护交易安全，避免善意第三人受未登记之交易的不测之害。① 但我国台湾地区有学者认为台湾地区“动产担保交易法”所采之登记对抗效力，不仅不足以保护善意第三人，抑且有害于债务人，盖附条件买卖之出卖人，既得本于其所有权追及标的物于第三人，则善意第三人必受不测之害，慎全者将不敢贸然应买，一般以分期付价购货之中间商，将难以转售图利，因而主张，第5条对抗效力，对于善意第三人应不适用”。② 自“立法政策而言，第5条登记对抗效力，确有过分保护债权人之处，而不利于善意第三人及交易上之安全。诚言，第三人于购买货物时，为避免保留所有权人行使取回权至遭受损害，可以阅览动产担保交易登记簿，以查知标的物之实际权属状态。此种见解，固亦言之成理，但实际上恐不易实现，该动产买卖乃日常生活必要之事，经常查阅登记簿，非仅耗神费力，一

① 余延满：《货物所有权移转问题的比较法研究》，载李双元主编：《国际法与比较法论丛》第二辑，中国方正出版社2002年版，第167～168页。

② 转引自王泽鉴：《民法学说与判例研究》（第一辑），中国政法大学出版社1998年版，第136页。

般交易行为亦必因此深受妨害”。①

对于折中主义，有的学者认为折中主义的优点是显而易见的，一方面要求所有权保留买卖要进行登记，否则不能对抗第三人，这克服了所有权买卖欠缺公示性的问题，避免了第三人遭受不测之害，以维护交易安全；另一方面又规定并非所有的所有权保留买卖都须登记才能对抗第三人，这又考虑到所有权买卖的实际情况，因为在现代社会所有权保留买卖频繁，且其标的物通常为动产，而动产又种类繁多，价值不一，要求所有的所有权保留买卖都须进行登记，不仅是没有必要的，而且会增加当事人和登记机关的负担，不利于提高交易的效率，发挥所有权保留制度的功能。② 但在折中主义的立法模式中，由于有些所有权保留条款须登记，因此，其亦同样会产生类似于登记主义的缺陷。

对于所有权保留意思表示的形式，在我国，有的学者主张意思主义。③ 有的学者主张采用书面成立—登记对抗主义。④ 有的学者则主张采用登记成立主义、书面成立—登记对抗主义、书面成立—发票背书对抗主义三种公示方法相结合的公示方法。即当所有权保留的标的物是不动产或机动车辆、船舶、航空器等特殊动产时，其公示方法采取登记成立主义。这有利于国家对这类财产的监管，也能较好地协调当事人之间及其与第三人之间的利益冲突；当所有权保留的标的物是依一般交易习惯卖方能出具购买发票的动产（不包括上述车辆、船舶、航空器等）时，公示方式为书面成立—发票对抗主义。至于哪些动产交易依交易习惯出卖人应出具购物发

---

① 王泽鉴：《民法学说与判例研究》（第一辑），中国政法大学出版社1998年版，第136页。

② 余延满：《货物所有权移转问题的比较法研究》，载李双元主编：《国际法与比较法论丛》第二辑，中国方正出版社2002年版，第168～169页。

③ 参见王利明主编：《中国物权法草案建议稿及说明》，中国法制出版社2001年版，第206页。

④ 参见陈本寒主编：《担保法通论》，武汉大学出版社1998年版，第34页。

票，立法应依现实予以明确规定。这种公示方式简便易行，省去了人们进行登记和查阅登记簿的诸多不便，第三人也避免了遭受“对抗力”之害；当所有权保留的标的物是依交易习惯不能开具购物发票的动产时，其公示方法为书面成立—登记对抗主义。① 有的学者认为折中主义更可取，也更符合我国社会主义初级阶段的国情。当然在完善我国有关立法时，一方面要明确界定应登记的范围，给人们提供一个确定的行为模式和确保交易安全；另一方面要明确登记机关及其职责权限、登记的内容及查问的条件、程序等，以克服登记机关可能暴露当事人的经济情况和商业秘密等。至于发票背书主义，不仅缺乏前提条件，因为在买方付清价款之前，卖方往往不会出具发票；而且也不利于保护善意第三人的合法权益，因为即使买方出具了发票，亦为买方所占有，第三人不可能知道发票背书保留所有权的事实。②

我们认为，所有权保留意思表示采取何种形式涉及如何平衡买卖合同出卖人、买受人及社会第三人的利益问题。所有权保留买卖合同成立后，买受人在未付清价金之前首先占有标的物，此时，买受人可能会将标的物让与善意第三人，在这种情况下，是保护出卖人还是买受人，还是第二个善意买受人的利益呢？如上所述，有些学者主张采取登记对抗主义，即所有权保留未经登记不得对抗善意第三人，而经过登记则可以对抗善意第三人。如果采用这种立法模式的话，则买受人在每次购买动产的时候都要去调查该动产上是否负有所有权保留，这无疑加重了买受人的负担，同时也阻碍了交易的便捷，这无疑是不利于经济发展的，据此，在涉及善意第三人的时候，应依善意取得制度保护善意第三人的利益。至于对保留所有权的出卖方的保护，我们认为可采用两种方法，一是如果第二个买受人为恶意，即明知买受人所购买的货物上负有所有权保留，则他

① 参见侯向磊：《所有权保留研究》，武汉大学1999年硕士学位论文。

② 余延满：《货物所有权移转问题的比较法研究》，载李双元主编：《国际法与比较法论丛》第二辑，中国方正出版社2002年版，第170页。

将不能取得货物的所有权，而是由出卖人行使所有权保留。二是可以采用如前所述的延长的所有权保留，以保护出卖人的利益。综上所述，我们主张所有权保留的意思表示的形式采用意思主义，同时，意思表示亦不一定须采用书面形式，所有能证明所有权保留存在的形式都可以成立所有权保留。

## 三、货物所有权保留设定的客体范围

关于货物所有权保留设定的客体范围，各国与各地区之立法并不完全相同，多数国家都将所有权保留之客体限定为动产，但对于不动产是否可以设立所有权保留，各国之立法并不一致。

（一）动产

所有权保留买卖主要适用于动产，如《德国民法典》第455条（现为第449条）规定，保留所有权只能针对动产。无形财产上的所有权及债权、使用许可权等不能作为保留的标的。在德国有的学者认为，对所有权保留客体之动产资格的具体认定是没有意义的，关键是看该动产是可流通物还是不可流通物，是可使用物还是不可使用物。①《意大利民法典》第1523条亦有类似规定。对于可适用所有权保留买卖的动产的范围，有的国家的法律不做限制，如德国、意大利等国。有的国家则对可适用的动产范围做了限制，如《瑞士民法典》第715条第2款规定："牲畜的买卖不得保留所有权。"我国台湾地区"动产担保交易法"基于避免在产业不发达的情况下，由于资金过于融通而使生产过分提高，致使储蓄减少而影响开发基金的储蓄，第4条则以正面列举方式规定了可采取所有权保留买卖的动产的范围，即机器、设备、工具、原料、半成品、成品、车辆、农林渔牧产品、牲畜及小船，并授予"行政院"对各类标的物具体品名视事实需要和交易性质以命令定之，据此，"行政院"于1965年颁布了具体品名分类表。美国将所有权保留买卖

① 参见申卫星：《期待权基本理论研究》，中国人民大学出版社2006年版，第199页。

的标的物界定为“货物”，在实务中尤以消费品为主要对象。我国《合同法》第134条未对所有权保留买卖的标的物作出限制。在理论上有的学者主张，在牲畜的买卖中，由于牲畜是一种活物，容易患病或丢失，管理费用很高，所以对牲畜不得保留所有权。[①] 我们认为，虽然牲畜是一种活物，容易患病或丢失，管理费用很高，但如果当事人愿意对牲畜约定所有权保留，而这种约定由不违反公序良俗原则和法律的强行性规定，因此，根据契约自由原则，这种约定应该是允许的。

（二）不动产

对于不动产买卖是否适用所有权保留，各国立法有所不同。《德国民法典》第925条不允许不动产转移的意思附条件。据德国学者研究，之所以如此规定是因为不动产所有权对国计民生有重要意义，而附条件和附期限的所有权移转中不确定因素甚多，妨害不动产交易安全。[②] 德国学者普遍认为，《德国民法典》第455条规定的所有权保留制度作为一项附条件法律行为仅适用于动产，不适用于不动产和权力或者债权。附条件的不动产所有权移转要受到《德国民法典》第925条的禁止。所有权保留之所以不适用于不动产，德国学者认为不动产登记簿应对不动产所有权提供确切的信息，如果允许不动产所有权附条件移转合意，那么将使所有权的移转依赖于不动产登记簿以外进行的事件，然而对此别人无法获知。[③]《瑞士债务法》第217条第2款规定，不动产不得为所有权保留的登记。法国民法对此未作明确规定。然自1980年以来实务中认为不动产买卖亦可保留所有权。[④] 日本民法没有明文禁止不动

① 参见王利明主编：《中国物权法草案建议稿及说明》，中国法制出版社2001年版，第206页。

② 参见孙宪忠：《德国当代物权法》，法律出版社1997年版，第200页。

③ 参见申卫星：《期待权基本理论研究》，中国人民大学出版社2006年版，第200页。

④ 参见尹田：《法国物权法》，法律出版社1998年版，第454~455页。

产的适用，但也没有明确规定不动产买卖所有权保留。依我国台湾地区学者史尚宽的解释，因日本民法典规定的不动产登记仅为不动产物权变动的对抗要件，不动产所有权的转移可以依据当事人之间的合意而发生转移，因此，不妨认为，日本可以采用不动产所有权保留。① 日本民法学界的通说也认为不动产可为所有权保留买卖，如有的日本学者认为："不动产买卖的情况下也有所有权保留，但宅地建筑物交易法第 43 条中，在一定条件下禁止所有权保留。"②我国台湾地区"民法"没有明文禁止不动产所有权保留，在理论上，有的学者认为，依我国台湾地区"民法"，不动产所有权的移转除合意外，经登记始生效力，而且登记对第三人有绝对效力（至少为公信力），一方面以登记而发生移转的效力；另一方面又允许保留所有权，观念上未免矛盾，且有害于登记的公信力，所以附条件的不动产所有权的移转，应解释为不得为移转登记，仅可为所有权移转请求权的预告登记，或于移转的不动产上为让与人设定抵押权。③ 还有的学者认为，就实务而言，对不动产所有权移转附以条件，尚无必要，事例甚少，此因出卖人为保障其未获清偿的价金债权，尽可就不动产设定抵押，或于土地登记簿为预告登记。④还有的学者认为，标的物为不动产时，因有登记公示方法，故本可采用设定抵押权的手段以确保价金债权的实现，但为节省费用以及避免繁杂的手续起见，在绝大多数分期付款买卖中，也采用所有权保留，此时当事人虽然不为移转登记，但为保全将来所有权的移转，得为预告登记。⑤《俄罗斯联邦民法典》第 491 条规定所有权

---

① 史尚宽：《物权法论》，中国政法大学出版社 2000 年版，第 93 页。

② 参见［日］近江幸治著，祝娅等译：《担保物权法》，法律出版社 2000 年版，第 271 页。

③ 史尚宽：《物权法论》，中国政法大学出版社 2000 年版，第 94 页。

④ 王泽鉴：《民法学说与判例研究》（第一辑），中国政法大学出版社 1998 年版，第 137 页。

⑤ 刘德宽：《民法诸问题与新展望》，中国政法大学出版社 2002 年版，第 5 页。

保留买卖的标的物为商品，而商品包括不动产。

我国《合同法》第134条没有明确禁止不动产不能成为所有权保留买卖的客体，在理论上，有的学者主张所有权保留买卖的客体应以动产为限，不应当包括不动产。[①] 有的学者认为，我国《合同法》第134条对所有权保留的客体未作限定，但笔者认为此处应采缩限解释的方法，将所有权保留的客体限定为动产。理由为：所有权保留制度的本意是为了担保出卖人价金债权的实现，而在不动产的买卖中，由于物权变动需要履行登记手续，因而没有必要采用所有权保留。在不动产买卖过程中，当买受人已先期占有了不动产时，即使当事人不约定所有权保留，只要没有办理所有权保留登记，所有权就会保留在出卖人手中。另一方面，法律应保障不动产的买受人在价款清偿完毕后获得不动产的物权，防止不动产的出卖人一物二卖，但这并不能成为不动产可以适用所有权保留的理由，此时可以通过完善我国的不动产登记制度而不需要通过所有权保留解决这一问题。国内很多学者借鉴外国立法，建议在我国应建立不动产预告登记制度，其目的是为了保全买受人关于不动产的请求权，买受人的请求权登记后即产生物权的对抗力及排他力。因此，对于不动产买卖而言，我们认为不宜采用所有权保留。[②] 而有的学者则认为应当包括不动产，如有的学者认为，在我国，土地为国家或集体所有，不得成为买卖的客体，因而，实践中，以房屋（含土地使用权）的所有权保留最为常见。[③] 还有的学者认为，对于不动产，所有权保留同样适用，不动产所有权保留应进行登记，此种登记在性质上为预告登记，旨在保全不动产所有权登记请求权，它

---

① 参见王利明主编：《中国物权法草案建议稿及说明》，中国法制出版社2001年版，第206页。

② 柴振国、史新章：《所有权保留若干问题研究》，载《中国法学》2003年第4期。

③ 王轶：《所有权保留制度研究》，载梁慧星主编：《民商法论丛》第6卷，法律出版社1997年版，第666页。

作为一种物权担保的公示方式也具有公信力，该公信力在一定时期暂时限制了不动产所有权登记公信力作用的发挥，但在当所有权保留约款规定的条件成就后当事人完成所有权移转登记或条件不成就时出卖人行使取回权而完成预告登记的涂销登记时，不动产所有权登记的公信力即行恢复，因此，不动产所有权保留并不妨害于登记的公信力，更不会妨害不动产交易的安全，相反，它能融通资金，活跃房地产市场。我国《合同法》第134条对所有权保留的客体未作限制，在解释上应认为无论是动产还是不动产皆可为所有权保留。①

我们认为，在理论上，不动产作为所有权保留买卖的客体是没有问题的，因为不动产作为所有权保留买卖的客体并不违反公序良俗，也不违反法律的强行性规定，但在实务中，房地产的买卖一般是通过按揭的方式通过银行融资进行，买受人通过向银行借款向房地产开发商购买房屋，然后再以房屋就借款向银行做抵押，因此，在实务中，卖方一般不通过所有权保留的方式担保其价款债权的实现。我国也有学者认为，我国民法对基于法律行为的城市不动产物权变动系才债权形式主义模式，但是生活中存在的不动产分期付款交易普遍是通过按揭贷款的方式进行的，没有采用延迟办理过户登记的方式，更没有通过所有权保留来提供信用。② 另外，在不动产所有权转移中，预告登记制度也可起到与所有权保留相同的效果。综上，所有权保留买卖虽然可以在理论上适用于不动产，但在实务中适用的余地并不大。

## 四、货物所有权保留的设定时间

在国际社会，大多数国家都规定货物所有权保留的设定时间应

---

① 余能斌、侯向磊：《保留所有权买卖比较研究》，载《法学研究》2000年第5期。

② 罗昆：《物权法第23条对动产物权变动规则的影响》，载《法学》2009年第5期。

当在买卖合同签订时或在货物交付之前。如芬兰法律规定，所有权保留约款最晚不能迟于货物现实交付买受人前达成。《丹麦分期付款买卖法》第34条第1款第1项规定，双方当事人必须在货物交付前，即货物到达买受人或其代理人的营业地或住所之前，对于所有权保留条款予以约定，否则无效。法国及瑞士亦规定包含所有权保留条款的协议必须在货物移转占有之前达成。但德国法允许当事人在财产现实交付后，仍然可以就标的物的财产作出所有权保留的约定，即追加的所有权保留条款。追加的所有权保留当事人可以采取两种方式：一是买受人将财产重新移转给出卖人，出卖人在双方作出所有权保留的约定后，再将相同的标的物移转给买受人。但货物的实际占有无须变更，因为按照《德国民法典》第930条规定，只要出让人宣称其对标的物的间接占有或委托占有即可。二是对买卖标的物的移转附以解除条件，即当买受人不履行价金支付义务时，应当将财产返还于出卖人。我们认为，在法理上，所有权保留可以在任何阶段设立，只要出卖人与买受人之间有明确的意思表示即可，但在实际中，如果允许当事人之间在标的物交付之后再设立所有权保留，则很有可能会发生出卖人与买受人之间恶意串通损害第三人利益的情形，不利于交易安全与善意第三人利益之维护，因此，所有权保留原则上应于买卖合同签订之时或者在货物交付之前约定。

## 第四节　买受人的期待权

在所有权保留买卖中，双方当事人对标的物都享有一定的权利，其中买受人所享有的权利之一是期待权，本节对买受人的期待权进行探讨。

### 一、买受人期待权的概念

"期待权"一词系德国学说所创设，但在德国立法中，除《遗产税法》第2条及第6条提到继承人之期待权外，《德国民法》及其他民事法规均未使用“期待权”一语。期待权的概念及其理论体系由学说判例所建立，19 世纪德国普通法对于附条件或期限法律行为之研究，虽极精密，但迄今为止仍未建立完整的期待权概念。德国民法第一次草案第 132 条明文规定：附条件之权利及附条件之义务，得依适用于未附条件权利或未附条件义务之规定继承之。德国民法第二次委员会决议删除该条规定，其理由是：“条件成否未定期间之期待权构成一种财产价值，与其他财产同，得移转于继承人，并无疑义，就此特设明文，实无必要。盖若如此，则亦须就其让与性及可设定质权，加以规定也。”基于这一理由，期待权的概念没有规定在德国民法典中，但德国民法将条件成否前之地位视为权利，得为法律交易之客体，是没有疑问的。①

何种法律地位才能构成期待权，是 19 世纪以来法学界论争的中心，依判例学说所承认各类期待权的共同特征，所谓期待权，系指因具备取得权利之部分要件，受法律保护，具有权利性质之法律地位。期待权系取得权利之“权利”。学界在建立期待权概念时，一方面以期待权为取得某种权利之法律地位；另一方面又认为此种地位本身亦具有权利之性质。期待权可自两方面观察之，自消极方面而言，取得权利之过程尚未完成，权利迄未发生；自积极方面而言，权利之取得虽未完成，但已进入完成之过程，当事人已有所期待，此种期待，因具备取得权利之部分要件而发生。在此之前，当事人固亦可盼望取得某种权利。② 依上述关于期待权的概念可见，在所有权保留买卖中，买受人对标的物享有期待权，即他具有取得标的物所有权的权利。

① 王泽鉴：《民法学说与判例研究》（第一辑），中国政法大学出版社 1998 年版，第 142～143 页。

② 王泽鉴：《民法学说与判例研究》（第一辑），中国政法大学出版社 1998 年版，第 145～146 页。

## 二、买受人期待权的性质

所有权保留买卖中买受人的地位是一种权利，这在理论与实践中都是没有疑问的。在德国学说理论中，保留买主期待权不仅是一项权利，而且是一项现存的权利。期待权具有现存的财产价值，因而具有可转让性和可继承性，可以善意取得，可以出质或被设定质押。在德国，期待权上还可以成立法定权利质权，也可以在期待权上设定用益权。在对保留买主期待权的保护方面，德国学说认为期待权人可以依据《德国民法典》第 160 条、第 161 条的规定对抗出卖人的一些处分行为以及第三者的干涉。德国学说与司法实践还不断突破严格的法律界限，赋予期待权人除了占有返还请求权外，还有侵权损害赔偿请求权和不当得利请求权。①

但对于这种权利的具体性质，则理论与实践之分歧均较大，正如德国著名民法学家鲍尔（Baur）教授所指出的那样，在民法领域从未有任何一个问题像保留买主期待权这样，被如此深入而细致地讨论过，相关的德国学说文献和司法判例几乎都看不过来。这一问题的解决被抽象理论和体系化弄得复杂化了，前者如期待权与物权法定主义的关系？后者如期待权是作为担保权还是作为具有与完整权利同一性质的部分权利归入到现行权利体系中。②

在德国的司法判例中，对于法律未作规定的期待权，德国司法判例一直在其性质上寻求一个统一的认识，以避免对该类案件判决的偶然性，以至结论令人难以信服。德意志帝国法院时代虽早在 1920 年即承认保留买主的法律地位为期待权，但对其法律性质却始终没有明确的看法。德国帝国法院在 1933 年的一项判决中，一方面对附条件权利究竟是一项期待权还是一种业已取得的财产权，

① 申卫星：《所有权保留买卖买受人期待权之本质》，载《法学研究》2003 年第 2 期。

② 申卫星：《所有权保留买卖买受人期待权之本质》，载《法学研究》2003 年第 2 期。

予以搁置不论。另一方面又称："如此建立的期待权不是物权，现行法律仅承认一定数目的限制物权，取得所有权的期待权并不在其中。" 1937 年的一项关于所有权保留买卖的判决中，对保留买卖产生的期待权在法律上如何归属也未予以决定。在另外一个判决中，帝国法院突破性地承认保留买主获得了《德国民法典》第 823 条第 1 款意义上的"其他权利"的法律地位，但却慎重地避免称之为物权性期待权。及至德国联邦法院时代，德国联邦法院与帝国法院一样保守，倾向于否认期待权具有物权的性质，并且这种否认说很长时期以来占据主流地位。1953 年德国联邦法院第四民事法庭在判决中，虽提及买受人之期待权，但否认期待权人具有对抗任何人的物权性占有权。1954 年该法庭在另一判决中称，保留买主尽管是"附延缓条件的所有权人"，但在条件成就之前，保留买主并未获得物权，其所享有的期待权只是处于逐步成为所有权的过程中。总体上看，德国联邦法院的这些观点在很大程度上与德意志帝国法院的看法相一致。早在 1933 年德意志帝国法院就曾认定，"这样的期待权目前还不构成物权"。1957 年德国联邦法院第六民事法庭在一项判决理由书中第一次明确使用了"物权性期待权"一词，并指出"担保标的物取得之物权性期待权属于《德国民法典》第 823 条第 1 款意义上的其他权利"。1958 年联邦法院第八民事法庭接受了这一观点，并进一步指出，买受人期待权系所有权的先期阶段，与所有权相比，并非异质，而系本质相同之缩型。由此可见，所有权与取得所有权的期待权之同种类性思想已在孕育之中。这种标志性的认识在德国许多文献中都会看到并且得到了广泛的认同。但也有人表示反对，认为期待权如此进行描述，实际上是用一种比喻性的语言进行描述，而不是一种精确的法律概念表达。对这种表达不应有过高的要求，这种比喻性的描述只是阐述其意思。对此，德国学者泽里克曾以胎儿与人的关系进行了饶有兴趣的类比。他说，作为人类发展阶段的胎儿虽然不是一个法律概念，但却是法律规定的出发点。法律必须在法律主体之下对胎儿的法律地位作出规定。对于期待权我们可以借用胎儿这个例子作以下说明：期待权作为完整权利的预备阶段相当于法律调整标的之下的“胎儿”。期待权作为一项法律制度就是对完整权利取得的特定预备阶段的一个典范。1959 年联邦第三民事法庭在试图确定期待权的本质时，其观点又出现回复，认为“按照大多数的观点，保留买主的期待权不是一种物权，并非是一项能够对抗任何人的他物权，因为我们现行法仅承认一定数目的物权。保留买主期待权仅系一种效力极强的权利，是所有权的先期阶段，其地位颇为稳定”。1960 年第八民事法庭也接受了第三民事法庭的这种表述，同时补充道：“期待权按照其效力和意义与一个真正意义的限制物权很接近。”1961 年第八民事法庭则称期待权为一物之上有条件的所有权。一直到 1982 年，德国联邦法院才在一项判决中正式承认期待权为物权。对于期待权之物权性本质的认识，德国法院之所以经历了如此复杂、艰难、反复、曲折的历程，乃是因为德国民法系采物权类型强制与数量限定原则，于此无私法自治的作用空间，不允许通过当事人以协议而任意创设新的物权类型。因此，对于这一法律没有规定的期待权，通过禁止进入已经封闭的物权体系中，即可否定其物权性。①

在理论上，买受人期待权之性质有否认说、物权说、形成权说、特殊权利说、债权说、物权化的债权说等观点，以下对这些理论上的观点进行述评。

（一）否认说

该说认为并不存在买受人的期待权，为德国学者 Blomeyer 教授所倡。Blomeyer 教授在其于 1939 年发表之《条件理论之研究》第二卷（附条件之处分行为），曾深入研究保留所有权买卖买受人之地位，认为出卖人所保留之所有权，论其性质，与质权系属相同，买受人因物之交付而取得所有权，出卖人所取得者，系不占有标的物，附有流质契约之质权，并借以担保其未获清偿之价金债权。Blomeyer 教授系借比较法之分析支持其见解，并以美国附条件

① 申卫星：《所有权保留买卖买受人期待权之本质》，载《法学研究》2003 年第 2 期。

买卖法为其主要之依据。美国商法学者 Vold 氏对于附条件买卖，曾提出区分所有权利益之理论，二者结合相互补足而成为完全所有权，买受人所享有者，系占有、使用及取得等权能，而此亦可视为系所有权人之地位，出卖人所享有者，系担保债权之权利。依 Blomeyer 观察，德国民法理论并未进步至此地步，但在两种重要情形，学说上亦承认出卖人得变卖标的物：其一为买受人不依约定清偿价金时，出卖人得依强制执行拍卖法拍卖标的物；其二为买受人破产时，出卖人得依原物变卖之原则，处理标的物。Blomeyer 认为由此而至一般承认保留所有权出卖人对标的物所享有变卖之权利，路程甚远，而其主要障碍，系出卖人尚系标的物所有人之理论，但此障碍应予排除。依买卖契约买受人履行给付价金义务时，即可取得标的物之所有权，故应认为买受人系为所有权人，而出卖人所取得者，系一种特别质权。于此，Blomeyer 教授特别强调担保目的，出卖人附条件移转所有权之目的，既在担保未获清偿之价金债权，则其所担保者，应非系所有权，而系担保物权，论其实质殆与质权无异。依 Blomeyer 之理论，买受人既为标的物之所有人，则期待权之观念，自无存在之余地，故此说亦可称为期待权否定说。①

对于期待权否定说，我国台湾及大陆的诸多学者均指出了其不足。如我国台湾地区学者王泽鉴认为：依此理论，所有与期待权有关之若干理论与实务上之困难问题，皆可迎刃而解，盖质权在现行法上有明文依据，在解释应用上较期待权容易处理。然而此种理论与现行制度究否符合，颇值得研究。对此问题，应依两项标准加以判断：一为当事人之意思；二为实体法之规定。就前者而言，Blomeyer 之理论，与当事人之意思，显有违背，极为显然，盖出卖人为所有权保留之约定时，其目的非在取得某种担保物权，而系在于价金清偿前，保留其所有权；再者，此种保留之所有权，对于出卖人而言，亦难谓仅具有就标的物变价受偿之功能，因出卖人有时

① 王泽鉴：《民法学说与判例研究》（第一辑），中国政法大学出版社 1998 年版，第 159～160 页。

亦愿解除契约取回标的物，再为出卖，又依《德国民法》第1204条以下规定，当事人不得以占有改定方式，设定质权，第1229条更明文禁止流质约款，Blomeyer之理论与此实体法上之规定，皆相抵触。“保留所有权即质权”说之主要目的，在于克服性质难定之期待权此一怪物，依Blomeyer之理论，“怪物”虽被制伏，但当事人之地位在现行法上却失其正当依据，其说之难以赞同，不言而喻。[①] 我国大陆学者余延满、王轶等亦持有类似的反对意见。[②]

我们认为，王泽鉴教授对期待权否定说的批评意见是值得肯定的。除了上述批评意见外，Blomeyer教授认为，依买卖契约，买受人履行给付价金义务时，即可取得标的物的所有权的观点也是值得商榷的。依《德国民法典》第929条的规定，为转让动产所有权，需要所有人将此动产交付受让人和双方对所有权应发生移转成立合意。可见，在德国，动产所有权于动产实际交付及双方就动产所有权转移达成合意时才发生转移，而不是如Blomeyer教授所认为的买受人在履行给付价金义务时即可以取得标的物的所有权。但我们同时应注意的是，Blomeyer教授所持的期待权否定说的观点虽然是错误的，但Blomeyer教授在论证其观点时所持有的一些论据则是很有价值的。例如Blomeyer教授特别强调担保目的，出卖人附条件移转所有权之目的，在于担保未获清偿之价金债权。美国商法学者所提出的区分所有权利益之理论，认为出卖人与买受人分享买卖物之利益，二者结合相互补足而成为完全所有权。Blomeyer教授所提出的这些论据与事实是相吻合的，当事人在订立所有权保留买卖合同的时候，出卖人的目的是要转移标的物的所有权，其之所以要

---

① 王泽鉴：《民法学说与判例研究》（第一辑），中国政法大学出版社1998年版，第160~161页。

② 余延满：《货物所有权移转问题的比较法研究》，载李双元主编：《国际法与比较法论丛》第二辑，中国方正出版社2002年版，第194~195页；王轶：《所有权保留制度研究》，载梁慧星主编：《民商法论丛》第6卷，法律出版社1997年版，第625页。

保留货物所有权，目的在于担保其价款债权的实现，据此，在买受人完全支付价款之前，所有权虽然仍属于出卖人，但出卖人此时所拥有的所有权与一般情形下所拥有的所有权已有区别。一般情形下所有人拥有所有权的目的在于对标的物为占有、使用、收益和处分，但所有权保留买卖中出卖人并不占有、使用、收益所有权标的物，他也不能随意处分标的物，其拥有所有权的目的在于担保价款债权的实现，而且，由于买受人所拥有的期待权具有一定程度的物权性，这使得出卖人对其所保留的所有权的处分亦受到一定的限制。据此，出卖人虽然在法律上仍然是标的物的所有权人，但在事实上，他所拥有的所有权与一般的所有权已有所区别，可以说是一种不完整的所有权。在这个意义上，我们可以认为，出卖人的所有权只有与买受人对标的物的权益相结合才能构成一项完整的、一般意义上的所有权。

（二）物权说

该说认为买受人的期待权是一种物权，为 Raiser 教授所倡。杜平根大学教授 Raiser 氏，于 1959 年德国民法教授协会，以物上期待权为题，发表演说，力倡所有权保留买卖买受人之期待权系属物权之理论。Raiser 教授认为判例学说所以尚犹豫不愿承认买受人之期待权系属物权，其理由不外二点：一为物权法定主义；二为物权之独立性。Raiser 教授提出诸种理由，试证明此两项物权法上原则，均不足妨碍承认买受人之期待权系属物权。兹先就物权法定主义言之。所谓物权法定主义者，指物权非依法律，不得创设。近世各国为贯彻公示原则及简化与土地有关之法律，对物权种类设有限制。德国民法未设明文，但物权类型法定亦系物权法上之基本原则，学说判例上从无异议。Raiser 教授认为，民法所以采物权法定主义，其目的非在于僵化物权，使其局限于 1990 年之状态，阻止法律发展。物权法定主义，旨在以类型之强制限制当事人之私法自治，避免当事人任意创设具有对世效力之新的法律关系，借以维护物权关系之明确及安定，但此并不排除于必要时，得依补充立法及法官造法之方式，创设新的物权，盖法律必须与时俱进，始能适应社会之需要，承认期待权系属物权，系一种法律发展，并不藐视法律，与物权法定主义之精神实无抵触，有学者认为期待权，法律既无规定，自不得承认为物权，第一次世界大战前，德国民法尚处于注释法学时期，此种见解，尚有所据，今日犹执是说，实难另人信服。再就物权之独立性言之。所谓物权之独立性者，即物权之存在，不为其基础行为（尤其是债权行为）所左右。申言之，即物权之发生、存续与消灭，不受基础行为瑕疵之影响，原因行为虽为无效，物权本身仍可独立存在。独立性系物权之通性，欠缺之者，即不得称为物权，于保留所有权买卖，买受人期待权之存否，系基于其基础行为，即买卖契约本身，买卖契约无效或者被撤销时，买受人之期待权及归消灭，通说认为期待权既欠缺独立性，自难承认其为物权。Raiser 教授虽承认独立性系物权之特性，唯认为质权对于被担保之债权，亦具有从属性，故由此例可知现行法对此亦认许有例外。期待权与买卖契约之结合，其功能与债权及质权间目的共同体之功能，并不相同，以期待权之从属性称之，易滋疑义，但由此种比较，可知一种法律地位对于某种债之关系虽具有依存性，但此种依存性若不妨碍其对第三人及占有之保护时，则依现行法规定，实不足为其享有物权性之阻碍，因此称基于保留所有权买卖所生之期待权系支配标的物之物权，实无何顾虑之可言。在承认买受人之期待权系物权之后，Raiser 氏更进而检讨此种物权之性质。按物权依其对于标的物之支配范围，可分为所有权与定限物权，前者系得全面支配其标的物之物权，后者乃仅基于一定界限之内，支配其标的物之物权，所有权以外物权，如用益物权与担保物权皆属之，然而买受人之期待权，究为所有权抑或为定限物权？Raiser 氏认为买受人之期待权具有特殊性质，故不能依“非此即彼”之方式加以处理，乃提出时间区分所有权之理论，主张买受人与出卖人依时间先后共有所有权，故为前后所有人。Raiser 认为，时间区分所有权之思想，对于现行物权法之理论而言，尚属陌生，此系由于传统之物权法深受罗马法影响，以规律永久之关系为主，过分重视静态关系，致忽视时间之因素，在其他法律，尤其英国普通法上不动产、时间之因素，颇受重视。因此，在现行物权法之法律制度上，强调“时间”此一因素，并非骇人听闻之事，对期待权而言，取得权利要件渐次完成之时间因素，至为重要，权利随时间之经过，逐渐变更其主体。Raiser 教授谓，在此种替换过程中，让与人与买受人各握取一部分所有权。买受人之地位，虽为物权，但基于诸种原因，在法律上出卖人仍应被认为尚属所有权人，买受人之权利虽与所有权甚为接近，但尚非为完全所有权，仅系所有权之期待权。①

对于物权说，我国台湾及大陆的诸多学者都表示反对。如我国台湾地区学者王泽鉴认为：Raiser 教授主张，物权法定主义并不排除以习惯创设新物权。此项观点，甚为正确，应可赞同，盖物权法定主义过于僵化，难以适应社会经济之发展，故于习惯法上新生长之物权，若具有适当公示方法者，自不妨承认。唯 Raiser 氏欲借质权之从属性以说明独立性非系物权必具之性质，此点则难苟同。盖买受人期待权存在之系属于基础法律行为（即买卖契约），与某种物权依法律规定，从属于其所担保之债权，其性质截然不同，不能相提并论。再就所有权区分理论而言。所有权可有各种区分之形态，如数人得共同享有一个所有权，其形态或为分别共有，或为共同共有，此时，各共有人所享有之权能，系属同类。有时亦得将所有权所具有之个别权能，自所有权人分离，使其独立，而创设限制所有权之物权，如用益物权或担保物权等即是。至数人以时间先后共有一所有权，分别享受所有权之某种权能，如 Raiser 所倡导者，不论其在法制史上有无此种制度，但就德国民法及我国台湾地区现行民法而言，皆乏依据。盖于此情形，谁为标的物所有权人，势将难以确定，与物权关系明确原则，显有未符。又 Raiser 先则主张出卖人与买受人依时间前后共有标的物之所有权，继则又认为对出卖人仍应以所有人待之，而买受人所享有者仅系“所有权之期待

① 王泽鉴：《民法学说与判例研究》（第一辑），中国政法大学出版社 1998 年版，第 161～163 页。

权”，其理论上亦欠一贯，何以因所有权分化而取得所有权一部分之出卖人尚系完全所有人？是否由于出卖人所取得之部分所有权较为重要之故？我们在分析 Raiser 基于此种理论所推论之法律效果时，发现事实并非如此，买受人之权能远较出卖人所享有者广泛而强大，例如买受人占有标的物，系属自主占有，于解除契约前，出卖人不得请求返还标的物。[①] 我国大陆学者余延满亦持有类似观点。[②] 我国大陆学者王轶认为，Raiser 教授的见解颇具新意，尤其是他对物权法定主义的理解更具启发意义，而其引入时间区分所有权理论解说期待权性质更是体现了他的理论勇气。但就其论述过程和形成的见解而言，却存在以下难以克服的缺陷：（1）观点前后矛盾。他在论述过程中专门从比较法视角引入时间区分所有权理论，以确证买受人与出卖人共有标的物所有权，但随后又宣称出卖人仍应被认为尚属所有权人，买受人权利仅系所有权的期待权，这种自我否定，难免让人莫衷一是。（2）在论及物权独立性时，Raiser 教授有如下推理过程：质权为物权，质权对其所担保的债权具有从属性，因而物权并非都具有独立性。故物权的独立性并不能构成否认不具有独立性的期待权为物权的理由。这一推理过程在前提上存在明显错误，德国民法上所谓物权独立性系指物权相对于作为其产生基础的法律关系（基础行为）的独立性，即物权的发生、存续与消灭，不受其基础行为瑕疵的影响，原因行为虽为无效，物权本身仍可独立存在。这种物权与其产生的基础关系之间的结合形态明显与质权其所担保的债权之间的结合形态不同。质权所担保的债权并非其得以产生的基础关系，因此，不能从质权对其所担保的债权的从属性论证物权非都具有独立性。（3）这种见解对于当事人之间的权利分配明显与交易实际中当事人的实际意图不符，有修

① 王泽鉴：《民法学说与判例研究》（第一辑），中国政法大学出版社 1998 年版，第 163～164 页。

② 余延满：《货物所有权移转问题的比较法研究》，载李双元主编：《国际法与比较法论丛》第二辑，中国方正出版社 2002 年版，第 195 页。

正实践，以适应理论，即“削足适履”之嫌。因为交易实践中，所有权的转移是以特定条件的满足为前提。(4) 就时间区分所有权而论，一方面，缺乏现行法上的依据；另一方面，随时间流动，而在当事人之间有流动的“削犁”式所有权转移，则势必造成法律关系的混乱，与物权关系明确原则不符。且依此理论必然在当事人之间形成一种共有关系。依法理，在共有场合，共有物的处分必须经全体共有人同意或至少占份额一半以上的共有人同意，否则，处分行为无效。这与所有权保留制度中出卖人的不经买受人同意转让标的物所有权显有不符。(5) Raiser 教授在判定期待权系属物权时，一个重要的理由，是买受人对标的物有占有、使用、收益的权利，已构成了事实上和法律上的支配，因而契合物权性格。此论可从以下两方面反驳：(1) 买受人对标的物的享有占有、使用、收益的权利，非其享有期待权使然，构成上述权利基础的是当事人间的买卖契约，它们与期待权间为并列关系，而非包容关系。(2) 物权有自物权与他物权之分。期待权非为自物权，已如前所述。他物权可分为担保物权、用益物权和类似物权（占有）。期待权非为担保物权和类似物权至为明显。若依 Raiser 教授观点，买受人的占有、使用、收益为期待权内容，则其更接近于用益物权。德国民法上禁止对不动产转移的物权合意附条件，故所有权保留制度仅对动产适用，而动产上是不得设定用益物权的，可知德国法范围内，物权领域内，难有期待权存续空间。①

我们认为，要对 Raiser 教授“买受人期待权系物权”之理论进行批评，首先要正确地解读 Raiser 教授“买受人期待权系物权”之理论。Raiser 教授认为，时间区分所有权之思想，对现行物权法之理论而言，尚属陌生，但在其他法律，尤其是英国普通法上不动产、时间之因素，颇受重视。可见，Raiser 教授的时间区分所有权思想并非源自大陆物权法体系，而是源自英美财产法，而英美财产

---

① 王轶：《所有权保留制度研究》，载梁慧星主编：《民商法论丛》第 6 卷，法律出版社 1997 年版，第 627 ~ 628 页。

法上的所有权与大陆物权法中的所有权是不同的，因此，以大陆物权法中的所有权思想去解释英美财产法中的所有权无疑会得出不同的结论。在英国财产法中，没有主体在严格的意义上是在“所有”土地，尽管他对土地享有排他的权益。因为只有国王才能所有土地，而其他人只是从他那里取得土地保有。在深受罗马法影响的法律体系中，人民长期以来反对所有权的分离，只有在实际需要考虑的事情产生了压倒力量时才极不情愿地允许所有权进行分离。① 大陆法系与普通法系对财产权有着完全不同的理解。比方说，大陆法系的法律以所有权为基础来分析财产和财产权，但在英美法律中几乎找不到一个完整的所有权的概念。大陆法系宣称一物一权，可是在英美法系中，一物（如土地）可能存在几种不同的所有权。这些重大的差别来自诺曼底的入侵和从那时发展出来的封建土地制度。② 美国财产法不强调财产权的绝对性，而是强调财产权中的各种不同的利益。因为美国财产权中的各种权利往往是分离的，英美法对财产所有权没有一个完整的定义。③ 美国财产权是可以分离的，美国财产法因而强调土地的权益。土地权益按占有的时间先后分为现在的权益和未来的权益，按权益所有人的多寡，形成了财产的共有关系。④ 由上可见，如果以英美财产法理论去解释 Raiser 教授的时间区分所有权之思想，则该思想无疑是合理的，但如果以大陆物权法令理论去解释该思想，则无疑会得出与大陆法中物权关系明确原则不符的结论。在 Raiser 教授“买受人期待权系物权”之理论中，其一方面引入了英美法中的时间区分所有权之思想，但另一方面，他又未能将这一思想贯穿始终，其后又运用了大陆物权法中的所有权思想，认为买受人之地位，虽为物权，但基于诸种原

① ［英］F. H. 劳森、B. 拉登著，施天涛、梅慎实、孔祥俊译：《财产法》（第二版），中国大百科全书出版社 1998 年版，第 78 ~ 79 页。

② 李进之等：《美国财产法》，法律出版社 1999 年版，第 1 页。

③ 李进之等：《美国财产法》，法律出版社 1999 年版，第 8 页。

④ 李进之等：《美国财产法》，法律出版社 1999 年版，第 59 页。

因，在法律上出卖人仍应被认为尚属所有权人，买受人之权利虽与所有权甚为接近，但尚非为完全所有权，仅系所有权之期待权。由于 Raiser 教授用“所有权”一词在同一理论中同时表达了英美所有权思想和大陆所有权思想，而英美所有权思想和大陆所有权思想是不同的，因此给人一种理论上欠一贯，观点前后矛盾的感觉。在 Raiser 教授的“买受人期待权系物权”之理论中，我们应当注意的是，Raiser 氏认为买受人期待权具有特殊性质，故不能依“非此即彼”之方式加以处理，认为买受人之期待权属于用益物权或担保物权。因此，从用益物权的角度去评析 Raiser 教授的“买受人期待权系物权”之理论也是不正确的。

那么，买受人之期待权是否是一种物权呢？我们认为，这一问题应从物权的概念、性质、特征出发进行考察，如果买受人的期待权符合物权的概念，具有物权的性质与特征，则其具有物权性质，反之，则不具有物权性质。何谓物权，其性质如何？虽尚多争论，但依通说，系指直接支配标的物而享有其利益之具有排他性之权利。① 物权系特定物归属于一定权利主体之法律地位。所谓归属者，乃系一定权利主体对该特定物，在法律上享有一定之支配领域，于此支配领域内，权利主体的直接支配该特定物，且任何人非经权利主体之同意，不得侵入此领域或加以干涉。是以，物权基于前者，遂有直接支配性，基于后者，遂有保护之绝对性。所谓物权之直接支配性，系指物权人得依自己之意思，无须他人之意思或行为介入，对标的物即得为管领处分，实现其权利内容之特性。物权人于其标的物之支配领域内，非经其同意，任何人均不得侵入或干涉，无论何人若擅行侵入或干涉均属违法。法律即给予物权人绝对保护之特性，此即为保护之绝对性。物权的效力主要有排他效力、优先效力、物上请求权。所谓排他效力指的是一标的物上，不能有两个以上同一内容或性质之物权同时存在，因此，已存在之物权，

① 王泽鉴：《民法学说与判例研究》（第一辑），中国政法大学出版社 1998 年版，第 166 页。

具有排除互不相容物权再行成立之效力。所谓优先效力，指的是同一物上，有两个以上不同内容或性质之物权存在或该物亦为债权给付之标的物时，成立在先之物权有优先后成立物权之效力，物权则有优先债权之效力。所谓物上请求权，指的是物权人于其物被侵害或有被侵害之虞时，得请求回复物权圆满状态或防止侵害之权利。① 由上可见，物权的最根本的特征在于其对抗与排他效力，认定某一项权利是否是一项物权，根本标志在于该权利是否能在其权限范围内对抗所有其他权利。依这一标准，买受人期待权是否具有物权性质取决于期待权是否能对抗其他权利，具体而言，即它是否能对抗标的物所有权人及其他第三人。从我国现有的立法来看，期待权的这一性质还不是很明确，我国目前有关所有权保留的立法仅具有一些原则性规定，如《民法通则》第72条规定："按照合同或者其他合法方式取得财产的，财产所有权从财产交付时起转移，法律另有规定或当事人另有约定的除外。"最高人民法院《关于贯彻执行中华人民共和国民法通则若干问题的意见（试行）》第84条规定："财产已经交付，但当事人财产所有权转移附条件的，在所附条件成就时，财产所有权方为转移。"《合同法》第133条规定："标的物的所有权自标的物交付时起转移，但法律另有规定或当事人另有约定的除外。"该法第34条规定："当事人可以在买卖合同中约定买受人未履行支付价款或者其他义务的，标的物所有权属于出卖人。"从我国目前以上立法可以看出，我国法律关于买受人期待权之法律性质还属于空白。那么，我国法律是否应该明确规定买受人之期待权具有物权性质呢？我们认为，这将取决于立法政策对买受人的保护程度，如果立法政策是要加强保护买受人，使买受人的期待权能对抗标的物所有人或其他第三人，则可以将买受人的期待权规定为一种物权，如果立法政策是要偏袒标的物所有权人及其他第三人，则不宜将买受人之期待权规定为一种物权。

---

① 谢在全：《民法物权论》，中国政法大学出版社1999年版，第25~36页。

综上所述，我们认为，买受人之期待权是否具有物权性质将取决于立法政策，就其本身而言，可以成为一种物权，也可以成为一种债权。但有的学者认为，基于物权而生之对物支配，必具有独立性，自其所由发生之债权关系脱离，不受其影响。附条件买卖买受人对物着支配，并非因其享有期待权之故，而系基于买卖契约，系以债之关系为其媒介，为债权行为所左右，买卖契约无效或被撤销时，期待权即无所附丽，而归于消灭。由是观之，买受人之期待权显然欠缺物权所应具之独立性，就“现行法”之体系以然，实不能认为其系属物权，申言之，即在“民法”所承认之各种物权外，并无买受人期待权此种类型物权之存在。① 我们认为，这种观点是值得商榷的，从前述关于物权的特性来看，物权的根本性质在于其绝对性，在于其是否能对抗第三人，此外，世界上绝大多数国家的民法都否认物权的独立性，难道我们能说这些国家不存在物权吗？因此，以买受人之期待权不具有独立性特征而否认期待权是物权的观点显然是不正确的。

我国大陆有学者认为，保留买主期待权正处于向所有权发展的路上，其适用的法律规则及其效力可以类推所有权的规定，所以保留买主期待权在本质上必然是一项物权。对于这一结论笔者将从以下几个方面加以论证，并回答反对者的质疑：第一，这一结论的得出绝非仅仅是逻辑推演的结果，相反是对保留买卖当事人各方利益充分衡量的结果。按照物权的本质乃是特定人对特定物的支配关系的认识，从对物的支配、控制与利用关系的角度看，保留卖主何谈所有权人，相反，保留买主才是真正的所有权人！第二，从物权的本质乃是特定人对特定物的支配关系出发，我们将期待权与用益物权进行比较，可以发现期待权的支配力较之用益物权更强。用益物权对标的物享有的支配内容期待权都具备，与用益物权随着时间的推移而回归于所有权人不同，期待权人对标的物的支配关系处于不

① 王泽鉴：《民法学说与判例研究》（第一辑），中国政法大学出版社 1998 年版，第 166 页。

断增强直至发展为完全物权的状态中。于此而言，何以承认用益物权的物权性而不承认期待权之物权本质呢？第三，在承认期待权为物权的理论障碍中，物权法定主义并不能影响期待权为物权，因为物权法定主义只是禁止当事人通过协议创设物权，但并不阻塞通过习惯法产生物权的道路。期待权并非不具有独立性，期待权可以让与、可以发生善意取得、可以设定质押、可以对抗第三人乃至所有权人等，这些都昭示了其所具有的独立权利机能。第四，如果仅承认期待权是一项债权，那么期待权作为债权所具有的占有权能是不足以保护期待权人的。第五，保留买主对标的物的占有是使保留买主期待权成为物权的重要因素。第六，德国学者不承认保留买主期待权为物权的另一个大的障碍在于，此种期待权作为物权在现有物权体系中的地位难以确定。①

我们认为，保留买主期待权是否具有物权性质关键取决于立法政策是否赋予它对抗第三人的效力，上述支持保留买主期待权为物权的观点虽然不乏一定程度的合理性，但这些都不是决定保留买主期待权为物权的根本性理由，这是因为：第一，从对物的支配、控制与利用关系的角度看，债权，例如租赁权也可以对物为支配、控制与利用，但租赁权并不因此而被认为是一种物权。反之，在所有权的各项权能与所有权分离后，虽然所有权人不再直接支配、控制与利用标的物，但只要所有权人还拥有标的物的最终处分权，则它将仍然是标的物的所有权人。因此，我们不能因为保留买主期待权人可以对物为支配、控制与利用而认为保留买主期待权是一种物权。第二，用益物权之所以是一种物权，其最根本的原因是用益物权人可以对标的物为直接管领支配，可以在其权限范围内对抗标的物所有权人和社会第三人。否则，它将不再是一种物权，例如，租赁权也具备用益物权对标的物的支配内容，但租赁权却不被认为是一种物权。因此，认定保留买主期待权是否是物权的标志应该是它

---

① 申卫星：《所有权保留买卖买受人期待权之本质》，载《法学研究》2003 年第 2 期。

是否能对抗标的物所有权人和社会第三人，而不是它具有和用益物权相类似或者更大的权能。第三，保留买主期待权虽然也具有一定程度的独立性，但独立性并不是物权的本质属性。第四，在租赁、借用、保管等债权关系中，也能产生对标的物的占有权，但它们并不因此而成为一种物权，因此，以保留买主对标的物的占有而认为保留买主的期待权是一种物权的观点是不可取的。

（三）特殊权利说

我国台湾地区学者王泽鉴认为：买受人之期待权自其发生以言，因买卖契约而成立，并与买卖契约同其法律上之命运；自其目的或功能以言，旨在取得标的物之所有权，系取得所有权之前阶段，因条件成就变为所有权。故在体系上，横越债权与物权两个领域，兼具债权与物权两种因素之特殊权利，系一种"物权"，但其具有债权上之附从性，系一种"债权"，但具有物权之若干特性。①

该说认为买受人之期待权是一种兼具债权与物权两种因素的特殊权利，但该说并没有就买受人期待权的债权性及物权性加以详细论述，其认为买受人之期待权兼具物权性及债权性两种因素的基础是买受人之期待权与买卖契约同其法律上之命运，其系取得所有权之前阶段，但这两者都不是债权与物权的本质特征，据此，仅凭这两者并不能得出买受人之期待权兼具债权与物权性质的结论，以此为基础而认为买受人之期待权是一种兼具债权与物权两种因素的特殊权利是不可取的。

（四）形成权说

期待权与形成权关系如何，学者意见极不一致，有的认为期待权系属形成权；有的认为期待权为类似形成权之一种权利；亦有的认为，期待权与形成权，性质各异，不相类属；还有的认为，期待权与形成权二者有若干相似之点，即期待权系属一种取得权利之地位，而形成权系可发生某种具体法律关系之权能，就此点观之，二

① 王泽鉴：《民法学说与判例研究》（第一辑），中国政法大学出版社1998年版，第166页。

者均属取得权利发展过程中之中间形态，其性质极为相近；学者黄右昌之所以认为期待权为类似形成权之一种权利，其理由或在于此。德国学者之主张期待权类属形成权，亦系基于此事实。有的学者认为，按形成权者，系依权利人一方之意思表示，可使权利发生变更，但在期待权，权利之取得，或因时间之经过，或因条件之成就，期待权人因故不能因享有期待权之故，即是基于此权利，而以一方之意思表示，创造具体之权利义务关系。再者，形成权因其行使而消灭，但期待权则因完成必要条件而强化变成完全权利。此二点差异系学者否认期待权为形成权之主要理由。① 我国学者王轶认为：期待权与形成权就其法律状态而言，确有相似之处，但这种相似对于权利性质非为绝对性因素。而且，二者在以下方面存有重大差异：（1）形成权本身就是构成法律关系变更并取得（或消灭）特定权利的原因，形成权人，得依一方的意思表示而使权利发生变更。而期待权本身向特定权利的演变则是一种特定的法律关系变更的结果，这种法律关系的变更或归因于时间的经过，或归因于特定（包括法定和约定）条件的满足。（2）形成权因其行使而归于消灭。期待权则会因其自身的行使，再辅以其他要件而补全为完全的权利。（3）形成权的功能取向偏重“变更”，以改变现存的法律状态为己任，期待权的功能取向则偏重“确保”，以维持现存法律状态为使命。（4）为维护法律关系的稳定，防止法律关系长期处于不稳定状态，法律多对形成权的存续状态设有明确规定，以除拆期间限制当事人的恣意。期待权的存续时间则有由当事人任意协商确定的情形，包容着意思自治的机理。（5）形成权往往依附于一定的法律关系，它并不能独立的转移，而期待权则可为独立的让与。基于上述分析，可确知期待权与形成权在权利体系中各执一端。②

---

① 王泽鉴：《民法学说与判例研究》（第一辑），中国政法大学出版社1998年版，第151页。

② 王轶：《所有权保留制度研究》，载梁慧星主编：《民商法论丛》第6卷，法律出版社1997年版，第623～624页。

我们认为，期待权与形成权在具体细节上确实存在诸多差异，但二者在本质上极为类似。形成权，指权利人依自己的行为，使自己与他人间的法律关系发生变动的权利。形成权之主要功能，在于权利人得依其单方之意思表示，使已成立之法律关系之效力发生、变更或消灭。形成权赋予一方当事人得依其单方之意思干预他人之法律关系。① 而期待权人亦可依自己的行为，取得所有权保留中标的物的所有权，从而使自己与所有权之法律关系发生变动。可见，期待权与形成权在本质上极为类似，二者均可因权利人自己之行为，使自己与他人之法律关系发生变动。

（五）物权化的债权或效力扩张的债权

我国有的学者认为，买受人的期待权就其本质属性而言，属债权，但因其受所有权保留制度特性的影响，作为债权的期待权的效力已有所扩张，包容了原本归属于债权效力的部分效力。保留所有权买卖中只能是出卖人向买受人移转标的物所有权的债权行为附条件。又因条件限制的是所有权移转而非整个债权契约，所以债权行为仅履行效力受到了限制，即买受人业已享有了生效的债权，唯尚不能请求出卖人移转标的物所有权，以此与其延期交付价金相对应，保持利益平衡。由此可见，买受人的期待权性质应为债权。所有权保留买卖中，在条件成就前，标的物无论是动产或不动产，都已特定，因而不管是出卖人为使其所有权保留具有对抗善意第三人效力所为的登记，还是买受人为保全其债的请求权所为的登记，对于买受人享有的指向不动产的债的请求权都有预告登记的效力，而对于买受人享有的指向动产的债的请求权也有类似于预告登记的效力，从而使买受人享有的债权获取了对世性，而得对抗第三人，并以此为前提，取得了本属物权的追及效力和一定范围内的优先效力，实现了债权的物权化或债权效力的扩张。在标的物为动产的情形下，即使没有进行前述登记，买受人也得因其占有标的物而在实际上限制了出卖人的处分权，获得了一定范围内对抗第三人的效

① 梁慧星：《民法总论》，法律出版社 1996 年版，第 66 页。

力。学说和判例还赋予期待权人对第三者侵害的损害赔偿请求权、排除妨害权等多项权利。综上所述，可见，买受人的期待权为物权化的债权或效力扩张的债权。① 我国还有学者认为：买受人所享有的期待权从本质上来看仍为债权，即买受人所享有的请求出卖人移转标的物所有权的权利被附加了一定条件，或者说期待权是指待所附条件成就时买受人所享有的请求出卖人移转标的物所有权的债权。但是，在转移所有权的买卖中，由于标的物已为买受人占有，且有的已为登记，这又使得买受人的期待权包含了原本归属于物权效力的部分效力，如在一定条件下对抗第三人的效力，这就产生了所谓的债权物权化问题，使作为债权的期待权效力有所扩张。②

我们认为，如果立法政策赋予买受人之期待权以对抗第三人之效力，则买受人之期待权将具有物权性质，因为此时买受人期待权之行使已无须求助于出卖人，可以依自己之意志行使，且能对抗第三人，这些都是只有物权才具备的特征，据此，既然买受人之期待权具有物权的性质与特征，则其当然应属于物权类型之一种。

（六）债权说

该说认为，期待权从性质上看仍然是一种债权而非物权，因为在条件尚未满足之前，买受人无权请求出卖人移转标的物的所有权，但由于买卖合同已成立并生效，所以，出卖人也不能随意解除合同，而使买受人的期待权落空。而买受人只要完成了约定的条件，其期待权就应得到实现。

我们认为，这一观点是值得商榷的。在条件尚未满足之前，买受人虽然无权请求出卖人移转标的物的所有权，但就期待权本身而言，其已经具有了对抗第三人的效力，具有明显的物权特征，因此，认为买受人之期待权属于债权的观点显然是不妥当的。

---

① 王轶：《所有权保留制度研究》，载梁慧星主编：《民商法论丛》第6卷，法律出版社1997年版，第630～631页。

② 余延满：《货物所有权移转问题的比较法研究》，载李双元主编：《国际法与比较法论丛》第二辑，中国方正出版社2002年版，第195页。

(七) 所有权的期待权说

该说认为，从学界对买受人期待权性质的讨论来看，学者们一开始就忽视了期待权赖以存在的特定权利分类标准，而力图将其归于其他权利分类标准下的某种范畴，以借此来揭示买受人期待权之性质，结果导致了围绕“买受人期待权是物权、债权还是形成权”这一问题的争论，买受人期待权的性质问题也因而就似乎显得非常复杂。这种对买受人期待权性质的研究方法是不适当的。其理由有二：其一，期待权和物权、债权以及形成权是分属于不同权利分类标准下的权利范畴，将期待权归于物权、债权或形成权在客观上是不可能的。这是因为，从方法论意义上讲，在很多情形下是行不通的。例如，民事权利通常以其标的不同被分为物权、债权、知识产权、人格权、亲属权、继承权等权利，在这种分类方法下，形成权属于哪种权利呢？这根本无法回答。实际上，上述关于买受人期待权性质的研究在方法论上同样存在这一问题。依民法的权利分类理论，民事权利以权利要件是否齐备为标准分为既得权和期待权；以权利的作用为标准分为支配权、请求权、形成权及抗辩权；以权利标的为标准分为物权、债权等权利，可见，期待权与债权、物权或形成权是分属于不同分类标准下的权利范畴，很难说期待权是属于物权、债权还是形成权。将期待权归于这几种权利在客观上是不可能的。因而有的学者得出“买受人期待权既不是物权也不是债权”的结论就不足为怪了。其二，将买受人的期待权归于物权、债权或形成权的范围无益于揭示其性质。任何一种权利分类方法都是有特定意义的，期待权和既得权的划分对描述民事权利的构成要件是否齐备具有重要意义。对买受人期待权性质研究必须以此为出发点和立足点，只有这样，才能更好地揭示该种期待权之性质，如果忽视买受人的期待权所赖以存在的特定权利分类标准而试图将其归于物权、债权或形成权的范畴，不仅使买受人期待权性质问题人为复杂化，而且也不能体现期待权本身特有的含义，从而无益于揭示买受人期待权的性质。鉴于上述理由，对买受人期待权性质问题的探讨，不能离开期待权所赖以存在的特定权利分类标准。而应以此为立足点，从民法关于期待权的理论中去寻找答案。依民法一般理论，权利人在取得某种权利的过程中，该种权利要件尚未齐备，仅具备部分要件，法律根据实际需要对权利人此种法律地位予以保护，权利人因而即享有期待权，从某种意义上讲，期待权是取得权利的权利。期待权所“期待”的权利可以是物权，也可以是债权，或者是其他某种权利。根据权利人所期待的权利的不同，期待权可分为物权的期待权、债权的期待权等。在所有权保留买卖中，买受人对出卖物享有占有、使用、收益等所有权的部分权能，对出卖物所有权享有期待利益，此种期待利益受法律保护而上升为期待权，这种期待权显然是对出卖物所有权的期待权，因而买受人期待权在性质上属于物权期待权，说得更具体一点，也就是所有权的期待权。①

我们认为，上述观点虽然具有一定程度的合理性，但同时在某些方面也是值得商榷的。首先，虽然依不同的权利分类标准可以对权利作出不同的分类，但同一权利同时符合两种权利分类标准所具备的特征也是存在的，例如，依权利的标的为标准可以分为物权、债权等，但同时，物权也符合以权利的作用为分类标准所得出的支配权的特征，据此，物权也属于支配权的一种。同样，期待权如果同时具有其他权利的特征，它也可以归属于其他权利类型。因此，问题的关键是期待权是否具备其他权利的特征，而不是依权利分类标准，某种权利只能专属于某一权利标准。其次，如果买受人的期待权能归属于其他权利，则这将更有利于揭示出该权利的性质，例如，如果它同时也是一种物权，则有关物权的许多规则也可以适用于它，同时也并不影响它的期待权特征，这无疑可以更加清晰地揭示出期待权的法律性质，并有助于法律适用。综上，我们认为，期待权是否具有其他权利的性质关键应该是取决于期待权的特征，而不是权利分类标准，如果期待权同时也具有其他权利的特征，则它

---

① 余能斌、侯向磊：《保留所有权买卖比较研究》，载《法学研究》2000 年第 5 期。

也应该同时具有其他权利的性质。

## 三、买受人期待权之保护

当出卖人或者第三人侵害买受人之期待权时，则产生买受人期待权之保护问题。对于买受人期待权的保护，《德国民法典》第161条第1款规定，倘若条件未定期间权利人的处分行为破坏或妨碍了依赖于条件之行为的效力，那么在条件成就时该行为是无效的。另外该条还规定，在条件未定期间以强制执行或假扣押方法进行的处分或由破产管理人进行的处分在效力上也相同。一个在条件未定期间从所有权人处接受转让的第三人，在条件成就时将因保留买主获得所有权而失去所有权。此外，一个附延缓条件的权利人（这里指期待权人）在法律上还受到《德国民法典》第160条的保护。如果所有权人（这里指保留买主）在条件未定期间因过失对附条件权利造成损害的，或对标的物造成毁坏的，期待权人在条件成就时，有权要求所有权人（这里指保留卖主）进行损害赔偿。①如今，德国民法学说和判例对期待权的保护已经远超出了《德国民法典》第160条对期待权的保护，具体体现为物权法上的保护和债权法上的保护。在物权法领域，对期待权适用之规定原则上是对完整权利规定的相应类推。德国学说与判例认为期待权人也同样享有《德国民法典》第985条规定的所有物返回请求权、基于所有权的排除妨害请求权和不作为请求权。此外期待权人根据《德国民法典》第960条以下和第1007条还享有法律对占有的保护。德国学说和判例认为，期待权在债权法上同样受到保护。在不当得利范围内，当非权利人通过其处分而使期待权消灭时，期待权人享有一项不当得利返回请求权，其请求权基础主要是《德国民法典》第816条。期待权可以作为《德国民法典》第823条第1款中的“其他权利”受到法律保护，其法律地位不受任何人的侵害，对侵

① 参见申卫星：《期待权基本理论研究》，中国人民大学出版社2006年版，第304页。

害期待权的人期待权人有权请求损害赔偿，在这方面德国法学界的意见是统一的。[①] 可见，德国民法对期待权的保护已经相当成熟与完善，相关立法与司法实践值得我国借鉴。我国台湾地区“民法”第100条规定，附条件法律行为之当事人于条件成否未定前，若有损害相对人因条件成就所应得利益之行为者，负赔偿责任；第101条第1项规定，因条件成就而受不利益之当事人，如以不正当行为，阻其条件之成就者，视为条件已成就。台湾学者王泽鉴认为我国台湾地区“民法”对于负条件权利设有的这些保护性规定，对于附条件买卖理应适用。[②] 我国《合同法》第45条第2款规定，当事人为自己的利益不正当地阻止条件成就的，视为条件已成就；不正当地促成条件成就的，视为条件不成就。这些都是对买受人期待权的一定程度的保护，具体而言，买受人期待权之保护主要产生于以下情形：

### （一）出卖人将标的物让与第三人

当出卖人将标的物之所有权让与第三人时，势必对买受人之期待权造成影响。对于这一问题，如果标的物是动产，则应视现实交付和指示交付区别而论。在所有权保留买卖中，标的物一般由买受人占有，但并不排除在有些情况下，由出卖人占有标的物，此时，如果出卖人以现实交付方式将标的物让与第三人，则第三人为善意时，其无疑可取得标的物所有权。但若第三人为恶意，学界对于其是否能取得所有权有肯定与否定两种观点。肯定的观点认为第三人系自所有权人受让权利，自能取得所有权。但第三人既明知有前存交易而受让权利，依此情形，可构成侵权行为，应对买受人承担侵害债权的赔偿责任。否定的观点认为第三人明知有前存交易，仍恶意受让所有权，应不受保护。我们认为，若第三人为恶意受让所有

① 参见申卫星：《期待权基本理论研究》，中国人民大学出版社2006年版，第308～313页。

② 参见王泽鉴：《民法学说与判例研究》（第一辑），中国政法大学出版社1998年版，第195页。

权，应不能对抗买受人的期待权，但如果事后买受人的期待权消灭，则第三人可取得所有权。当出卖人以指示交付方式将标的物所有权让与第三人时，由于第三人不能依善意取得而取得所有权，因此，只有当标的物现实交付给第三人时，第三人才可以基于善意取得制度取得无瑕疵的所有权。

在我国台湾地区，有人认为附条件权利之保护，仅具有债权效力，相对人只能对加害人基于侵权行为之规定，主张损害赔偿请求权，而不能向第三人请求返回其应得之利益；有人认为侵权附条件权利之法律行为，如为物权行为且具公示方法，得对抗第三人者，则有害于附条件权利之处分无效，王泽鉴教授认为应采后一种观点。① 依照我国台湾学者的观点，买受人期待权之保护与期待权之法律性质存在密切联系，依其债权性质与物权性质而分别受债权法和物权法上的保护，我们认为这种观点有一定的可取之处，买受人期待权之性质认定会对买受人期待权之保护产生重大影响。

（二）出卖人在标的物上设定质权

由于质权的设立以质物的交付为要件，而在所有权保留买卖中，标的物通常由买受人占有，而出卖人一般不可能就所有权保留买卖中的标的物再为第三人设定质权，但也不排除在有些情形下买受人暂时将标的物交还出卖人保管，此时，出卖人即有可能就该标的物设定质权。在这种情形下，我们认为，若质权人基于善意，则可以依照善意取得制度取得质权，但如果质权人基于恶意，则质权人所取得的质权不能对抗买受人期待权的行使，在买受人期待权消灭以后，质权人可以取得质权。

（三）出卖人在标的物上设定动产抵押

出卖人在所有权保留买卖的标的物上可能设定动产抵押，对于该动产抵押的效力，我们认为，若抵押权人取得抵押权是基于善意，则其可以取得抵押权，但如果其是基于恶意，则其抵押权的取

① 参见王泽鉴：《民法学说与判例研究》（第一辑），中国政法大学出版社1998年版，第197页。

得不能对抗买受人的期待权。

（四）所有权保留标的物上发生第三人之留置权

所有权保留之标的物通常由买受人占有，但在例外情形下，出卖人可能为修理目的而取回标的物，并交由第三人代为修理，此时，第三人可能基于修理费而主张留置权，那么，第三人之留置权是否可对抗买受人之期待权呢？对此，有的学者认为，在动产抵押之场合，《动产担保交易法》第25条规定，抵押权人实行占有抵押物时，不得对抗依法留置标的物之善意第三人，善意第三人因而享有优先于抵押权人之位次，由是可知法律系优先保护善意留置权人。此项立法原则，于附条件买卖亦应适用之，故出卖人占有标的物后，送请他人修缮或因其他事由发生留置权，而主张留置权人为善意时，附条件买卖纵经登记，亦不得对抗之。① 我们认为，留置权属于法定担保物权，留置权之效力一般均应优先于其他物权，因此第三人之留置权应优先于买受人期待权。

（五）出卖人的债权人对标的物为强制执行

当所有权保留买卖中出卖人的债权人为强制执行时，买受人是否可以基于其期待权而提起异议之诉？对此，有的学者认为，应依外观上之登记或登录是否可知孰为形式之所有人，而决定买主是否可提起"强制执行法"之异议之诉，其说略谓："于分期付款买卖契约里，于标的物交付同时，该标的物从卖主的财产分离，代之而产生买卖价金债权。卖主之一般债权人只得对价金债权予以强制执行；对标的物为执行时，买主得提起第三人异议之诉，当标的物为具有登录之动产（如汽车）时，由外观的登记或登录即可知孰为形式上的所有人，这时，为对信任登录之卖主的债权人加以保护，买主对债权人之标的物执行，不得提起第三人异议。"②我们认为，出卖人的债权人对标的物的强制执行应受到买受人期待权的限制，

① 王泽鉴：《民法学说与判例研究》（第一辑），中国政法大学出版社1998年版，第199～200页。

② 刘得宽：《分期付款买卖与法律问题》，载《政大学报》第20期。

在买受人的期待权消灭后，出卖人的债权人可以对标的物进行强制执行，否则，出卖人的债权人在对标的物进行强制执行时，虽可对标的物进行一定程度的限制，但不能对抗买受人的期待权。

（六）出卖人破产

在出卖人破产时，出卖人的破产管理人不得以此为理由从买受人处取回所有权保留买卖的标的物，买受人之期待权并不因出卖人的破产而受影响，买受人在向破产财团按期清偿买卖价金后，可取得标的物的完全所有权。

（七）第三人侵害标的物

在所有权保留买卖中，标的物通常由买受人占有，据此，买受人可以以此为基础主张占有规定之保护，要求侵害标的物的第三人赔偿损失。

## 四、买受人期待权之处分

在当事人所约定的所有权保留条款中，大多订有禁止处分标的物的条款，如禁止将标的物转售、出租、抵押等，在这种情况下，买受人不得处分标的物，如有违反，则会丧失其利益或被解除契约。即使在有些所有权保留条款中没有关于禁止处分标的物的规定，由于所有权保留的目的即在于剥夺买受人的处分权，故买受人也不能擅自处分标的物。

但对于买受人所取得之期待权是否可以处分，德国的赖札教授持肯定说。1933 年德国最高法院的判例认为，此时处分之标的，为买受人之期待权也。期待权之让与方式，除需要一般动产所有权让与时所需的物权的合意与物之交付外，还必须经过所有权人（出卖人）的同意为必要。但需所有权人（出卖人）的同意这一点，嗣后经联邦法院的判决，已被认为不需要，这时，期待权之受让人于付清分期付款买卖全部货款（不问系由何者付清）同时，可直接取得标的物之完全所有权。期待权虽为较弱的权利，但对于期待权禁止处分之特约，并无物权之效力。买受人亦可将期待权为他人设定质权，设定质权之有关要件，可参照上述让与之情形。①我国台湾地区有学者认为，期待权之让与系买受人对自己财产之处分，其所让与者，系自己之权利，无须出卖人之同意或协力，故与无权处分标的物所有权之情形，其性质迥然不同，应予区别。于条件成就前，买受人以自己名义处分标的物所有权者，系属无权处分，此项处分于出卖人再让与授权范围内为之或事后经其承认者，完全有效，反之，则不生效力。但买受人于处分后，因偿还价款，完成条件而取得标的物所有权时，其处分自始有效。至于善意第三人能否在此之前取得标的物所有权，依现行规定，应视附条件买卖是否登记而定。附条件买卖未登记时，善意第三人取得其所有权。反之，若附条件买卖业经登记者，因具有对抗效力，出卖人仍得行使取回占有之权利。② 我们亦赞同这一观点。我国有学者认为，期待权作为一项权利，具有现存的财产价值，因而可以成为法律行为处分的标的，故期待权具有可转让性。除此之外，期待权还具有可继承性，可以发生善意取得，可以出质，在德国法中期待权之上还可以成立法定质权，也可以以期待权为标的设定用益权。③ 我们认为，买受人期待权之处分是应当受到一定限制的，因为买受人期待权之处分会直接影响到出卖人所保留的所有权，涉及对出卖人所有权的处分应属于无权处分，因此，只有当买受人完全取得标的物的所有权时，其对期待权的处分才产生法律效力，受让人才能取得完整的、无瑕疵的权利。

## 五、买受人期待权之消灭

买受人期待权因下列原因而消灭：

---

① 刘得宽：《民法诸问题与新展望》，中国政法大学出版社 2002 年版，第 10 页。

② 王泽鉴：《民法学说与判例研究》（第一辑），中国政法大学出版社 1998 年版，第 193 页。

③ 参见申卫星：《期待权基本理论研究》，中国人民大学出版社 2006 年版，第 270 页。

（一）所有权保留买卖合同消灭

由于买卖合同的有效存在是所有权保留的基础或前提，因此，所有权保留买卖合同消灭后，买受人的期待权也随之消灭。

（二）出卖人所保留所有权的消灭

买受人期待权的存在是以出卖人保留所有权为前提的，如果出卖人所保留的所有权消灭，则买受人的期待权也随之当然消灭。

## 第五节　出卖人之取回权

### 一、出卖人取回权的概念

出卖人取回权，是指在标的物的所有权移转于买受人之前，如果买受人不依约定支付价款，完成特定条件或者将标的物出卖、出售或者为其他处分，使出卖人之利益遭到妨害时，出卖人可以取回标的物。如买受人不在一定期限内履行合同赎回标的物，出卖人可以将该标的物再行出卖。

### 二、出卖人取回权行使的条件

出卖人取回权的行使须具备一定的条件，这些条件通常有出卖人未完成合同约定的条件，如未按约定偿还价款、未按约定履行特定行为、所有权保留中的标的物遭到损害等，但在具体的立法实践中，各国法律之规定又有所不同。

在英国，出卖人取回权的行使取决于法院对所有权保留个案当事人间法律关系性质的认定。在实践中，法院针对个案具体情形对所有权保留当事人间具体关系的认定一般有两种可能：一是当事人间被认为存在受信任者关系，受信任者关系是指一方当事人必须为对方的利益，而不是为自己的利益或双方的共同利益行使，它以代理和保管为主要表现形式，尽管不是所有的代理和保管都属受信任者关系。例如在“罗马尔帕”案中，上诉法院之所以认为当事人间存在受信任者关系，就是以代理为依据的，并以此为理由允许出卖人取回剩余货物与已售货物之收益；在存在受信任关系的情形下，出卖人并不丧失所有权而享有取回权，而取回权的行使方式是行使衡平法上的追索权。二是认为买受人在出卖物上为出卖人设定了担保利益（按揭或债务负担）。在设定担保权益的情形下，法官认为出卖人丧失了所有权，因此，他就无从享有取回权，其所得的任何利益都只能通过担保利益的实现程序取得。在理论上，出卖人通过行使取回权可以得到原货物及其收益、用原货物造成的新产品及其收益，但在"罗马尔帕"案后的司法实践中，如果卖方以追索的所有权保留条款获取货物被转售的收益或标的物发生混合、附合或被加工而产生的新产品，则法院一般认为卖方不再享有货物所有权，只是在这些货物被转售的收益或新产品上享有担保权益，从而出卖人不享有取回权。但在以下情况下可例外：（1）所有权保留条款中规定，出卖人加入买受人的材料而形成的新产品归出卖人所有，出卖人可就此行使取回权。（2）出卖物与物品发生混合而丧失物理特性时，出卖人与买受人共有标的物，出卖人可依共有的规则行使取回权。这是依法律自动取得的权利。（3）在所有权保留条款仅约定价款付清之前，卖方保留所有权，而未提及货物被转售或发生添附问题的情形下，若货物被转售，出卖人丧失所有权，如货物发生添附，只要买受人依添附规则不丧失所有权，就可对之行使取回权。

在美国，美国《统一附条件买卖法》对于出卖人取回标的物规定甚详。该法共计 38 条，其中关于取回制度者，约占 1/3。该法于 1911 年开始实施，但为 1952 年制定的《美国统一商法典》所取代。依《统一附条件买卖法》的规定，买受人届期未偿付价款，或不履行其取回物品财产权应履行的条件，或违反其经由明示如有违反即得由出卖人取回标的物的承诺时，出卖人得依和平方法或经由司法途径，取回附条件买卖的物品。出卖人得在取回前 20 日以外、40 日以内期间，将买受人违约而欲取回的意思，以书面形式通知买受人，买受人经通知后不于所定取回的期限内履行其已违反的义务时，出卖人得取回物品。如出卖人未依法将取回的意思通知买受人，出卖人应将取回的物品在该物品取回时所在地的州内保存10日，在10日内，如买受人对在取回时已届清偿期的契约金额及其利息为给付或者为给付的提出，或对取得物品财产权的停止条件为履行或为履行的提出，或对经明示如有违反即得由出卖人取得物品的承诺为履行或履行的提出，并偿付因取回、保管及储藏所生的费用时，买受人得回赠物品而恢复其对该物品的占有，并继续履行其约定，出卖人取回物品后10日内，买受人不为回赎，且买受人于取回时，以偿付价款达买价的半数者，出卖人应在取回后30日内再出卖之。在取回时，买受人所付的价款未达到物品买价的半数者，出卖人有为再出卖的责任，但在取回后10日内，买受人得请求出卖人再出卖标的物。在出卖所得的价金应依下列顺序分配：再出卖的费用；出卖人得请求取回、保管及储藏费用；契约的应付余额。依上述顺序分配后，其剩余的价金应返还买受人。若出卖的价金不够分配时，出卖人得向买受人或承担买受人义务之人，请求偿付。物品不为再出卖时，出卖人得将物品视为自己所有而保留之，并且不负向买受人为计算义务，买受人的一切履行义务亦免除之。

《美国统一商法典》将所有权保留视为在出卖物上设定的担保权益，并不注重所有权的归属，因此，该法典并未专门规定出卖人的取回权问题，取而代之的是关于担保权益实现的详细规定。根据这些规定，买受人擅自将标的物转售或作其他处分的行为并不影响标的物上的担保权益的继续存在，不过担保权益同时存在于买受人任何可分辨的收益上。但是，如果存在于收益上的担保利益没有通过登记或占有而完善，则在买受人收到利益10日后即被视为未经完善的担保权益，不能对抗第三人；买受人在正常营业中若将其存于活期账户上的货币收益支付给善意第三人，出卖人则丧失已支出金额上的担保权益。在标的物发生添附的情况下，原则上出卖人的担保权益不受影响，并且在一般情况下，可优先于第三人设在添附物上的其他权利。在动产附合于动产或附合于不动产且未丧失可分辨性时，出卖人可径直就标的物行使担保权，但须赔偿对添附物有利益且受损害的第三人因此所受的损失；在标的物因混合或加工失去可辨性时，出卖人的担保权益继续存在于混合物或加工后的产品上，如果在这些财产上还存在着其他担保权益，则出卖人依其担保物在整个混合物或产品中所占的比例享有担保权益。

在德国，德国民法对于出卖人的取回权没有明文规定，学说及判例认为基于所有权保留的本质及其担保债权的功能，买受人不依约履行义务，清偿不能或其行为违反合同的，尤其因不当行使标的物，致危害出卖人担保利益时，出卖人得取回标的物。至于取回标的物的法律效果，学者认识不一。早期德国学者有的认为，出卖人取回标的物时合同并未解除，标的物的价值与出卖人可得请求的价金债权相当者，买受人的债务视为业已清偿，标的物的价值低于出卖人可得请求的价金债权者，买受人就其差额仍负有给付义务，但超过时，则应返还于买受人；亦有学者认为出卖人取得标的物后，得为买受人计算，依关于质权的规定变卖标的物，以满足自己的债权。此两种理论欠缺法律上的直接依据，且有混淆质权与保留所有权之处，因而未被普遍接受。依判例及通说，出卖人取得标的物后，买卖合同依然存在，价金请求权未因时效而消灭者，出卖人仍可请求，并于买受人支付价金时，再返还标的物，故出卖人与买受人给付迟延时，不解除合同而主张取回标的物者，其目的是取消自己关于移转占有的先给付，以恢复同时履行的状态。当保留所有权属于分期付款买卖的情况时，依德国《分期付款买卖法》第 5 条的规定，出卖人基于保留所有权而取回标的物时，得为解除合同。该条的立法目的在于保护买受人，因为在分期付款买卖中，出卖人原多索价者，买受人之所以愿意支付高价，系由于清偿前，得先占有使用标的物。出卖人取回标的物以后，买受人已无法使用，若必须支付全部价金始能取得标的物的所有权，衡诸情理，实有未妥，故法律规定，出卖人取回标的物者，视为解除合同，使当事人负有返还受领给付的义务。

在意大利，依《依意大利民法典》第 1525 条和第 1526 条的规定，因买受人不依约履行给付价金的义务，出卖人得解除合同，出卖人应当返还其取得的分期付款，但是除损害赔偿外的因物的使用而对公平补偿享有的权利不在此限。当合意将分期付款以赔偿的名义交由出卖人取得时，法官得根据情况减少合意赔偿。为了保护买受人的利益，《意大利民法典》有规定，尽管有相反的约定，如果仅为支付一期不超过1/8的分期价款，则不发生合同的解除，并且买受人保有后续分期付款期间的利益。

在日本，日本民法没有关于出卖人取回权行使的明文规定，但从实务来看，买受人不付价金时，出卖人实行所有权保留，能请求返还标的物。其法律构成是，实务上似乎是使用了买卖合同的“解除”，然而作为担保权的私下实行也能操作。①

我们认为，对于出卖人取回权之行使，当出现了当事人约定的行使取回权的情形或者买受人未在合同规定的期限内完成合同规定的所有权移转条件时，只要这种约定合法有效，出卖人就可以行使所有权。当买受人对标的物的占有、使用、处分违反了约定或法定义务，或标的物发生毁损时，立法应严格规定取回权行使的条件，只有当买受人的行为妨害或可能妨害出卖人担保权益的实现时，如买受人在没有付清价款之前未经出卖人同意擅自转让标的物、现实地移转标的物的占有，在标的物上设定抵押、质押或毁损标的物等，出卖人才能行使取回权。对于其他情形，出卖人可以通过行使所有权的物上请求权来保全货物，如要求恢复原状、停止妨害或消除对标的物的侵害等，而不必通过行使取回权的方式得到救济。

## 第六节　货物所有权保留的效力

所有权保留的效力包括对内效力与对外效力两个方面。所有权保留的对内效力指的是出卖人与买受人之间的权利义务关系。所有权保留的对外效力指的是所有权保留对于第三人的效力。

---

① 参见［日］近江幸治著，祝娅等译：《担保物权法》，法律出版社2000年版，第271页。

## 一、货物所有权保留的对内效力

### （一）对出卖人的效力

1. 对标的物的权利

依所有权保留买卖合同的约定，在所附条件没有成就之前，出卖人仍在法律上是标的物的所有权人和间接占有人，在买受人不依约支付价款，或不完成其他所附条件，或有其他违约情事时，出卖人有权取回其标的物，并可将其再出卖。在买受人破产时，如果其尚未清偿全部价款，出卖人亦可向破产管理人取回标的物。在美国，由于简单的所有权保留属于一种担保权益，所以出卖人对标的物的权利等同于受担保方对担保物的权利。在德国，出卖人行使取回标的物的权利可以不经过司法程序。而且，当买受人的债权人申请法院扣押所有权保留买卖的标的物时，出卖人有权援用《民事诉讼法》第 771 条规定的第三人异议之诉来申请法院撤销扣押，有关诉讼程序相当简单、快速。1979 年《英国货物买卖法》第 39 条第 1 款（C）项规定，未收货款的出卖人对标的物享有在该法所限制的范围内的再出售权。我国台湾地区的"动产担保交易法"设立取回占有及再出售标的物制度，作为出卖人实现其权利的最重要方法。

2. 对买受人转售所得及其债权的权利

如果当事人双方在延长的所有权保留中订有"转售所得约款"，则出卖人的所有权保留可延长到转售所得。在德国，出卖人可以通过订立"债权让与约款"，将所有权保留延长到买受人因出售标的物而对次买受人产生的债权。根据该条款，卖方授权买方可以转售标的物，但是，买方将其因出售标的物对下手购买人的债权为担保目的让与卖方。在德国，由于将来债权亦可让与，故法律上认为此种条款有效。依《德国民法典》第 398 条规定："债权得依债权人与第三人的合同而移转于第三人，新债权人依合同的成立取得债权人地位。"因此，卖方通过债权让与条款，即成为买方下手购买人的债权人，但下手购买人在不知债权让与时，仍可向买方清偿其债务。对于买方收到的转售所得，卖方享有优先受偿权。卖方通过债权让与条款保障其价金债权的实现，常会与概括的债权让与发生冲突。德国解决此项权利冲突的理论甚多，有的认为应以债权让与时间的先后，决定其效力的优劣；但有的认为此种结果，揆诸情理，难谓公平，因为卖方对于标的物本来保留所有权，现因授权买方转售，而将担保的客体改为出售标的物所可主张的价金债权，论其关系，原则上应优先保护，德国联邦法院倾向此说。《美国统一商法典》第9—306条规定了出卖人对买受人处置标的物所得的权利。该条第1款规定的“收益”包括以出售、交换、收款或其他方式处置担保物后所得到的任何收获，以及处置该收获后再得到的任何收获。该条第2款规定：“除本编另有规定外，担保物被出售、交换或作其他处置后，其中的担保权益继续存在，除非该种处置系受担保方在担保协议中或以其他方式授权作出的；并且，担保权益也继续存在于任何可分辨的收益中，包括债务人所收到的款项。”

3. 对添附物的权利

所有权保留买卖的标的物常基于与他物的混合、附合或加工而成为添附物，对于添附物，出卖人也可以通过所有权保留条款而使其成为所有权保留的客体。如在德国法中，加工物所有权属于加工人，但加工的价值明显低于原料的除外。如果买受人对保留所有权的标的物进行加工，出卖人可通过“加工条款”将所有权保留的客体扩大到加工物。当标的物与其他动产混合、附合而成为一物或新物时，无主从之别者，各动产所有人按其动产混合、附合时的价值，共有合成物；有主从之分时，主物所有权获得合成物的所有权。出卖人可以通过“混合条款”将所有权保留的客体扩大到合成物。在美国，《美国统一商法典》第9—314条对添附物作了规定，受担保方对添附物的权益优先于所有对整体货物享有权益的人的权利主张，他可以在出现违约时依据第五章的规定从整体货物上卸走担保物，但他应对整体货物的权益人或所有人为修复整体货物的损害而支出的费用给予补偿。第9—315条对混合、加工后的物作了规定，如果货物中担保权益是完善的，而该货物或货物某部分经过制造、加工、装配或混合而成为某产品或大宗货物的组成部分，且无法从产品或大宗货物中分辨出该货物，则担保权益继续存在于该产品或大宗货物中。

4. 合同权利的处分

出卖人可以处分其所有权保留买卖上的权利，如将合同上的权利让与或出质于第三人。出卖人将合同上的权利让与或出质于第三人时，应通知买受人或依照法律规定征得买受人的同意，否则该处分对买受人不发生效力。买受人于受通知或同意处分时，所得对抗出卖人的事由均可对抗受让人。

（二）对买受人的效力

1. 占有、使用、收益所有权保留买卖的标的物

所有权保留买卖合同订立以后，标的物的占有即转移给买受人，买受人可行使对标的物的使用、收益权能。但买受人对标的物的“使用收益”仅能就标的物的原有状态为之，只有在订入“延长的所有权保留”或“扩大的所有权保留”约款时，才可以对标的物进行加工、混合。

2. 对标的物享有期待权

买受人在清偿价款前即取得对标的物的期待权。期待权具有一定程度的物权性，对出卖人的所有权产生一定的限制。依期待权，当合同所附条件成就时，标的物的所有权即自动地转移给买受人，而无须履行其他手续。

3. 保管标的物的义务

买受人一般应对标的物尽善良管理人的注意义务。在英美法中，除有特约规定外，一般均解为买受人须负合理照顾之责任，除买受人或其受雇人有过失之情形外，无须负责。

## 二、货物所有权保留的对外效力

所有权保留的对外效力，即所有权保留对第三人的效力。

（一）标的物之处分

在延长的、扩大的、复合的所有权保留中，买受人可以依约处分标的物。在买受人与第三人就标的物的处分已履行完毕，却未向出卖人支付货款时，出卖人不得基于所有权保留对第三人请求返还标的物。但在简单的所有权保留中，出卖人和买受人原则上不得擅自处分标的物。如果出卖人或者买受人违反合同的约定，将标的物擅自处分给他人，对于第三人的法律关系可分两种情况分析：

1. 出卖人的处分

当出卖人违约将标的物所有权再让与第三人时，在买受人与第三人之间，谁先取得物之现实交付，谁便先取得对标的物的所有权。出卖人为其他处分行为时也是如此。如果出卖人以指示交付方式将标的物所有权再移转给第三人，则该第三人不得以所有物之受让人的身份来对抗原买受人，买受人在付清全部货款后，即可取得标的物的完全所有权。但如果买受人并未取得物之现实交付，第三人取得的权利得以对抗原买受人，买受人只能向出卖人或受款人请求债务不履行或侵权行为之损害赔偿。

2. 买受人的处分

（1）期待权的处分。基于期待权具有可以转让、继承、信贷担保、强制执行等具有和所有权完全相同的作用，因此，期待权可以作为处分的标的，无须出卖人同意或协力。买受人期待权让与的方式，应类推适用关于动产所有权之规定。买卖双方可以通过订立“延长的所有权保留”约款，赋予买受人将标的物之占有和期待权一并让与第三人的权利。但在买受人不履行债务致使买卖合同被解除时，第三人取得的权利亦会溯及的丧失其效力。如果合同禁止买受人处分标的物，则伴随着标的物现实占有而移转之期待权的让与，亦会变得无效。

（2）标的物之处分。当合同没有约定买受人享有对标的物的处分权时，除善意取得的情形外，买受人对标的物的处分行为无效。也就是说，如果第三人是基于不法占有或恶意，即明知出卖人保留有对货物的所有权，则第三人不能取得对标的物的所有权，出卖人可以追踪标的物之所在而主张标的物的所有权。

（二）第三人对于标的物之留置权

当第三人对标的物享有留置权时，第三人的留置权通常具有优先地位。《美国统一商法典》第9—310条规定："如果任何人在正常业务中就设有担保权益的货物提供货物或者提供原材料，且制定法或法律原则规定该人可以就此种服务或原材料所占有的货物享有留置权，则此种留置权具有可对抗前述完善担保权益的优先权，除非规定此种留置权的是制定法且该法明确作出其他规定。"此种留置权系基于普通法上的"工作人之留置权原则"，《统一商法典》规定此种劳务费用留置权具有优先效力，得对抗附条件买卖的出卖人。英国租赁—购买法亦规定第三人因买受人而发生的下列留置权具有优先之效力：补缮者之留置权、运送人之留置权、旅馆业者之留置权。

（三）第三人侵害标的物

第三人侵害标的物，致使标的物毁损灭失时，出卖人和买受人都可以向加害人行使损害赔偿请求权。这是因为标的物毁损灭失时，所有权和期待权均成为侵权行为的客体，出卖人和买受人享有连带债权，得为共同利益向加害人请求损害赔偿。《美国统一商法典》第2—722条a项赋予买卖合同的任何当事方对加害人提起诉讼的权利，只要其"对货物拥有所有权，或担保权益，或特殊财产权，或保险利益"；"如果货物已被毁坏或被侵占，根据买卖合同承担损失风险或在损害发生后相对于另一方而言已承担此种风险的当事方亦有权提起诉讼"。

## 第七节　货物所有权保留与破产

### 一、买受人破产

在买受人破产时，各国有关所有权保留能否对抗买受人的其他债权人规定不一，例如，依比利时法律，所有权保留不得对抗买受人的其他债权人，出卖人仅能请求清偿价款。而在德国、荷兰、英格兰、意大利，所有权保留则可以对抗买受人的其他债权人。

（一）合同的履行

1. 破产管理人请求履行合同。破产管理人经监督人同意，可以将其对出卖人所负之价款债务作为财团债务，继续履行合同，向出卖人支付价款，以取得标的物的所有权，成为破产财团的一部分。

2. 破产管理人拒绝履行合同。依照德国破产法，破产管理人对是否履行合同有选择权，如果破产管理人拒绝履行合同，则出卖人因破产管理人拒绝履行合同而遭受的损失可以请求损害赔偿，该赔偿请求权属于破产债权。

（二）出卖人之取回权

在所有权保留买卖的买受人破产时，各国立法、判例和学说对出卖人对标的物所享有的权利的性质认识不一，有的认为出卖人所保留的是标的物的正常的完全所有权，故其享有的是取回权。有的认为出卖人所保留的是一种担保物权，故其享有的是别除权。德国和我国台湾地区的立法例及学说持第一种观点，日本的主流观点是第二种。我们认为，出卖之取回权应为破产取回权，因为在整个所有权保留中，在买受人完成特定条件取得所有权之前，标的物的所有权都归属于出卖人，所有权并未发生转移。

## 二、出卖人破产

当出卖人破产时，买受人可就其占有出卖人之物行使别除权。

（一）破产管理人请求履行合同

在出卖人破产，而买卖合同没有履行完毕时，破产管理人经监督人同意后，可以请求买受人履行合同，将其所受领的价款归入破产财团。

（二）破产管理人拒绝履行合同

出卖人破产，而所有权保留买卖尚未履行完毕时，对于破产管理人是否可以拒绝履行合同的问题，有肯定说和否定说两种观点。

肯定说认为破产管理人可以拒绝履行，当其为这种意思表示时，条件即不成就，买受人的占有及期待权均归消灭，破产管理人可取回标的物。但如果出卖人破产时，买受人已支付了大部分价款，而破产管理人拒绝履行严重损害了其利益时，可以认为破产管理人拒绝履行属权利滥用，有违诚实信用原则，故不得行使。在破产管理人拒绝履行时，买受人虽不得请求让与标的物所有权，但可请求因不履行合同而产生的损害赔偿，并可对破产管理人主张别除权。

否定说认为破产管理人不得拒绝履行合同。因为若允许破产管理人拒绝履行，则可依一方意思表示毁灭买受人之期待权，对买受人实属不利，显然有悖于法律保护附条件法律行为之目的。所以，在出卖人破产时，出卖人的破产管理人不得以此为理由从买受人处取回标的物，该标的物不属于破产财团。买受人之完全所有权期待权人之地位，不因出卖人受破产宣告而有任何影响。买受人依约向破产财团付清价款或完成其他条件时，当然取得完全的所有权。

我们认为，破产管理人不能随意拒绝履行合同，因为买受人的期待权具有一定程度的物权的性质，而物权具有对抗性与排他性，不容他人随意侵犯。再者，就所有权保留的目的来看，所有权保留对于出卖人而言是在于担保其收回价款，其保留所有权是形式，担保其收回价款才是真正的目的，既然买受人愿意支付价款，则出卖人不能也没有必要随意拒绝履行合同。

# 第七章　货物所有权保留之法律适用

## 第一节　货物所有权保留法律适用之实践考察

由于各国关于货物所有权保留的规定有所冲突，因此，在涉外货物所有权保留法律关系中，就需要适用冲突规则以选择某一个国家的法律来调整涉外货物所有权保留法律关系。关于所有权保留的冲突规则，各国的规定有所冲突，以下就各国有关所有权保留的冲突规则进行简要的阐述：

在澳大利亚，对于由什么法律适用于决定国际销售合同中所有权保留的有效性，澳大利亚没有权威观点。不过，正如我们前面已经看到的，澳大利亚冲突法规则区分销售的合同方面和财产方面。基于这一理由，可以认为，澳大利亚法院采取的立场是所有权保留条款对所有权转移的影响将由适用于货物所有权转移的法律支配，而不是由适用于销售合同本身的法律支配。在大多数情况下，这一法律是物之所在地法。当货物没有基于销售而从一个国家移至另一个国家时，则可以直接运用一般的物之所在地法原则。当货物基于销售而从一个国家移至另一个国家时，则必须区分所有权保留条款发生效力的不同方面。当相关的问题仅仅是该条款是否能有效的阻止财产所有权转移至买方时，则应当适用合同签订对货物所处的地方的法律，该法律通常是卖方国家的法律（适用转移时的物之所在地法的通常规则不适用，因为此处的问题是是否存在有效的所有权）。例如，一个澳大利亚卖方依所有权保留条款合同将货物卖给一个日本买方，合同订立的时候，货物还在澳大利亚，但它们随后即运往日本，并且将交付给日本买方占有。如果日本买方在支付货款前破产，但仍然占有货物，则要解决的问题是货物是否构成买方在日本的破产财产的一部分。这一问题将由相关的澳大利亚法或者领地法支配，这一法律是合同订立时的物之所在地法。买方是否能有效地将货物所有权转移给第二个买方则是一个更复杂的问题。这种情况似乎应由货物在第二次销售时所处的地方的法律支配，这通常是买方国家的法律。例如，如果上面例子中的日本买方在破产之前将货物再售给在日本的第二个买方，日本买方是否能有效转移货物所有权的问题将由日本法，而不是澳大利亚法支配。所有权保留条款可以赋予买方在其占有货物后转售货物的权利，但负有义务为第一个卖方保管转售所得。因为该问题中的权利是指向金钱，而不是财产，因此，适用由买方保管金钱的物之所在地法似乎不大恰当。在这种情形下，适用销售合同的准据法似乎更恰当，因为买方用转售货物所得支付卖方货款的义务是一项依所有权保留条款而产生的合同义务。①

在奥地利，《奥地利联邦冲突法》第 31 条的规定是强制性的，该条规定，有体动产的取得和丧失，包括占有，应该依导致取得和丧失的事实状态完成时有体动产所处的国家的法律支配。据此，不可能通过合同约定而背离它，货物所有权的保留也应适用这一冲突规则。②

在丹麦，在涉及卖方和买方处于两个国家的合同关系中，依丹麦法，卖方若要依所有权保留条款保护其权利，并对抗债权人，则所有权保留条款在当事人双方之间有效是前提条件，这一问题依适用于当事人合同关系的法律支配。当与债权人没有冲突时，丹麦法院将尊重依所有权保留被援引时的外国法有效的所有权保留条款。

---

① See *Transfer of ownership in international trade*, edited by Alexander von Ziegler, Jette Ronoe, Charles Debattista, Odile Plegat - Kerrault. Published by Kluwer Law International. pp. 22 ~ 23.

② See *Transfer of ownership in international trade*, edited by Alexander von Ziegler, Jette Ronoe, Charles Debattista, Odile Plegat - Kerrault. Published by Kluwer Law International. p. 46.

在涉及买方的有偿买方的问题中，所有权保留的有效性将依第二个买方购买时的物之所在地法确定。在一个非常有争议的丹麦案例中，一个住所在德国的丹麦公民违反了与德国银行订立的载有保留汽车所有权的协议，将汽车带至丹麦卖给了一个善意的买方，丹麦法院认为汽车应该返还给德国银行。该判决产生争议，因为德国买方比适用德国法取得了更好的地位。法学理论现在同意，所有权终止或者返还货物的问题应该依完成第二次销售时，在本案中售给善意的买方时，货物所处的地方的法律，即丹麦法。当考虑与债权人的关系时，必须区分所有权保留条款是位于国内还是国际合同中。当合同中的所有权保留条款不具有国际性质，但买方后来违反协议，将货物移至另一个国家，则卖方是否能依所有权保留被主张的法律维持他的权利还存在分歧。如今，占主导地位的观点是坚持第一货物所在地的所有权保留。在具有国际性质的合同中，当与买方的债权人存在冲突时，对于卖方来说很明显，货物将移至丹麦，则为了能对抗买方的债权人的权利，所有权保留不仅依合同准据法应该有效，而且还应该满足丹麦关于所有权保留有效性要求或者另一个丹麦担保的要求。如果所有权保留依合同准据法是有效的，据此，丹麦法院将考虑所有权保留是否可能被另一个具有相同性质的丹麦担保所取代，以及是否满足丹麦关于这种丹麦的有效性的要求。根据丹麦最高法院的判决，与下面提到的判决相反，比利时的所有权保留得到了维持，因为这满足了丹麦法的要求。在破产诉讼中，在宣布破产令时货物的所在地法将确定准据法，在 U83，311AD 和 U92，373UCD 判决中，德国的有关破产财产的所有权保留被撤销，因为它们没有满足丹麦的要求。①

在加拿大，关于与附条件销售和动产抵押的有关问题，加拿大法院遵循着这样一条基本的判例规则，即在动产的所有人和占有人

---

① See *Transfer of ownership in international trade*, edited by Alexander von Ziegler, Jette Ronoe, Charles Debattista, Odile Plegat - Kerrault. Published by Kluwer Law International. pp. 115 ~ 116.

之间，处于附条件销售和动产抵押状态下的所有人的权利特征及有效性，受附条件销售或转让发生时的动产的所在地法支配。另一方面，动产的占有人和第三人间的随后销售或担保的有效性及效力问题，必须受随后交易发生时的动产所在地法支配。①

在英国，奇怪的是，有关所有权保留条款的有效性和效果的冲突问题并未在英国法院引起诉讼。在理论上的较好的观点似乎是“所有权保留条款”是财产的伴随品，据此，大体上应遵循货物在起运给买方时的所在地法。但另一方面，“所有权保留条款的一些方面受合同准据法的支配，当所引起的问题是一个合同问题时即是如此，例如，有些管辖区域要求所有权保留条款必须有效的并入合同条款才发生法律效力”。②

在法国，法国国际私法规则区分当事人彼此的地位和当事人对第三人，特别是当第三人是债权人时的地位。在当事人彼此之间的关系中，适用支配合同关系的那些法律条款。据此，接受所有权保留条款的适用及其后果由适用于合同关系的法律支配。第二个买方的地位是非常重要的，特别是双方当事人与第三方，包括债权人之间的关系。所有权保留条款的有效性及其后果将由第二个买方确定时物之所在地法确定。据此，在一个法国和德国公司的销售合同中，当事人可能规定合同由德国法支配。如果合同中载有具有非常广泛的适用范围的德国型所有权保留条款，而如果货物是位于法国，则该条款将不具备法律效力，因为法国法不承认这种条款。在这种情形中，法国法将作为物之所在地法得到适用。在其他有着合同对第三方的有效性的例子中，未给予通知将阻止受益人收回财产。例如，卖方（法国公司）和买方（瑞士公司）之间在合同中

---

① 刘仁山：《加拿大国际私法研究》，法律出版社 2001 年版，第 251 页。

② See *Transfer of ownership in international trade*, edited by Alexander von Ziegler, Jette Ronoe, Charles Debattista, Odile Plegat - Kerrault. Published by Kluwer Law International. pp. 143 ~ 144.

约定的所有权保留条款依法国法是有效的。然而，当货物到达瑞士领土上时，这种条款对第三人的有效性将取决于是否在瑞士将该条款提交至特定的公共登记簿而给予所要求的通知。①

在德国，适用于货物所有权转移的基本规则也适用于货物所有权保留条款。下面特别关注联邦最高法院判决的关于当事人依意大利法协议的所有权保留条款。由于没有履行意大利法的正式要求，因此，所有权保留条款仅在当事人之间有效，而不能对抗第三人。联邦最高法院判决认为，一旦货物到达德国以后，所有权保留条款将产生绝对效力（同时对于第三人，特别是买方的债权人），因为这样处理与当事人的意图相吻合，且德国法并不知道有关所有权保留条款的正式要求。这一方法已被《德国民法施行法》第 43 条第 3 款所肯定。②

在意大利，必须区分所有权保留条款在当事人之间的效果和对第三人的效果，在双方当事人之间的效果适用合同准据法，该条款对第三人的有效性和效果则由物之所在地法支配。即使是合同中规定了所有权保留条款，保护第三人的必要也使得有必要适用物之所在地法，而不是合同准据法。如果货物从一个国家移至另一个国家，则适用货物被进口的国家的法律。③

在日本，依《日本基本法律适用法》第 10 条的规定，所有权

① See *Transfer of ownership in international trade*, edited by Alexander von Ziegler, Jette Ronoe, Charles Debattista, Odile Plegat - Kerrault. Published by Kluwer Law International. pp. 167 ~ 168.

② See *Transfer of ownership in international trade*, edited by Alexander von Ziegler, Jette Ronoe, Charles Debattista, Odile Plegat - Kerrault. Published by Kluwer Law International. p. 191.

③ See *Transfer of ownership in international trade*, edited by Alexander von Ziegler, Jette Ronoe, Charles Debattista, Odile Plegat - Kerrault. Published by Kluwer Law International. p. 210.

保留条款的产生及其有效性由标的物所处的地方的法律支配。①

在荷兰，是否允许所有权保留将由物之所在地法支配。将发生物交付的国家的法律将决定买方可以得到哪些权利，卖方会失去哪些权利。当附所有权保留的销售已在国外发生，后来，附所有权保留的货物移至荷兰，则所有权保留的内容和范围都由荷兰法支配。②

在挪威，当卖方和买方协议有所有权保留条款时，挪威法的规则是法律纠纷依支配卖方和买方合同关系的法律裁决。这是一条主要的规则，但 Gaarder 认为并不总是这样。如果卖方是外国人，而买方的住所在挪威，合同准据法通常是卖方国家的法律，这一国家的法律将决定所有权保留条款是否有效。另一方面，挪威买方将受调整买方作为债务人的权利的挪威法的保护。如果第三人介入，例如买方的债权人想占有货物，则会更为复杂。在这种情况下，问题是卖方的所有权保留是否能对抗第三人。《挪威抵押权法》第 3 - 19条及第 3 - 20 条规定，如果货物被加工或者如果加工隐含货物性质或者价值的变化，则所有权保留将停止存在。原则上，如果合同准据法规定了另一条规则的话，则这些规则将不再适用。虽然这是一条主要的规则，但如果其产生了不可接受的后果，则挪威法院也有不接受这一规则的例子。Gaarder 提到了一个下级法院的判决（RG1958，P64）：原则上，法院接受这一主要规则，但同时"主要规则在特殊情况下也有一些例外。即使是所有权在一个国家是有效的，但它并不能在所有条件下都能在另一个国家得到接受，例如，如果德国卖方的所有权保留与买方破产财产的利益相冲突，

① See *Transfer of ownership in international trade*, edited by Alexander von Ziegler, Jette Ronoe, Charles Debattista, Odile Plegat - Kerrault. Published by Kluwer Law International. p. 227.

② See *Transfer of ownership in international trade*, edited by Alexander von Ziegler, Jette Ronoe, Charles Debattista, Odile Plegat - Kerrault. Published by Kluwer Law International. pp. 254 ~ 255.

这一问题换句话说即是德国卖方的所有权是否能对抗买方破产财产的问题。这一问题必须依货物所处的国家的法律支配”。①

在俄罗斯，有关销售合同的所有条款和条件（包括与所有权保留有关的）在卖方和买方之间的关系由适用于合同的法律支配。依俄罗斯冲突法规则的规定，准据法是卖方的主营业所所在地法，除非当事人另有约定。对于所有权保留条款对于第三人（例如后来的货物购买人）的法律后果，《基本法》规定：作为交易标的的财产所有权的产生和终止由当事人的交易发生时的国家的法律支配（《基本法》第 164 条第 3 款第 1 分款）。对于善意买受人针对所有人取回货物主张的救济由货物所处的国家的法律或者向其提交诉讼请求的法院所处的国家的法律支配，具体取决于货物所有人的选择。②

在南非，对于所有权保留冲突问题还没有判例法。虽然法律对这一问题还不明确，但可以总结为法院首先依销售时的物之所在地法确定所有权保留条款是否有效。其次依问题产生时的物之所在地法确定所有权保留是否有效。③

在西班牙，所有权保留条款的有效性取决于所有权保留条款被并入的销售合同所适用的法律，但所有权保留在当事人之间，或者当事人与第三人之间对所有权转移的效果则由适用于货物所有权的

---

① See *Transfer of ownership in international trade*, edited by Alexander von Ziegler, Jette Ronoe, Charles Debattista, Odile Plegat – Kerrault. Published by Kluwer Law International. pp. 274 ~ 275.

② See *Transfer of ownership in international trade*, edited by Alexander von Ziegler, Jette Ronoe, Charles Debattista, Odile Plegat – Kerrault. Published by Kluwer Law International. pp. 313 ~ 314.

③ See *Transfer of ownership in international trade*, edited by Alexander von Ziegler, Jette Ronoe, Charles Debattista, Odile Plegat – Kerrault. Published by Kluwer Law International. p. 334.

法律支配，该法律为货物所处的地方的法律。[①]

在有些国家，例如德国，通过当事人之间的简单协议即可设立货物所有权保留，而在瑞士，动产所有权保留则必须在买受人的住所地的特别登记簿上进行登记始为有效（《瑞士民法典》第715条）。如果要求在国外就动产货物而设立的所有权保留绝对地服从瑞士法律所规定的条件，则会使在货物运至瑞士时，在国外就该货物而设立的所有权保留归于无效。为了便利国际货物所有权保留法律关系的稳定发展，《瑞士国际私法》规定，如果在国外有效确立的所有权保留项下的动产到达瑞士，但没有满足瑞士法的要求，则所有权保留于3个月内在瑞士仍然有效（《瑞士国际私法》第102条第2款）。在这一期间，买方能将所有权保留载入各自的登记簿（《瑞士民法典》第715条第1款）。不过，到那时，这种权利不能被援引为对抗善意第三人（《瑞士国际私法》第102条第3款）。依瑞士法，没有进入登记簿的所有权保留条款是无效的。在瑞士，用于出口的动产所有权保留条款受目的国法支配（《瑞士国际私法》第103条）。[②] 这一规定是考虑到瑞士在出口方面的经济利益而制定的，这一冲突规则使得出口货物还在瑞士的时候，就该货物而设立的所有权保留的有效性即已受目的地国家的法律支配了。当目的国是一个像德国那样只要求所有权保留依当事人之间的简单协议进行即可，而并不要求所有权保留符合特殊方式的国家时，这一解决办法无疑是有利于瑞士出口商的。[③]

在美国，由动产的所在地法适用有关动产的买卖合同或附条件

---

① See *Transfer of ownership in international trade*, edited by Alexander von Ziegler, Jette Ronoe, Charles Debattista, Odile Plegat - Kerrault. Published by Kluwer Law International. p. 350.

② See *Transfer of ownership in international trade*, edited by Alexander von Ziegler, Jette Ronoe, Charles Debattista, Odile Plegat - Kerrault. Published by Kluwer Law International. p. 405.

③ 陈卫佐：《瑞士国际私法法典研究》，法律出版社1998年版，第155页。

的买卖合同。①

在国际社会，已经有许多努力用于协调各国有关所有权保留的法律及制定国际私法规则。欧洲议会和欧洲委员会已准备了不少关于所有权保留效力的草案。但由于草案都局限于“简单的所有权保留”，故对广泛运用所有权保留制度的国家（特别是荷兰和德国）没有多大吸引力。而且，草案还减少了出卖人可以从所有权保留制度中获得的法律保护。1991 年 3 月的欧共体《破产公约》的新草案中包含了所有权保留的冲突规范。目前欧盟在统一动产担保法上面临许多困难，最主要的是制度的极端复杂性以及法律欠缺系统性。

《国际有体动产买卖所有权转移法律适用的公约》于 1958 年 4 月 15 日订立于海牙。该公约第 2 条规定，买卖合同所适用的法律确定当事人之间：（1）出卖人对出卖物所生的产物和孳息享有权利的终止期；（2）出卖人对出卖物风险负担的终止期；（3）出卖人对出卖物享有损害赔偿的终止期；（4）为出卖人利益而订立的有关所有权保留条款的有效性。第 4 条规定，出卖人就买受人尚未付款的出卖物上享有的权利。例如各种优先权和留置权或所有权，特别是根据契约之诉或所有权保留条款的权利，对买受人的债权人是否有抗辩权，应依最先提出有关要求或扣押时出卖物所在地国家的国内法。

《国际货物买卖合同法律适用公约》于 1985 年 10 月 30 日订于海牙，该公约第 12 条规定了适用于合同的法律主要应支配的问题，其中之一是当事人之间有关保留货物所有权的条款的有效性及效力。该公约第 7 条规定，货物买卖合同依当事人所选择的法律。当事人选择法律协议必须是明示的，或为合同条款和具体案情总的情况所显示。此项选择可限于适用合同的某一部分。当事人可以在任何时候将合同的全部或一部从属于原先所支配的法律以外的法律，

① 韩德培、韩健：《美国国际私法（冲突法）导论》，法律出版社 1994 年版，第 199 页。

而不管这样做是否是早先选择的结果。当事人在合同缔结后对适用法律的任何变更并不影响合同的形式有效及第三者的权利。该公约第 8 条规定，在未根据第 7 条规定对适用与货物买卖合同的法律作出选择的范围内，合同依合同缔结时卖方设有其营业所的国家的法律。但是，货物买卖合同应依合同缔结时买方设有其营业所的国家的法律，如果，双方当事人进行谈判和签订合同是在买方国家；或者合同明确规定卖方必须在买方国家履行其交货义务；或者合同根据主要由买方确定的条款和买方向被邀请进行投标的人所发出的邀请书而订立。从总的情况来看，如在双方当事人的商业关系中，合同如果明显的与根据本条第 1 款或第 2 款规定将会适用于合同的法律以外的法律有着更加密切的联系，则该合同依该另一国的法律。

## 第二节 货物所有权保留法律适用之立法模式选择

如上所述，对于货物所有权保留的法律适用，各国之规定并不完全相同，其中主要有统一制和分割制两种做法。在采取统一制的国家中，所有权保留的所有方面都统一适用物之所在地法，如奥地利、日本等国。在采取分割制的国家中，所有权保留的不同方面适用不同的法律，目前大多数国家的立法采取这种模式。在采用这种立法模式的国家中，有的国家规定所有权保留在出卖人和卖受人之间是否有效适用买卖合同的准据法，而所有权保留是否能对抗第三人则适用第三人购买标的物时的物之所在地法，丹麦、法国、意大利、挪威、俄罗斯等国采用这种立法模式。有的国家规定所有权保留在当事人之间的效力适用合同签订时货物所处的地方的法律，而货物所有权保留是否能对抗第三人则适用第二次买卖货物所处的地方的法律，澳大利亚等国采用这种立法模式。瑞士则规定所有权保留的有效性在 3 个月内可适用国外的法律，但不能对抗善意第三人，3 个月后则受瑞士法支配。

我们认为，货物所有权保留的法律适用不宜采用统一制，在所有的方面都统一适用物之所在地法，这种做法与当代冲突法的发展趋势相违背。当代冲突法的发展趋势之一即是对传统冲突规范进行软化处理。传统的冲突规范忽视实际的灵活性，要求一律按事先确立的连接点去选择法律，当然便不免僵硬和机械。基于传统法律选择方法的上述明显缺点，当代国际私法开始对其进行改造，克服这种传统的硬性冲突规范所具有的僵硬性，国际上逐渐形成了一种对传统冲突规范进行软化处理的潮流。这种软化处理的方法之一即是对一个法律关系的不同方面进行分割，对不同部分或不同环节规定不同的连接点。国际货物所有权保留的法律适用应当顺应这一发展趋势，规定所有权保留法律关系的不同方面适用不同的法律，所有权保留的法律适用采用分割制。

在所有权保留法律适用的具体分割方式方面，我们认为，货物所有权保留在本质上属于合同法问题，当事人往往通过在合同中载入货物所有权保留条款而达成货物所有权保留，因此，对于货物所有权保留宜适用所有权保留条款被载入的买卖合同的准据法。对于合同的法律适用，首先是适用当事人自主选择的法律，在当事人未作选择时，适用与合同或当事人有最密切联系的法律，这已成为大陆法与普通法国家所一致接受的理论。① 对于合同法律适用中的意思自治，过去有许多人认为当事人的自主选择是无限制的，如英国大法官阿特肯就说过："当事人所表示的意思是最终的。"② 但自从杜摩兰提出这一原则起，包括杜摩兰本人在内的绝大多数法学家都认为当事人的自主选择只能在任意法的范围内进行，而且不能违背法律中的强行性规定。后来，国际社会的国际私法更是通过立法与判例把这种限制发展到与当事人自主性、灵活性结合得十分完美的地步。例如 1804 年《法国民法典》第 3 条第 1 款就规定，凡属于

---

① 李双元：《国际私法（冲突法篇）》，武汉大学出版社 2001 年版，第 510 页。

② 沃尔夫：《国际私法》，1945 年英文版，第 424 页。转引自李双元：《国际私法（冲突法篇）》，武汉大学出版社 2001 年版，第 529 页。

警察与治安的法律，均不得因当事人的意思而加以违背或规避；也不得适用意思自治而受他国法律支配。1980 年《欧洲经济共同体合同义务法律适用罗马公约》第 3 条第 3 款规定，如果当事人选择某外国法作为准据法，而在选择合同时合同的一切因素都与另一个国家有关，那么当事人的选择不应影响该另一国家法律中的强制性规则的适用。依英国的规则，合同的成立与效力虽要受合同自体法支配，但这一规则有两个例外，一是如果合同履行地法认为合同的履行不合法，那么不论合同的自体法是否合法，原则上均是无效的；二是适用于合同的外国法，不得违反英格兰的公共政策。在实践中，在英国维他食品公司诉乌纳斯轮船公司案中，枢密院赖特法官指出，当事人对于法律的选择必须符合“善意”、合法，并且不存在规避公共政策的情况。在这三项限制中，除了公共政策这一标准在很大程度上取决于法官的自由裁量外，即令对于“善意”和“合法”两项标准，也可能有各种各样的含义，如认为不是有意地虚构连接因素，不是反复无常的，不是企图规避契约与之有重要联系的国家的强行性规定（如英国法关于为成年人无完全缔约能力的规定）等，均可解释为包括在“善意”、“合法”的概念之中。①日本学者折茂丰也指出，意思自治限制论者认为当事人选择法律的自主权受到以下三个方面的限制，即：首先，当事人的选择只能在特定国家的任意法范围之内进行，至于特定的强制性法规，是必须适用于有关契约的（他称此为意思自治的质的限制）。这一学说早先在法国得到大力支持，学者有毕耶和尼波埃等，而现在已成普遍实践。其次，当事人的选择不得存在法律规避的问题，亦即选择必须是善意的。最后，认为当事人只能选择与合同有实际联系的法

① 鲍里：《商法》，1975 年英文版，第 360 页。转引自李双元：《国际私法（冲突法篇）》，武汉大学出版社 2001 年版，第 532 页。

律。[1] 匈牙利国际私法学家萨瑟则指出,[2] 就前苏东国家来看，对于意思自治原则，虽都抱肯定态度，但对于这一原则的理解和运用，在各国之间，甚至在一国之内，司法实践和理论学说还存在不同的看法，并表现在十二个方面，其中第二个方面是，当事人的选择权利只限于民法中的任意性规范，还是也可以及于强行性规范？由于在这些国家里，合同的实质合法性是由强行法决定的，因而同时也涉及合同的实质合法性是否能由当事人选择的法律决定。第九个方面是当事人的这种权利是受限制的，还是没有限制的。此外，一些国家的法律还规定，当事人协议选择合同应适用的准据法时，必须是“善意”和“合法”的，并且必须有合理的根据。也就是说，不是有意虚构有关的连接因素以规避有关国家的强制性法律，不是反复无常的，不得以损害第三方的利益为目的，以及所选择的法律，不得与合同毫无联系等。显然，这些也都是对当事人意思自治的必要限制。[3]

由上可见，在合同法律适用中，占主导地位的当属当事人意思自治原则，但当事人意思自治原则也要受到强行法、第三人利益等限制。在货物所有权保留法律适用中，当事人选择法律的自由是否要受到限制呢？我们认为，这将取决于货物所有权保留的法律性质。对于货物所有权保留，有些国家的法律只作了一些原则性规定，如我国《合同法》第 134 条规定：“当事人可以在买卖合同中约定买受人未履行支付价款或者其他义务的，标的物所有权属于出卖人。”根据我国《合同法》的规定，关于货物所有权保留并没有明确的禁止性规定。但有些国家则对货物所有权保留的某些方面作

① 折茂丰：《国际私法各论》，1972 年日文版，第 117～120 页。转引自李双元：《国际私法（冲突法篇）》，武汉大学出版社 2001 年版，第 533 页。

② 萨瑟：《欧洲人民民主国家的国际私法》，1964 年版，债法部分。转引自李双元：《国际私法（冲突法篇）》，武汉大学出版社 2001 年版，第 533 页。

③ 李双元主编：《国际私法》，北京大学出版社 2000 年版，第 190 页。

了强行性规定，如瑞士法律规定所有权保留必须经过登记才能生效。荷兰法律规定将所有权保留扩张至收益的条款是无效的。在这些国家中，由于对所有权保留条款有些禁止性规定，因此当事人选择法律的自由也要受到一定的限制。此外，在货物所有权保留的标的物被转卖时，由于标的物被转卖的买受人并不知道所有权保留当事人所做的法律选择，为维护该买受人的利益，所有权保留是否能对抗该买受人应适用该买受人购买标的物时的物之所在地法。

中国国际私法目前还没有关于货物所有权保留法律适用方面的规定，但目前中国司法实践中关于涉外所有权保留方面的案件却时有发生。例如，厦门海事法院审理的原告龙海德兴食品有限公司诉被告中国远洋运输（集团）公司海上货物运输合同案中，原告（托运人、出卖人）与日本日光商事株式会社（收货人、买受人）签订一份新鲜蔬菜买卖合同，并约定货物所有权在货款支付前仍由原告保留。被告（承运人）将货物运到日本后，收货人凭原告电放指示及正本提单提取货物。但经检验，有部分货物变质，不具商业价值，收货人因而拒绝支付价款。原告遂起诉要求被告赔偿货损。而被告辩称，有权就记名提单项下的货物主张损害赔偿的只有正本提单持有人，而被告已将货物交给收货人并收回正本提单，故原告作为托运人已不再享有任何权利，应驳回其起诉。法院经审理认为，原告和收货人就货物所有权转移达成的协议符合法律规定，具有法律效力。据此，货物所有权在收货人提货后支付货款前仍由原告享有，被告所辩无法律依据，不予采纳。在本案中，法院选择适用中国法律确定货物所有权保留条款的法律效力。本案中法院选择适用中国法律裁决本案是出自法官的自由裁判权，中国国际私法并没有具体的规定。为改变这一状态，建议中国国际私法在这方面作出相应的规定，通过前面的分析，我们认为具体可规定为：所有权保留在当事人之间的效力适用买卖合同的准据法，所有权保留对第三人的效力适用第三人购买所有权保留标的物时的物之所在地法。

# 主要参考文献

## 一、中文专著

1. 李双元:《李双元法学文集》,中国法制出版社 2009 年版。

2. 李双元主编:《国际私法》,北京大学出版社 2007 年版。

3. 李双元:《法律趋同化问题的哲学考察及其他》,湖南人民出版社 2006 年版。

4. 李双元:《国际私法(冲突法篇)》,武汉大学出版社 2001 年版。

5. 李双元: 《国际私法与法律趋同化》,法律出版社 1999 年版。

6. 李双元主编:《中国与国际私法统一化进程》,武汉大学出版社 1998 年版。

7. 李双元主编:《市场经济与国际私法趋同化问题研究》,武汉大学出版社 1998 年版。

8. 李双元主编:《国际私法学》,北京大学出版社 2000 年版。

9. 李双元主编:《国际私法》,北京大学出版社 2000 年版。

10. 屈广清主编:《国际私法导论》,法律出版社 2003 年版。

11. 屈广清:《冲突法原理》,法律出版社 2004 年版。

12. 屈广清主编: 《比较国际私法》,吉林大学出版社 2003 年版。

13. 屈广清主编:《国际民事程序法》,吉林大学出版社 2003 年版。

14. 屈广清主编: 《国际私法案例汇编》,吉林大学出版社 2003 年版。

15. 屈广清主编:《国际法年刊》，吉林大学出版社 2004 年版。

16. 董丽萍：《澳大利亚国际私法研究》，法律出版社 1999 年版。

17. 陈卫佐：《瑞士国际私法法典研究》，法律出版社 1998 年版。

18. 刘仁山:《加拿大国际私法研究》，法律出版社 2001 年版。

19. 袁泉:《荷兰国际私法研究》，法律出版社 2000 年版。

20. 肖永平:《肖永平论冲突法》，武汉大学出版社 2002 年版。

21. 肖永平:《冲突法专论》，武汉大学出版社 1999 年版。

22. 沈崇灵:《比较法研究》，北京大学出版社 1998 年版。

23. 余先予主编:《冲突法资料选编》，法律出版社 1990 年版。

24. 赵相林主编:《中国国际私法立法问题研究》，中国政法大学出版社 2002 年版。

25. 陈安主编:《国际经济法论丛》第 6 卷，法律出版社 2002 年版。

26. 李双元主编:《国际法与比较法论丛》第 2—4 卷，中国方正出版社出版。

27. 梁慧星主编:《民商法论丛》第 18 卷，金桥文化出版（香港）有限公司 2001 年版。

28. 梁慧星主编：《民商法论丛》第 6、7、8、11 卷，法律出版社出版。

29. 孙宪忠:《论物权法》，法律出版社 2001 年版。

30. 王利明:《物权法研究》，中国人民大学出版社 2002 年版。

31. 王利明:《物权法论》，中国政法大学出版社 1998 年版。

32. 肖厚国:《物权变动研究》，法律出版社 2002 年版。

33. 王轶:《物权变动论》，中国人民大学出版社 2001 年版。

34. 田士永：《物权行为理论研究》，中国政法大学出版社 2002 年版。

35. 孟勤国:《物权二元结构论》，人民法院出版社 2001 年版。

36. 谢在全:《民法物权论》，中国政法大学出版社 1999 年版。

37. 尹田:《法国物权法》, 法律出版社 1998 年版。

38. 孙宪忠:《德国当代物权法》, 法律出版社 1997 年版。

39. 陈华彬:《物权法原理》, 国家行政学院出版社 1998 年版。

40. 梁慧星主编:《中国物权法研究》, 法律出版社 1998 年版。

41. 高富平:《物权法原论》, 中国法制出版社 2001 年版。

42. 王泽鉴:《民法学说与判例研究》(第一辑), 中国政法大学出版社 1998 年版。

43. 王泽鉴:《民法物权(通则、所有权)》, 中国政法大学出版社 2001 年版。

44. 王泽鉴:《民法物权(用益物权、占有)》, 中国政法大学出版社 2001 年版。

45. 李进之等:《美国财产法》, 法律出版社 1999 年版。

46. [英] F. H. 劳森、B. 拉登著, 施天涛等译:《财产法》, 中国大百科全书出版社 1998 年版。

47. 余能斌主编:《现代物权法专论》, 法律出版社 2002 年版。

48. 何美欢:《香港担保法》, 北京大学出版社 1995 年版。

49. 郭明瑞:《担保法》, 中国政法大学出版社 1998 年版。

50. 陈本寒主编:《担保法通论》, 武汉大学出版社 1998 年版。

51. 王利明主编:《中国物权法草案建议稿及说明》, 中国法制出版社 2001 年版。

52. 史尚宽:《物权法论》, 中国政法大学出版社 2000 年版。

53. 刘得宽:《民法诸问题与新展望》, 中国政法大学出版社 2002 年版。

54. [英] 戴维 · M. 沃克著, 李双元等译:《牛津法律大辞典》, 法律出版社 2003 年版。

55. [意] 桑德罗 · 斯奇巴尼选编, 丁玫译:《债 契约之债》, 中国政法大学出版社 1994 年版。

56. 尹田:《法国现代合同法》, 法律出版社 1995 年版。

57. 吴志忠:《美国商事法研究》, 武汉大学出版社 1998 年版。

58. 王利明:《违约责任论》, 中国政法大学出版社 2003 年版。

59. 张新宝、龚赛红编著：《买卖合同 赠与合同》，法律出版社 1999 年版。

60. 邓曾甲：《日本民法概论》，法律出版社 1995 年版。

61. 司玉琢等编著：《新编海商法学》，大连海事大学出版社 1999 年版。

62. 张湘兰等：《海商法论》，武汉大学出版社 1996 年版。

63. 任建新主编：《海商法教程》，人民法院出版社 1988 年版。

64. 郭瑜：《提单法律制度研究》，北京大学出版社 1997 年版。

65. 司玉琢主编：《中国海商法年刊》（第 1—10 卷），大连海事大学出版社版。

66. 邢海宝：《海商提单法》，法律出版社 1999 年版。

67. 吴焕宁主编：《海商法教程》，中国政法大学出版社 1996 年版。

68. 贺万忠：《国际货物多式运输法律问题研究》，法律出版社 2002 年版。

69. 萨维尼著，李双元等译：《现代罗马法体系》（第 8 卷），法律出版社 1999 年版。

70. 施米拖夫著，赵秀文译：《国际贸易法文选》，中国大百科全书出版社 1993 年版。

71. David M. Sassoon 著，郭国汀等译：《CIF 和 FOB 合同》，复旦大学出版社 2001 年版。

72. Paul Todd 著，郭国汀、赖民译：《现代提单的法律和实务》，大连海运学院出版社 1992 年版。

73. 董安生：《民事法律行为》，中国人民大学出版社 1994 年版。

74. 胡长清：《中国民法总论》，中国政法大学出版社 1997 年版。

75. 梁慧星：《民法总论》，法律出版社 1996 年版。

76. ［德］迪特尔梅迪库斯著，邵建东译：《德国民法总论》，法律出版社 2000 年版。

77. 程啸：《中国抵押权制度的理论与实践》，法律出版社2002年版。

78. 阿狄亚著，赵旭东等译：《合同法导论》，法律出版社2002年版。

79. ［日］近江幸治著，祝娅等译：《担保物权法》，法律出版社2000年版。

80. ［德］罗伯特霍恩等著，楚建译：《德国民商法导论》，中国大百科全书出版社1996年版。

81. 马特：《物权变动》，中国法制出版社2007年版。

82. 申卫星：《期待权基本理论研究》，中国人民大学出版社2006年版。

83. 翟云岭：《分期付款买卖中的买受人利益保护研究》，法律出版社2007年版。

84. 许军珂：《国际私法上的意思自治》，法律出版社2006年版。

85. 余延满：《货物所有权的移转与风险负担的比较法研究》，武汉大学出版社2002年版。

86. 孙宪忠：《争议与思考——物权立法笔记》，中国人民大学出版社2006年版。

## 二、中文论文

1. 赵德铭：《提单与货物所有权的转移——中英有关法律制度的比较研究》，载《厦门大学学报》1997年第2期。

2. 刘郁武：《所有权保留研究》，载《法学家》1998年第2期。

3. 余能斌、侯向磊：《保留所有权买卖比较研究》，载《法学研究》2000年第5期。

4. 申卫星：《所有权保留买卖买受人期待权之本质》，载《法学研究》2003年第2期。

5. 柴振国、史新章：《所有权保留若干问题研究》，载《中国法学》2003 年第 4 期。

6. 龙著华：《论所有权保留买卖中出卖人的取回权》，载《法商研究》2000 年第 4 期。

7. 邓娟闰：《论所有权保留的性质——担保性所有权》，载《法商研究》2002 年第 3 期。

8. 赵勇山：《论物权行为》，载《现代法学》1998 年第 4 期。

9. 李永忠：《我国民法上真的不存在物权行为吗?》，载《法律科学》1998 年第 4 期。

10. 彭诚信：《公示公信力与物权行为无因性的比较研究》，载《吉林法学社会科学学报》2000 年第 2 期。

11. 刘文涛、邢军：《交易立法的分离原则与物权行为——谈交付行为的法律性质》，载《政法论坛》2000 年第 6 期。

12. 崔建远：《无权处分辩——合同法第 51 条规定的解释与适用》，载《法学研究》2003 年第 3 期。

13. 彭诚信：《我国物权变动理论的立法选择》（上），载《法律科学》2000 年第 1 期。

14. ［意］弗兰克·费拉利著，田士永译：《从抽象原则与合意原则到交付原则——论动产物权法法律协调之可能性》，载《比较法研究》2003 年第 3 期。

15. 沈娟：《中国国际私法立法问题》，载《法学研究》2004 年第 2 期。

16. 佘延宏：《论国际私法中动产物权的客体范围问题》，载《武汉大学学报（哲学社会科学版）》2004 年第 1 期。

17. 金彭年、王健芳：《国际私法上意思自治原则的法哲学分析》，载《法制与社会发展》2003 年第 1 期。

18. 韩强：《论动产物权变动规则的“约定例外”》，载《政治与法律》2009 年第 5 期。

19. 郭明瑞：《物权登记应采对抗效力的几点理由》，载《法学杂志》2005 年第 4 期。

## 三、英文参考文献

1. *Transfer of ownership in international trade*, edited by Alexander von Ziegler, Jette Ronoe, Charles Debattista, Odile Plegat - Kerrault. Published by Kluwer Law International.

2. Peter Nygh, *Conflict of law in Australia*, $6^{th}$ ed. , Butterworths, Sydney, 1995.

3. Berna Collier. Romalpa clause: reservation of title in sale of goods transaction, Law Book Co, Sydney, 1989.

4. Martin Davies and Anthony Dickey. Shipping Law, $2^{nd}$ ed. , Lbc Information Services. Sydney, 1995.

5. Benjamin's Sale of goods, London: Sweet& Maxweel, $5^{th}$ ed. , 1997.

6. Castel, Canadian Conflict of law, Butterworths, Toronto, $3^{rd}$ ed. , 1994.

7. Dicey &Morris, The conflict of laws, Sweet& Maxweel, $12^{th}$ ed. , 1993.

8. *Cheshire and North's Private Interantional Law*, London, Butterworths, $12^{th}$ ed. , 1992.

9. Kenjiro Egashira, *Law on Commercial Transactions*, $2^{nd}$ *ed.* , Kobunndo, Tokyo 1996.

10. Bools, *The Bill of lading—A Document of Title to Goods—An Anglo - American Comparison* (1997) .

# 后　记

本书是在我博士论文的基础上修改而成的。本书的选题、布局及内容的写作都得到了我的导师屈广清教授的指导，在本书出版之际，感谢屈广清教授多年来对我学业上的深刻指导、生活上无微不至的关心。

我的硕士导师李双元教授多年来一直给予了我无私的关怀，我在长沙学习与工作期间，李双元教授经常亲自仔细批改我的论文，逐字逐句地校对我的翻译稿，经常是连续数小时地指导我学习和生活上的各种问题，每每想起这些，感激之情油然而生。李双元教授知识渊博、治学严谨、人格高尚，平等、宽容地对待每一位学生，耐心地讲解学生提出的每一个问题，他的为学与为人的风范令人尊敬，值得我不断地学习。在本书出版之际，我要对李双元教授对我的培育之恩表示衷心的感谢。

最后，我要深深地感谢那些在我的学习、工作与生活中给予我帮助的人们，由于人数太多，不能一一列举，滴水之恩，当涌泉相报，我将在以后的工作与生活中一一感谢。

本书是我多年来学习民商法与国际私法的一个小结，由于作者才疏学浅，书中的不当之处恳请读者批评指正。

周后春

2010 年 5 月于广州

**图书在版编目（CIP）数据**

国际货物所有权转移之法律冲突与法律适用/周后春著.
—北京：中国检察出版社，2010.8
ISBN 978-7-5102-0315-2

Ⅰ.①国… Ⅱ.①周… Ⅲ.①国际贸易-贸易法-研究
Ⅳ.①D996.1

中国版本图书馆 CIP 数据核字(2010)第 138179 号

国际货物所有权转移之法律冲突与法律适用

周后春 著

出版发行：中国检察出版社
社　　址：北京市石景山区鲁谷西路 5 号（100040）
网　　址：中国检察出版社（www.zgjccbs.com）
电子邮箱：zgjccbs@vip.sina.com
电　　话：(010)68630385(编辑) 68650015(发行) 68636518(门市)
经　　销：新华书店
印　　刷：北京鑫海金澳胶印有限公司
开　　本：A5
印　　张：10 印张
字　　数：257 千字
版　　次：2010 年 8 月第一版　　2010 年 8 月第一次印刷
书　　号：ISBN 978-7-5102-0315-2
定　　价：28.00 元